Lumian Bianxing Pohuai Jili yu Xiaochu Fangfa

路面变形破坏机理与消除方法

［白俄罗斯］**B. A.** 韦连科　著
汪福卓　译

请黎小东斧正

汪福卓
2010.3.22.

人 民 交 通 出 版 社

内 容 提 要

本书介绍了以有机胶结料为基础的路面变形破坏的分类与分级，研究了变形破坏的机理与消除方法，特别阐述了材料在温时场中，其结构与性能相互关联的理论基础、破损积累的动力学基础以及可靠性理论。书中还进一步阐述了运营阶段，在使用新材料和新工艺的情况下，各种变形破损的原因、评价标准以及解决变形破坏的的具体方法。

本书可供公路设计、施工及运营管理的工程技术人员使用，也可供相关专业高等院校师生教学参考。

图书在版编目（CIP）数据

路面变形破坏机理与消除方法/［白俄罗斯］B．A．韦连科著；汪福卓译．—北京：人民交通出版社，2010.3

ISBN 978-7-114-08254-2

I. 路… II. ①韦…②汪… III. ①路面—变形—研究 IV. ①U416.2

中国版本图书馆 CIP 数据核字（2010）第 036606 号

书　　名：路面变形破坏机理与消除方法
著 作 者：［白俄罗斯］B．A．韦连科
译　　者：汪福卓
责任编辑：刘永超
出版发行：人民交通出版社
地　　址：（100011）北京市朝阳区安定门外外馆斜街 3 号
网　　址：http：//www.ccpress.com.cn
销售电话：（010）59757969，59757973
总 经 销：人民交通出版社发行部
经　　销：各地新华书店
印　　刷：北京盛通印刷股份有限公司
开　　本：880×1230　1/32
印　　张：10.5
字　　数：264千
版　　次：2010年3月　第1版
印　　次：2010年3月　第1次印刷
书　　号：ISBN 978-7-114-08254-2
印　　数：0001～3500册
定　　价：38.00元

УДК 625.85.04+625.765

评　论　者

B·B·莫兹戈沃伊：工学博士、教授、国立基辅交通大学道路建筑材料与化学教研室主任；Я·H·科瓦列夫：工学博士、白俄罗斯国家技术大学道路建筑与应用教研室教授；C·E·克拉夫琴科：工学副博士、副教授、白俄罗斯公路研究所所长。

B·A·韦连科：《路面变形破坏机理与消除方法》（韦连科著），2008年白俄罗斯明斯克布洛伏卡·彼得百科出版社出版发行。本书共305页。

ISBN 978-985-11-0412-9

本专著介绍了以有机胶结料为基础的路面层变形破坏的分类与分级；研究了变形破坏的机理及消除方法；特别阐述了材料在温时场中，其结构与性能相互关联的理论基础、破损积累的动力学基础以及可靠性的理论基础。路面层中所出现的塑性变形、脆性破坏及腐蚀性变形，这些均与交通荷载及逐年天气、环境气候的综合因素有关。荷载水平的提高与车流量的过快增长，促使变形破损的现状愈加突显。书中还进一步讲述了设计与运营阶段，在使用新材料和应用新工艺的情况下，各种变形破损出现的原因、评价标准、应对交通荷载的影响作用以及解决变形破损的具体采用方法。指出了如何改进路面层结构与铺装路面层所用材料的现状与前景方向。

本书对科技工作者和工程设计机构来说，可供从事公路设计、施工、运营工作的工程师与大学生使用。

谨以此书献给为中国公路事业辛勤工作的人们！

中国—白俄罗斯道路建设科研中心
河南省高远公路养护技术有限公司

中译本序 Zhongyibenxu

改革开放以来，我国公路建设突飞猛进。截至2009年年底，全国高速公路通车里程已达6.5万多公里，位居世界第二位。

为适应公路建设与养护技术发展，促进我国公路技术国际性交流，高远路业集团汪福卓先生多年来翻译出版了多部公路路面与路面材料方面的著作。2010年新年伊始，汪先生的又一本新的译著《路面变形破坏机理与消除方法》和读者见面了。本书作者夫拉季米尔·阿多利福维奇·韦连科博士是白俄罗斯共和国国立科技大学教授、白俄罗斯共和国著名道路专家，在公路界享有盛誉。

汪福卓先生以其深厚的语言、文字功底和科学严谨的态度，通过数年刻苦努力和辛勤劳动完成了这本著作的翻译工作，使其与中国广大道路工作者见面。

本书对道路建筑材料破坏机理及其恢复技术进行了广泛而深入的剖析。本译著为我国广大道路工作者与道路、机场等专业的大专院校师生、研究生提供了一本宝贵的参考资料与教学读本，这必将对我国道路建设养护事业与国际技术交流起到良好的促进与推动作用。

張登良

2010年1月21日

译者的话 Yizhedehua

随着中国与白俄罗斯两国政府间科技合作的进一步发展，两国政府于2006年4月18日在北京签订的《中国与白俄罗斯政府间科技合作委员会第七届例会议定书》至今已经走过了将近4年时光。在此议定书的指导下，中白双方共同成立的“中国—白俄罗斯道路建设科研中心”与河南省高远公路养护技术有限公司所属的“河南省高等级公路养护工程研究中心”的科研人员和白俄罗斯专家共同努力，完成了《河南省沥青路面检测、可靠性评价及养护对策研究》项目。在河南省科学技术厅的组织下，该项目与2009年12月4日通过了专家的鉴定和验收，并最终被鉴定为“总体达到国际先进水平，其中，在基于内损伤检测技术的沥青路面可靠性评价与预测方面的研究达到国际领先水平”。

在此背景下，译者将白俄罗斯筑路专家夫拉季米尔·阿多利福维奇·韦连科教授所著的《路面变形破坏机理与消除方法》俄文版，译成中文并交由人民交通出版社出版发行。

书中阐述了导致路面变形破坏的机理。作者的理念表明，公路是横亘在地表的一条具有易损性的带状结构体，本书以此作为理论基础，深入地探究路面变形破坏中的规律性，科学地阐述公路养护的原则性方法，使公路养护观念在理论上有了新的发展。

作者经多年潜心研究、探讨科学养护公路的实施方案，着重从路面易损程度入手，为业内科技人员提供了宝贵、翔实的国外实践经验。

由于译者专业学识所限，虽有俄语老师茹连海先生的具体指导，但此书仍历时一年，经数次修改后方才成文。在此过程中，得到了高远路业集团董事长刘廷国先生的大力支持以及许多专业人士的帮扶。值此付梓之日，终于译就而释然。

其间，多次请教白俄罗斯韦连科教授、维塔利博士，在长安大学张登良教授、沙爱民教授的培训课中受益匪浅，并得益于当面指教；也曾在沙庆林院士面前领教，译著中将“车辙“一词改为“辙槽”即出于此，似与规范不符，却也更显形象；参与本书审改的有：长安大学陶家朴教授、张蔚林教授、姚爱林副教授，高远公司岳学军博士、侯曙光博士，全程电子排版、打印、校正由衡明莉女士完成。在此，谨表示由衷的谢意。

书中路面易损性原理，对于公路运营管理人员来说，或可作为理论依据，从而在治理超限工作中持之以恒地执行规范要求。试想，超载几吨甚至几十吨的车辆，其单轴荷载量会对路面造成毁灭性的破坏，一次超载运行抵得上正常行驶车辆的几多万倍。

由于译者水平尚浅，书中如有错误与不妥之处，敬请各位批评斧正。

译者：汪福卓

2010 年 2 月 8 日于河南新乡

序言 Xuyan

纵横交错的公路网是交通系统的重要组成部分。总的来说，它决定着国民经济、社会和文化的发展。白俄罗斯位于横贯欧洲公路干线中转运交汇的地理位置，其公路网的运营对欧洲经济、社会和文化的发展起到了积极的推动作用。

目前，白俄罗斯公路干线网的改造已基本形成，路网总长度为70 000多公里，有铺装面层的国家级公路总长度为15 400km。无大修路面的平均寿命约为16年。这就需要耗用大量的物力财力来应对路面的养护与维修。因此，《路面变形破坏机理与消除方法》这一专著的问世对公路部门是及时的。

专著中介绍了有机胶结料路面层破坏的分类；研究了破损的发生与消除的方法；特别阐述了在温时场中，材料结构与性能间相互关系的理论基础、破损积累的动力学基础和可靠性理论。塑性、脆性、腐蚀性变形与交通荷载及气候因素的综合作用有直接关系，荷载水平与车流量的快速增长愈加促使破损变形现象进一步恶化。书中对设计、运营阶段采用新材料、新工艺的过程中，对各类破损变形产生的原因、评价标准、交通荷载的影响及解决破损变形而采取的方法均分别作了阐述，提出了改进路面面层结构与材料铺装的发展方向。这一切都说明了该著作所具有的现实性。

在白俄罗斯，公路上行驶着各种载重量不同的汽车，它们有着不同结构的轮胎并承载着不同的轴压。大载重量的汽车轮胎，其内压在0.45～0.9MPa之间。从2000年起，大多数载重汽车后轴的载重量已达到甚至超过11.5t。随着汽车载重量的加大，轮胎结构也随之发生变化：轮胎承受的单位压力上升，其内外分布特征发生改变。因此，研究交通荷载的参数对路面变形破坏发展的影响也是本专著非常重要的一项内容。

除了交通荷载参数外，书中主要涉及材料学问题。白俄罗斯最为常见的路面层的类型为沥青混凝土路面。沥青混凝土具有许多优点：能进行薄层摊铺、减振缓冲性能好、易于修复、行驶噪声较低、施工工艺性能好等。不过，和其他任何材料一样，沥青混凝土在可靠性与耐久性方面也存在着不可避免的局限性。

路面层材料的组合成分是由多种原材料构成的，其中包括碎石、砂（天然砂、人工砂）、矿物粉末、胶结材料以及各种添加料。在各种原材料的基础上，可以选配出几千种能够满足现行标准的级配组合。每种级配都会有自己的优缺点，重要的是要制定好选择方法，选出具有最大使用可靠性的集料级配组合方案，才能显现出较好的效果。

建议使用可靠性理论对可能出现的变形与变形大小进行量的评估。现在已经有了确定结构层材料可靠性水平与储备系数的比例关系。

重要的是要注意到，该书是按统一的原则编写的，对每种变形都刻意地研究了路面材料的特性、交通荷载参数以及路面结构所形成的影响。解决变形的方法分为设计、运营两个阶段，这可便于设计人员了解变形发生的深层原因。

本书的实际价值在于，确定了路面层抵抗各类变形的评估及用以查清检测诊断变形的方法；找到了解决变形的现代手段与工艺。

在研究本书资料时，应考虑到该书并非标准规范，不可不加批判地将所述方法盲目地用于实际，尤其是仅限属于防止出现裂缝、结构破坏改性添加剂的应用、路用沥青质量还有待进一步提高的诸多问题。

总之，该专著的问世无论对科技工作者还是对设计机构的工程技术人员、现场施工人员和管理人员都将会有较大的帮助。

白俄罗斯公路司第一副司长

Г·В·切普措夫

前言 Qianyan

社会经济的发展促使客货运输量在不断地增长。这会导致现代化运输工具的增长力度与单轴承载量的加大，结果致使路面的破损更加明显地呈现在我们面前。从气候因素对路面使用影响的观点来看，由于白俄罗斯处于交通繁忙地区，道路表面状况表现得尤为突出。夏季，路表温度甚至可达到60℃，冬季为－30℃。穿越0℃的频率为150～200个循环。总体来说，在交通荷载和气候因素的综合作用下，材料的寿命大大下降，大修提前进行，因此尤其需要提高材料与资金的投入量。

在诸多决定路面，尤其是面层使用可靠性的因素中，交通流量强度的影响作用占据着重要地位。白俄罗斯目前的路面承重量是按单轴荷载10t来计算的，而正在运营的沥青混凝土面层荷载量却出现了各种不同的数据。尽管如此，我们仍然没有对运输车辆、轮胎特点、单轴承载量进行过系统地分析。本书在某些章节中对解决上述问题均作了阐述。

白俄罗斯对单轴承载量与运输工具的总重量有着比欧洲其他邻国更加严格的限制。这样，就要求本国和外来运输业者们要么减轻货物总量，要么为超载而受罚，要么发货人只好绕过白俄罗斯的边境线。过高的交通荷载量无形中会使面层，以至整个路面遭受损害，使得面层的变形速度加快，特别是辙槽的形成尤为突出。总之，会迫使路面破损增多、状况不良。据此，必须在当前市场上采用提高白俄罗斯许可的单轴承载量的方法，以利于保持运输企业和汽车制造业持续竞争能力的同时，使路面各层能够保持完好状态，并与提高公路交通运输能力保持平衡。为达此目标，必须收集、研究与沥青混凝土路面各层相关的检测数据，确定当前交通荷载对路面各层的作用状况，以便能够预先检测、收集并确定出塑性变形积累过程中的一些基本因素。

除交通荷载评价标准及参数外，这里还存在着一些有关材料性能的难题。白俄罗斯分布最常见的道路类型是沥青混凝土路面。沥青混凝土具有许多优点：能进行薄层摊铺、减振缓冲性能好、铺装面层易修复、车辆行驶噪声低、工艺性能好。然而，正如其他任何一种材料一样，沥青混凝土在可靠性与耐久性上也有其不可逾越的临界参数。例如，50℃时的路面最大抗剪切强度不超过0.3～0.4MPa。而满负荷时，某些制动区段的剪切强度甚至会达到2MPa。路面疲劳耐久性周期约为10^6次循环，相当于仅能使用4～6年。这就意味着路面结构会过早地出现裂缝、形变等破损而失去使用价值，否则就要加大路面厚度，这也同时加大了材料的消耗量。

路面是由多种材料以不同的集料级配组合形式构成的，其中包含碎石、砂（天然砂、人工砂）、矿物粉末、胶结物质及各种添加料。在各种原材料的基础上，可以选配出数千种级配组合形式以满足现行标准的要求。不过，每种级配组合成分都有各自的优缺点。因此，重要的是要研究、找出一种选择级配组合形式的方法，使我们能方便地选择出在使用上具有最高可靠性的级配组合方案。

本专著中介绍了有机胶结料路面出现破损变形的分类、分级，研究了产生破损变形的原因及其相应的解决途径。路面各层上出现的塑性、脆性与腐蚀性变形所产生的原因均与交通荷载和气候因素的综合作用有关。荷载水平与车流强度的增大都会促使破损率和变形量上升。本书就采用新材料与新工艺在进行设计、施工与应用阶段，对各种破损变形生成的原因、评价标准、交通荷载的影响作用及消除破损变形的方法分别作了阐述，并且提出了改进路面结构及铺装路面各层所用材料的发展方向。

书中涉及了在温度及时间范围内，材料的结构和性能间的基本概念、破损积累的动力学构架和可靠性理论。

本书可供科研与设计机构的工作人员使用，也可供从事公路设计、施工的工程师与大学生参考。

作者感谢对本书作出评审的专家和白俄罗斯公路司第一副司长Γ·B·切普措夫提出的宝贵意见与建议。审校本书时，这些意见和建议已部分被采用并将作为该领域进一步研究的资料。

作　者

目录 Mulu

1 路面结构变形破坏机理

1.1 路用复合材料的结构类型与性能间的相互关系

路面材料是由多种材料配制而成的，即同类性质的矿物骨料为主架结构，与另一类具有黏结性能的材料充填于其中形成介质、且以各自不同的特性构成的复合体。结构是指，组成这种复合材料的各个元素所处位置被固定后形成的状态。根据文献［1］，结构是能保持自身完整与性能不变的一种稳定结合体，也就是说，在受到各种内外变化力的作用时，它仍能保持其基本特性不变。就沥青混凝土及类似沥青混凝土材料而言，此定义需要有更准确的说明。根据文献［2］，结构的特性取决于矿物颗粒的大小、分布状态以及它们所处的相互位置、沥青在混凝土中的分布特点和矿物颗粒表面裹覆沥青膜的性状；材料的空隙率及在矿物颗粒间的分布、形成结构的封闭性空隙与相通空隙的对比关系等。

简单地说，沥青混凝土结构中各种各样的材料都有着各自不同的表现形式，大体上可将材料的组合结构划分为三种类型(图 1-1)。

碎石构成了起骨架作用的粗结构；矿粉糅合在沥青中形成了细结构；砂填充于其中称为中结构。这三种不同结构混合在一起就组成沥青混凝土。

看来，对沥青混凝上的力学性能、流变性能和强度性能所产生的主要影响不仅在于结构，而且还有将结构中的单独成分相互制约而结合在一起的结构黏结特性。目前，П·A 列宾杰尔的关系分类已得到认同，按此分类可划分为以下三种：

(1) 由流体膜建立的凝聚状结构关系，其强度由表面张力来

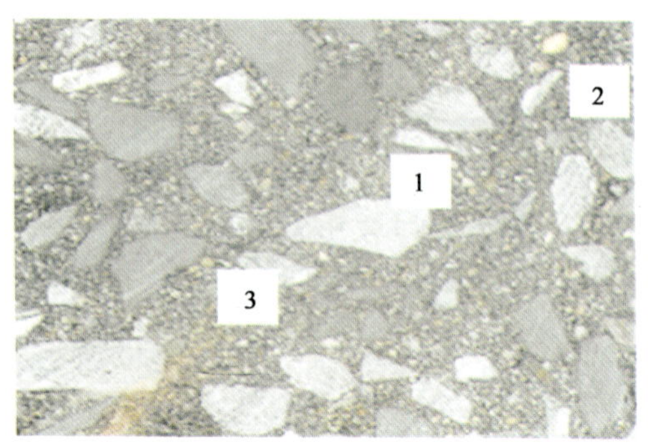

图 1-1　沥青混凝土结构断面

1-碎石形成的结构（粗结构）；2-砂质成分形成的结构（中结构）；3-沥青与矿粉形成的结构（细结构）

决定。在含有有机胶结料的混凝土中，类似关系是在提高温度状态下的游离态沥青形成的。这是一种最弱的结构形式。

（2）在沥青膜厚度小于 5～10μm 的情况下，沥青膜与吸附性化学溶剂（形成结构的）所产生的凝聚结构关系。

（3）在低温状态下，已形成结构的沥青膜与后结晶作用形成的结构关系，这种结晶作用是由于在混凝土成分中掺入了其他物质形成的（硅酸盐水泥、水泥浆状物、硫磺以及某种类型的树脂和聚合物等）。

材料的整体特征，即性能，在很大程度上是由其组成成分形成结构后才能决定的。

在文献［3］中将材料性能分为四类：

（1）材料的一般物理性能；

（2）材料对各种物理化学作用（温度、湿度、酸、碱、盐类溶液等）强度关系的物理化学性能，此类性能还会受到水、热、化学作用的影响；

（3）在一定温、湿条件下，材料在力学场中所表现的结构流变力学性能；

(4) 材料在具体结构中，其耐久性与可靠性（循环次数）的特征。

路面层中的材料动力学状况由上述各类性能来确定。不过，最重要的还是物理流变力学性能。应把强度和变形归入此种性能。

强度性能是决定材料或材料组合结构，在抵抗荷载和天气气候因素作用时，不产生破损而表现出的一种稳定性能。强度性能还可划分为一次强度、长期强度、疲劳强度等。

变形性能决定着在荷载、温度、湿度等作用下的应力应变关系（弹性模量、松弛模量等）。

变形性能可决定在各种不同因素的作用下，各种材料变形稳定性间的差异。

含有有机胶结材料的变形性能、强度性能，受到温度和加荷条件的影响非常大。作为以上的前提条件，因为有流变性能的存在才会产生此种影响。

应区别简单流变性能与复杂流变性能。弹性、黏性与塑性均属于简单流变性能；加荷松弛与弹性松弛（弹性应变滞后）则属于复杂流变性能。在路面各结构层的材料中（特别是含有有机黏合剂材料）具有简单的和复杂的流变性能体系，它们会随着温度、加荷条件、应力大小的变化而产生相应的变化。在实践中，如果对流变性能综合体系进行整体评价，就要用完整统一的评述指标：蠕变模量（柔韧性）和松弛模量。采用这种完整统一的评述，则有可能简化理论计算并减少试验研究时的工作量。

流变性能的存在能够造成正反两个方面的效果。正面效果有：依靠松弛过程来提高抗裂性，在减少荷载作用时间的条件下增大其可靠性，这就有可能使通行车辆的单轴承载量得以逐步加大，以便多轴大载重量汽车得以顺利通过。反面效应有：高温下，残留黏塑性变形会使路面各层强度显著下降，对设计阶段的理论计算也会造成困难等等。

为对物理力学中的这种流变性能进行评估，我们可适当地将流变性能作如下划分：

（1）矿物材料结构—碎石和砂（此为最基本结构）；

（2）沥青、矿物材料及粉末凝聚黏结结构（矿粉为填料）；

（3）由沥青和矿粉以及吸附溶剂经凝聚、结晶、黏结形成的结构（次生结构）。当然，即便没有沥青的参与，仅以作为添加物的水泥、水泥浆、聚合物、硫磺、橡胶等混合在一起，同样会形成次生结构。

对于评价材料的强度性质，就质量层面来说，组成结构的基本性质可设计出两种模型：并联组合和串联组合。这两种假说中的串联组合也可称为弱环节或弱连接。第一种情况认为，所有组合成分同时会发生破坏；第二种情况认为，只要一种组合成分受到破坏就会导致整个材料发生破坏。材料并联时的强度（及其他性能）相当于复合材料各组合成分强度的总和，与各组合成分成正比；而串联时，结构的最薄弱环节应考虑到与面积大小的相互对比关系。对路用材料来说，采用该模型是不贴切的，因为并联方法认为，所有组合成分的变形特征实际上是均衡的；而串联模型并未考虑到复合材料相互间的影响。因此，建议采纳串、并混联组合模型。

假设材料的组合结构是由石质填充料、基体和次生结构三个基本单元组成的。此时，我们将认为一个单元部分被破坏会导致整个体系破坏（薄弱环节假说）。如果各单元的荷载沿并联系统分布，那么在这种情况下，复合材料的强度不仅由“弱环节”来定，而且还可由其余各个单元部分在“弱环节”受到破坏时所受到的荷载水平来决定。该模型的分析表达式为：

$$R=（A_iR_{\min}n_{\min}）K_i+\sum_{i=1}^{m}A_i（\sigma_in_i）K_i \tag{1-1}$$

式中：R——复合材料的强度；
R_{min}、n_{min}——强度和“弱环节”所占的单位面积；
σ_i——i 单元中的加荷；
n_i——i 单元的单位面积；
m——组合成分的总量；
A_i、K_i——考虑到与结构相互关联的系数。

需要指出的是，式（1-1）只能用于预测对各层次的质量进行分析后只能得出概念性的结果。因为在设计阶段，实际上不可能真正求出所有的单位面积值，尤其是次生结构的性能更是无法预测。

当弹性模量和黏度在基体均表现得较低时，其破损是在较大变形中按黏塑性系统发生的。此时，主要荷载是由次生结构中的凝聚结晶关系来承受的。按照式（1-2），复合材料的强度与组合成分性能的关系式可取下述公式：

$$R = R_2 n_2 + \sigma_1 (1 - n_2) \tag{1-2}$$

式中：R_2、n_2——次生结构强度 R_2 及与之相关的数量 n_2；
σ_1——加荷过程中次生结构所产生的应力。

靠次生结构形成而产生材料强度的绝对增长值可以用下式算出：

$$\Delta R = R_2 n_2 + \sigma_1 (1 - n_2) - R_1 \tag{1-3}$$

式中：R_1——材料尚未形成次生结构的强度。

当有机胶结料的黏度逐渐降低时，或是当温度较高时，σ_1 的取值就会在很大程度上低于强度 R_1，那么此时强度变量 ΔR 的值最低。随着有机胶结料的黏度和弹性机制由于某些因素遭受破坏时，那么这种结构弹性便开始趋于零。相比之下，这种状态相当于复合材料的强度增长到了最大值。如果将结合料的整体黏度和弹性模量进一步提高，那么复合材料中所受应力就会被重新分配，结合料中产生的应力与次生结构中的应力就会更快地达到其强度极限。复合材料的强度随之发生改变并呈现下列形式：

$$R=\sigma_2 n_2+R_1(1-n_2) \tag{1-4}$$

式中：σ_2——次生结构中的应力。

复合材料的强度实际上会逐渐增长，最终等于$\sigma_2 n_2$。既然σ_2会随着整个结合料的刚度呈逐渐增长态势而下降，反而会出现强度绝对值的增长下降的情况。

建议用现象学的方法对材料的强度从结构性能上会受到何种影响进行定性评估。

道路建筑材料，尤其是作为核心的有机胶结料，它具有明显的流变性能[4,5等]，从而使温时因素和应力状态的水平对变形破坏的动力学产生严重的影响。因此，流变模型原理对描述沥青混凝土的性能才是首要和正常的解决方法。也曾用过宾加姆、马克斯韦尔、比尤尔格尔斯模型，以及文献［3］～［5］等中所涉及的一些模型。已知，流变模型同样也可用于水泥混凝土[6]，尽管它表现得直观而又简单，流变模型也只能在某些狭小的范围内得到应用。因为在任何一种模型中，不可能考虑到沥青混凝土的全部性能（线性与非线性黏弹性范围、荷载作用的应力大小与时间长短的影响等等）。除此之外，从物质结构的观点来看，使用流变模型本身并不具备明确的物理力学与热力学上的见解。

应用热黏弹性理论的依据会更大些，能够描述出温时场中的应力与应变间关系的经典理论仍是波尔茨曼一沃尔特尔的遗传理论。将遗传理论用于沥青混凝土的可能性已陈述于文献［7］中。现在已有采用非线性遗传理论的方法进行研究的[8,9]。重要的是，要在实际应用时，以遗传理论为根据，正确地分辨出被积分核的类型并确定其进入此积分核的系数值。大多数情况下，就沥青混凝土而言也同样适用的是用乘方核来表示[7]。同时，还有不同形式的核，比如：分子结构的指数函数核及分指数函数核等[8,9]。尤其重要的是，已检测到最具物理学根据的核物质结构中，分子结构观点的核物质学说。考虑到实际使用遗传理论过于复杂，还必须研究出预测材料性能的简便方法，而这种方法仅靠做试验尚难实现。

为了用较为简单的设备和简化的分析方法对材料的性能进行分析并在温时场中进行预测，最好有某种标准能说明各种材料的特征表现，而不涉及它们的类型和结构。由于含有有机胶结料材料的变形破损具有松弛特征，决定其性能的基本因素是荷载作用时间与松弛时间的对比关系（杰博里标准）、温度以及应力水平。最早想把这些因素以塑性系数的形式合并成适用于沥青混凝土统一标准的是 H. H. 伊万诺夫[10]，该系数反映了变形速度对沥青混凝土的影响。结果，从理论上便确定了塑性系数显示在单位时间内有可能造成的塑性变形[11]。我们干脆把塑性系数的变化范围定为 0～1，这样就显得更为方便。然而，这种状态至今仍未被试验证明[12]。除此之外，塑性系数与温度的关系具有极端性质，从而证明塑性系数并不能用作评价各类不同材料的客观的综合性标准。还可以用 ВЛФ 公式中所用的系数作为聚合物所表现的塑性系数。问题在于，如果材料能够使用 ВЛФ 公式，那么所有的黏塑性体模型中的黏性元素都应具有相同的温度关系[13,14]。这也是一种较为可靠的方法。不过，真要去确定这个系数就需要工作人员付出很大的精力，而且还要具备较高超的素质，这反而又降低了它的实用价值。

也曾用过其他松弛与应变能力的评价标准，包括弹性模量与黏度[5]。黏度反映了材料对能量传导能力及对能量的散失作用，在一定程度上也确实可以作为松弛能力的标准。但要具体用到黏度，用何种方式来定性却又是一个令人挠头的问题。黏度的大小取决于荷载的作用时间及荷载量的大小。获取大范围直线段蠕变曲线用于道路混凝土也未必可行。

所以，各种组合成分材料变形行为的综合性标准问题，对整个路面中的面层材料来说，仍未得以合理解决。

路面层材料把凝聚并将形成结晶结构的性能都相互结合在一起，在此类系统中关系到黏结在一起的结合料及其次生结构在整个材料中的不均匀分布，这种结构聚集体与其中不同类型材料的强度与应变能力也都不是均质的。从变形破损力学观点来看，此类材料的结构有可能以弹性的、黏性的、塑性的关系综合在一起，这可以用现象学模型方式来表达。弹性、黏性、塑性间的关系按串联与并联方式可依次相互更替（图 1-2）。

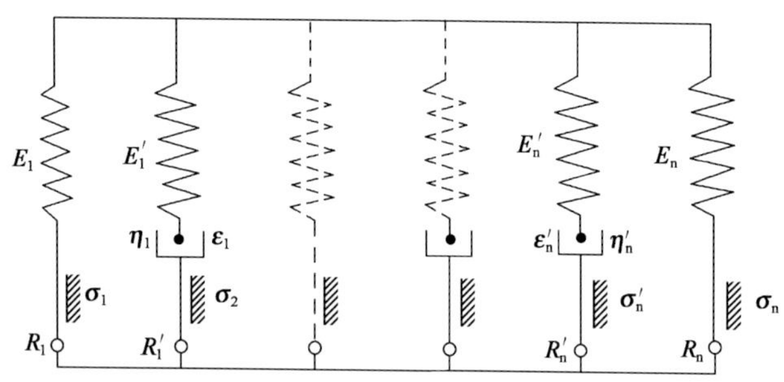

图 1-2　复合材料的现象学模型

在所列模型中的每一种相互关系（弹性、黏性或塑性）各具有自身所特有的力学特征。结果，材料在整体上具备了弹塑性特征的波谱。温度、荷载大小、加载方式的变化都可能使一些关系被另一些关系所取代（黏性代替弹性）。由于所给模型的数学描述实际上较为复杂，因而用在材料流动过程中，以其相似现象的物理模型来表达是合理的。

根据温度、加载方式、材料组合成分间不同量的弹性与黏塑性关系，随之也可被引进变形过程之中。相关材料在不同程度上将会表现出弹性体或黏性体的性能。

如果使物体变形仅限于弹性关系的情况下，就可以视为物体变形可被完全自由兑换，由于负荷形成的破坏则依照脆性体机制进行。在这里，并不存在荷载作用时间的影响。反之亦然，黏塑性关系也承担了由于加载时间和温度的影响而产生的残余形变。

材料状态之外还有二种被称为标量的弹性关系部分 n_y 和黏性关系部分 n_B。随着材料状况的变化，弹性关系逐渐消失，最后仅剩黏性关系。这种情况下，可以满足下列条件：

$$n_y + n_B = 1.0 \tag{1-5}$$

既然材料变形是由黏塑关系形成的，其后果是附加能量被完全散失。所以，附加能量与散失能量可相互交换，这从理论上是成立的。从而，我们可以将 n_y 与 n_B 之间的关系确定下来。此时，n_y 与 n_B 的比值首先取决于材料的松弛性能和荷载的作用时间。例如，对马克斯韦尔流变模型所描述的材料，散失能量与附加能量的关系可用下式表示[5]：

$$R_\tau = n_B = \frac{t/\tau + e^{-t/\tau} - 1}{t/\tau - 0.5e^{-2t/\tau} - 0.5} \tag{1-6}$$

式中：t——荷载作用时间；

τ——松弛时间。

对关系式（1-6）的分析表明：黏性关系所具有的特征是由荷载作用时间与松弛时间的对比关系来确定的。

实际使用的材料都具有松弛频谱（见图 1-2）。从而，我们可得出松弛时间从属于理论的 R_τ。但是，真要在现实中把 R_τ 找出来却又找不到。这就是看似理论上行得通具体起来又是行不通的。因此，应该进一步找到能够确定 n_y、n_B 的简便易行的方法才好。

路面层材料的性能取决于温度和变形速度，变形速度按极值曲线取值。曲线上的最大值及玻璃化转变温度的力学原理与材料过渡到脆性状态时是相一致的。可以认为，在此时的工作状态下，仅有弹性关系，并且 $n_y=1$。我们把与以上条件相一致的材料强度称为极限结构强度，并用 R_c 来表示，相应的最大模量则为 E_c（图 1-3）。

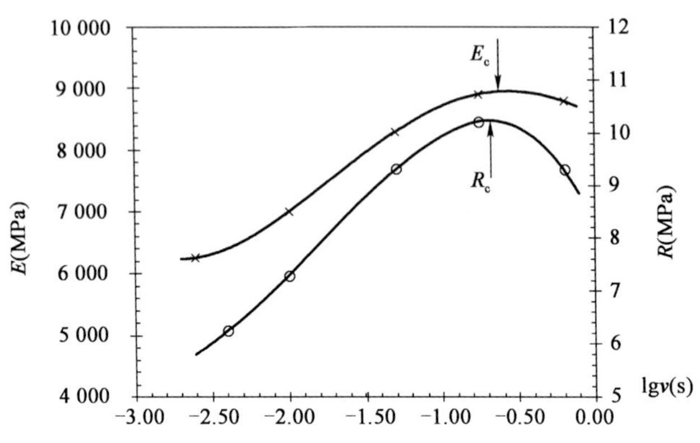

图 1-3　形成的强度 R 和弹性模量 E 与变形速度间的关系

既然这种混凝土结构是由多组分经复合形成的整体材料，其中包括有石料、有机胶结料、细分散填料以及由凝聚结晶而形成的次生结构。这就产生了一个问题：材料是否总是在达到 R_c 时才处于弹性工作阶段呢？要知道，很可能由于石料颗粒强度低时才会出现复合材料的破损，即便是沥青在路面各层仍然具备有黏结性能。在研究此类情况时应注意，多组分复合材料的强度只能服从于整个结构的强度。如果石料处于最薄弱环节，则可以写成：

$$R = R_{石} n_{石} + \sigma_1 n_1 + \sigma_2 n_2 \tag{1-7}$$

式中：$R_{石}$ 和 $n_{石}$——石料的强度与石料的单位数量；

σ_1 和 σ_2——早期结构与次生结构中的应力；

n_1 和 n_2——早期结构与次生结构的单位数量。

因为随着温度下降或者变形速度上升，σ_1 和 σ_2 就会增大，复合材料的强度也会随着上升，只有在温度达到力学玻璃化转变温度状态时，这种上升趋势才会停止。毫无疑问，填充物的极限强度 R_c 和最大模量 E_c 一定会在结构中表现出它们的影响作用。

结果，模量 E_c 相当于 $n_y=1$，施加于材料的能量得以积蓄而并不会扩散。当黏塑性关系参与作功，模量值就会下降并取决于温度、加载状态等的 E_t 水平。这是以 E_c 和 E_t 之间的差异来反映出能量分散强度的。

现在我们需要研究的是，依据材料的物理力学特性和被引入材料变形过程中的各种相关因素及其单位数量间关系的方法。可以将工作在弹性和黏弹性阶段的这种变形程度与应力值 ε_0（图 1-4）表达为 $\sigma_c=\varepsilon_0 E_c$ 及 $\sigma_t=\varepsilon_0 E_t$。

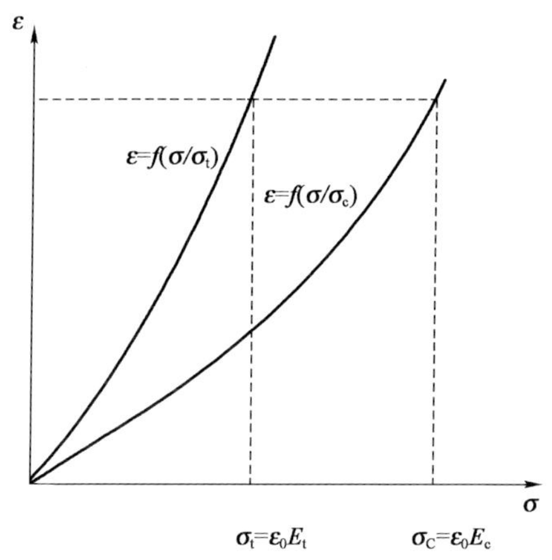

图 1-4　根据公式（1-13）得出示意图

将应力与应变间的关系 $\varepsilon=f(\sigma)$ 放在所用的坐标上；黏弹性坐标为 $\bar{\varepsilon}=f(\bar{\sigma})$、$\bar{\varepsilon}=\varepsilon/\varepsilon_0$、$\bar{\sigma}=\sigma/\sigma_c$；弹性坐标为 $\bar{\sigma}=\sigma/\sigma$。假设（$\bar{\varepsilon}$、$\bar{\sigma}$）坐标中用相仿曲线表示应力与应变间的关系，那么当变形水平比例相同时，弹性阶段与黏弹性阶段应力间的比例关系相同，等于相仿系数。

$$\beta = \sigma_1/\sigma_2/ = \sigma_c/\sigma_t = E_c/E_t \tag{1-8}$$

类似表述合理，因为这种写法确实出自对 E_c 和 E_t 的定义。于是在弹性阶段：

$$\bar{\varepsilon} = f(\sigma/\sigma_c) \text{ 或者 } \sigma/\sigma = f^{-1}(\bar{\varepsilon}) \tag{1-9}$$

而在黏弹性阶段：

$$\bar{\varepsilon} = f(\sigma/\sigma_t) \text{ 或者 } \sigma/\sigma_l = f^{-1}(\varepsilon) \tag{1-10}$$

利用式（1-8）和示意图 1-4 来确定黏性关系的单位比，即

$$n_B \frac{W_1 - W_2}{W_1} = \left[\left(\sigma_c - \int_0^{\sigma_c} f(\sigma/\sigma_c)\mathrm{d}\sigma\right) - \left(\sigma_t - \int_0^{\sigma_c} f(\sigma/\sigma_t)\right)\right] / \left(\sigma_c - \int_0^{\sigma_c} f(\sigma/\sigma_c)\mathrm{d}\sigma\right) = \left(\sigma_c \int_0^{\sigma_c} f(\sigma/\sigma_c)\frac{\mathrm{d}\sigma}{\sigma_c}\right) - \left(\sigma_c - \sigma_t \int_0^{\sigma_t} f(\sigma/\sigma_t)\mathrm{d}\sigma\right) / \left(\sigma_c - \sigma_c \int_0^{\sigma_c} f(\sigma/\sigma_c)\frac{\mathrm{d}\sigma}{\sigma_c}\right) \tag{1-11}$$

将变量 $Z_c=\sigma/\sigma_c$ 和 $Z_t=\sigma/\sigma_t$（积分变量可用任一字母表示）代入，此时

$$n_B = \left[\left(\sigma_c - \sigma_c \int_0^1 f(Z_c)\mathrm{d}Z\right) - \left(\sigma_t - \sigma_t \int_0^1 f(Z_t)\mathrm{d}Z\right)\right] / \left(\sigma_c - \sigma_c \int_0^1 f(Z_c)\mathrm{d}Z\right) = 1 - \sigma_t/\sigma_c \left(1 - \int_0^1 f(Z_t)\mathrm{d}Z\right) / \left(1 - \int_0^1 f(Z_t)\mathrm{d}Z\right) = 1 - \sigma_t/\sigma_c \tag{1-12}$$

把式（1-8）考虑在内，我们将得出

$$n_B = 1 - E_t/E_c \tag{1-13}$$

或者

$$n_y = 1 - E_t/E_c \qquad (1\text{-}14)$$

式（1-14）表明，参与变形过程中的弹性关系单位量与材料变形间具有瞬间弹性部分的比例关系。需要强调的是，材料中的弹性与黏性关系是不变的，变化的只是参与变形过程中的各关系量间的比例关系，即 n_y，实际上也就是材料的弹性状态所占有的那部分。如果认为黏塑性关系可与变形速度成正比例地改变材料性能（应变模量、强度），弹性关系的强度相当于 R_c，那么 n_y 值可以从下式中求得：

$$n_y = (CR_1 - R_2)/(C-1)R_c \qquad (1\text{-}15)$$

式中：R_1 和 R_2——与变形速度 V_1 和 V_2 相对应的材料特征；$C = V_1/V_2$。

由于黏弹性材料的强度具有松弛特征，那么可以通过实际温度及变形速度 R_t 与 R_c 下的材料强度关系求出 E_t 与 E_c 的比例关系。至于分子在材料中的松弛过程与材料的强度有何种关联可参见文献［16、17］。此情况已对各类材料做了试验研究并被分析结果所证实。n_y 值可用下式求出：

$$n_y = E_t/E_c = (R_t/R_c)^{1/m} \qquad (1\text{-}16)$$

式中：m——取决于材料类型的参数。

用电子计算机对资料数据进行处理后显示，对复合构成的材料来说，添加有水泥胶浆的沥青混凝土、用水泥砂浆处理过的粉碎成颗粒状的沥青混凝土、焦油灰渣形成结构的复合料，可取 $m=0.9\sim1.0$（相对应的系数为 0.7）；对普通沥青混凝土来说，则取 $m=0.8$。

既然 E_t 是加荷作用时间和应力的函数，那么 n_y 值在蠕变和松弛过程中就会发生改变。这是在蠕变和松弛过程中，材料性能与破坏力学所产生的复杂影响。对该观点，下边还将作详细说明。

目前被认可的是，遗传理论对描述材料在温时场自由活动范围内提供了最好的结果。当描述应力变化中的性能时，遗传理论优于其他理论[8,9]。此类理论是基于对博利茨曼—沃利捷尔理论的改进，它既可用于黏弹性的线性区域，也可用于黏弹性的非线性区域。为了找到非线性区域的松弛应力曲线与之相应的近似值，都在使用伊柳申的以三维理论为基础的方法[9]。

同时，尽管承认遗传理论作为材料行为的基础最为可靠，但选出松弛函数核仍然是最重要的问题，此核最好能以模型来实现蠕变与松弛实验关系的近似值。

在表达聚合物性能上，被积分函数的幂核及分数核已得到了最为广泛地应用[9,18]。然而，这一方法并未叙述清楚，整个过程的物理学含义尚不明确，也未能就结构因素对材料行为的影响进一步作出评估。这就无法实现对所得结果进行总结并推广到试验范围以外。因此，要了解到道路建筑材料的性能，可从文献[19]中所描述的热力学函数的变化过程中寻找，以便在其基础上获得新的被积分核。

文献[19]中表明，材料是由两种截然相反的动态单元组成的，即“弛张振荡器”和“非弛张振荡器”，属于“弛张振荡器”的有各种原子团、重复链（环节）、大分子节、自由体的独立元素、应力集中微空隙等等。熵（热力函数）体系的产生是弛张的推动力，熵在弛张过程中会由于扩散且与“弛张振荡器”的相互作用而增长。

在理论研究的基础上，可以选定出两种类型的张弛核[19]。第一种类型的核来自假说，即“弛张振荡器”的相互作用，其速度产生于应力松弛过程的限制阶段，材料中的一些较弱区域产生的各种大小不一的微小空隙就处于这个阶段。此时，这些区域变成了非松弛材料。就这样，松弛的全过程得以完成：

$$T_1(\tau)=-\frac{S_0}{k_b m_1}\left\{\frac{1}{[f_1(\tau)-\alpha_0]\ln[f_1(\tau)-\alpha_0]+[1-f_1(\tau)-\alpha_0]\ln[1-f_1(\tau)+\alpha_0]}+\frac{1}{\ln 2}\right\} \tag{1-17}$$

式中，$f_1(\tau)=\frac{1}{(1=k^{*}\tau/\beta)^{\beta}}$；$\alpha_0=10^{-10}$。函数 $f_1(\tau)$ 仅在 $f_1(\tau)\geqslant 0.5$ 时才具有实质性的含义。

式（1-17）的函数来自于假说，应力松弛过程的限制阶段就是“弛张振荡器”相互作用的速度。于是，材料从松弛状态逐步过渡到非松弛状态，在此过程中所呈现的各种现象就很有意义。k^{*} 值与“弛张振荡器”相互作用的速度常数成正比例；$\beta=1/(n-1)$，此式中的 n 为反方向作用数量级；α_0 为“非弛张振荡器部分”（具有已完成松弛过程的区域），形成于达到要求的固定变形时刻；S_0 为系统中的始熵；K_b 为博利茨曼常数：m_1 为区域总数，即材料单位体积中“弛张振荡器”和“非弛张振荡器”的总数乘以 $\int_0^{\infty} T_1*(\tau)\,d\tau$。

第二种类型的核 $T_2(\tau)$ 来自推测。应力松弛或蠕变过程的限制阶段是试件材料中的“非弛张振荡器”形成的扩散。此核所具有的形式见文献［20］：

$$T_2(\tau)=-\frac{1}{k_b m_2}\left\{\frac{1}{f_1(\tau)\ln[f_2(\tau)+[1-[f_2(\tau)]\ln[1-f_2(\tau)]}+\frac{1}{\ln 2}\right\} \tag{1-18}$$

式中 $f_2(\tau)=\alpha\tau^{\gamma}$ 表示 τ 时刻，其在格栅上无序游动过程中被动力学单元占据的各区段的部分描述；其中的 α 与 γ 所反映的是具有基本游离速度特征的材料参数与阻滞影响形成相应的材料参数。对于方程（1-17）和方程（1-18）中的 $m_1=m_1^{*}\sum_0^{\infty}T_1^{*}(\tau)\,d\tau$ 和 $m_2=m_2^{*}\sum_0^{\infty}T_2^{*}(\tau)\,d\tau$，其中的 $m_1^{\dagger}$ 则表示样品中非均质性特征量的值；$T_1^{*}(\tau)$ 和 $T_2^{*}(\tau)$ 为式（1-17）及式(1-18)中核的变量部分；m_2^{*} 为材料中非均质性扩散的比例值。

经对有机水硬性胶结沥青混凝土及混凝土的松弛曲线进行处

理，当确定使用松弛核的相关 γ 系数时，发现 T_1（τ）总是高于 T_2（τ）。经观察后的观点表明，材料松弛过程中的进展速度受到限制，这与材料中的“弛张振荡器”相关（例如微小空隙的交汇结合及其转化为非松弛材料的行程速度）。

所以，在黏弹性的线性区域，为了说明道路建筑材料的黏弹性特征，建议使用松弛核 T_1（τ）。

正如本节已指出的那样，材料在温时场中对机械负载作用下所具有的活动，可以用引入变形过程中的弹性结合点的数量 n_y 来说明。

各种不同成分与结构的材料，当 n_y 相同时，引入式（1-17）中我们可以观察一下材料的活动规律。

不同混凝土的基本特征在于，只要具有同样的 n_y，那么它们的松弛能力就会相同。这恰恰就是从 n_y 的定义中得出来的。如果博利茨曼—沃利捷尔方程写成如下形式，那么右边的应力关系也可成立：

$$\frac{\sigma_t}{\sigma_0}=1-\int_0^t T(\tau)\mathrm{d}t \tag{1-19}$$

$$\frac{E_t}{E_0}=1-\int_0^t T(\tau)\mathrm{d}t \tag{1-20}$$

既然式（1-19）和式（1-20）中的左边相等，那么接下来的应力关系也应成立。

对具有同一种类型被积分核的材料，可满足以下条件：

$$\frac{E_{t1}}{E_{01}}=\frac{E_{t2}}{E_{02}} \tag{1-21}$$

这也就顺理成章地保证了下述条件的完成：

$$\frac{\sigma_{t1}}{\sigma_{01}}=\frac{\sigma_{t2}}{\sigma_{02}} \tag{1-22}$$

的确如此，如果两种截然不同的材料在经受着短暂的变形

ε，那么其中的每一种应力值应为：

$$\sigma_{01}=\varepsilon E_{c1},\sigma_{02}=\varepsilon E_{c2} \tag{1-23}$$

经过一定时间 t 后，每种材料中的应力将达到下列水平：

$$\sigma_{t1}=\varepsilon E_{t1},\sigma_{t2}=\varepsilon E_{t2} \tag{1-24}$$

取初始应力对现有应力的比作为松弛能力的指标，我们可得出：

$$\frac{\sigma_{01}}{\sigma_{t1}}=\frac{E_{c1}}{E_{t1}},\frac{\sigma_{02}}{\sigma_{t2}}=\frac{E_{c2}}{E_{t2}} \tag{1-25}$$

如果将被积分核 T_1（τ）代入博利茨曼方程，那么我们就可以得出：

$$E(t)=E_0+\frac{E_0S_0}{k_bmk^*}\ln\frac{\ln(k^*t+\alpha_0)-1}{\ln\alpha_0-1} \tag{1-26}$$

此时，对 n_y来说，如果有两种相同的材料，在式（1-21）中的表达就可以接受下列形式：

$$\frac{A_1}{E_{01}}\ln\frac{\ln\frac{k_1^*t_1+\alpha_0}{e}}{\ln\frac{\alpha_0}{e}}=\frac{A_2}{E_{02}}\ln\frac{\ln\frac{k_2^*t_2+\alpha_0}{e}}{\ln\frac{\alpha_0}{e}} \tag{1-27}$$

式中，$A=\frac{E_0S_0}{k_bmk^*}$。

如果下述条件得以满足，那么方程式（1-27）对任何时间都有解：

$$当\ t_2=\frac{k_2^*}{k_1^*}t_1\ 时\frac{A_1}{E_{01}}=\frac{A_2}{E_{02}} \tag{1-28}$$

这样，与 n_y相同的材料就有了坐标 $\sigma_t/\sigma_0-\int_0^t T^*(\tau)\mathrm{d}\tau$ 中松弛直线倾角形成正切$\left(\frac{S_0}{mk_b}\right)$与松弛速度常数的比例关系。也就是说，只要正切角的斜度减小（松弛速度减慢），那么松弛速度的常数也就会随之下降到相同的数值。

可见，材料在 n_y 值相同的情况下，只要具有相同的松弛性能，它就可以获得同样的松弛速度，并且可以满足下列条件：

$$\frac{E_{t1}}{E_0}=\frac{E_{t2}}{E_0};E'(t_1)=E'(t_2) \tag{1-29}$$

对方程式（1-24）求微分，我们就可以得出：

$$\frac{A_1}{\ln(k_1^* t_1+\alpha_0)-1}\times\frac{k_1^*}{k_1^* t_1+\alpha_0}=\frac{A_2}{\ln(k_2^* t_2+\alpha_0)-1}\times\frac{k_2^*}{k_2^* t_2+\alpha_0} \tag{1-30}$$

由此可见，式（1-23）的条件也得以满足，如下：

若
$$t_2=\frac{k_2^*}{k_1^*}t_1$$

则

$$A_1k_1^*=A_2k_2^* \tag{1-31}$$

如果情况果真如此，虽然材料各异，一旦它们处在同一时间和温度状态下，那么都应具有同样的敏感度。

然而，对绝大多数道路建筑材料来说，方程式（1-31）并非在所有温度变化范围的作用时间内都能满足要求。

不过大多数情况下，当温度范围为 0～－25℃时，方程式（1-31）的条件还是可以满足的。这种情况对工作在低温范围内的评价显得尤为重要。

上述计算结果可以得出以下结论：不论路面层材料的组合成分与所处工作条件如何，都处在相同的松弛能力和相同的温时敏感反应区域。一旦满足方程式（1-31）的条件时，这一区域的存在可以不受任何限制。在其他情况下，仅存在于单一温时区域内。

与上述情况相同的是，如果所用材料的量相同，那么其弹性关系 n_y 在进入变形过程中还应具备其他特点。其中，在强制变形达到同一变形水平时，相同 n_y 量的材料会保持着能量散失与能量积累之间具有相同的比例关系，而具有相同能量 n_y 的两种不同材料的散失能量之比 W_1/W_2 与其模量成正比，即 $W_1/W_2=E_{t1}/E_{t2}$。上述条件很容易在理论上得到证明，当变形图呈三角形时，残余变形部分 ε_0 可由下式判定。

$$\varepsilon_0=\varepsilon(1-n_y) \tag{1-32}$$

式中：ε——附加上的变形。

的确是这样，对三角图形来说，附加上的能量为 $(E_t\varepsilon^2)/2$，而积累起来的能量为 $(E_t\varepsilon^2 n_y)/2$。

散失能量作为附加上的能量与积累能量的差为：

$$W=0.5\varepsilon^2 E_t(1-n_y) \tag{1-33}$$

此时，散失能量与积累能量之比等于 $(1-n_y)/n_y$。显而易见，当 n_y 相同时，不同的材料均保持了相同的散失能量与累积能量间的比例关系。

下述等式得到了类似的证明，即 $W_1/W_2=E_{t1}/E_{t2}$。对于两种不同的材料，其散失能量可由下式来确定：

$$\Delta W_1=0.5\varepsilon^2 E_{t1}(1-n_{y1})、\Delta W_2=0.5\varepsilon^2 E_{t2}(1-n_{y2}) \tag{1-34}$$

式中：E_{t1}、E_{t2}、n_{y1}、n_{y2}——相应为两种材料弹性关系的模量与数量。

此时：

$$\frac{\Delta W_1}{\Delta W_2}=\frac{E_{t1}(1-n_{y1})}{E_{t2}(1-n_{y2})} \tag{1-35}$$

如果 $n_{y1}=n_{y2}$，我们可以得出 $\frac{W_1}{W_2}=\frac{E_{t1}}{E_{t2}}$。

具有相同 n_y 的材料都有着相同的横向形变系数[21]。弹性与黏性的对比关系决定着在常期变形过程中材料的变形与破坏机制。

一般情况下，变形由其线性部分构成。除此之外，弹性关系以及非线性部分，即黏塑性关系引发的变形都是至关重要的。随着黏塑性关系的增多，非线性部分所占比例就越大。当 n_y 超出 0.5 时，材料的线性形式就会被衰减。也就出现了因次生结构的产生而使材料的强度达到了极限。

因此，我们得出以下结论：

（1）应将各种道路建筑材料形成的结构看作为弹性量 n_y 与黏塑性量 n_B 相互关联的复合级配系统。合理的黏塑性关系的单位数量可作为弹性活动阶段中的散失能量与积累能量间的对比关系来确定，并通过其实际模量值或强度值进行计算。当取 $n_y=1$ 时，其最大可能值的对比关系才可得以确立。$n_y=1$ 的水平出现在力学玻璃化转变温度时，并未涉及组合形式中的强度和变形。参与变形过程的弹性结合量取决于温度、变形速度以及材料的组合形式。

（2）不论组合形式与结构如何，具有数量相等的弹性（黏性）关系的混凝土都有着相同的松弛能力、松弛速度、横向变形系数以及散失能量与积累能量间的相互比例关系。这是因为，在 n_y 相同时，松弛速度放缓就会引起松弛速度的常数以相同数值下降。这种情况是所有被研究材料表现出的一个最重要的特点，从而才有可能挑选出能分析其性能、评价其可靠性与耐久性的新方法。

实际应用过程中，当制定材料的抗变形与抗破坏稳定性标准时，所推荐的样品与方法应予以充分考虑。

极限结构强度 R_c 是材料中的最重要的特征之一。它的取值决定着弹性阶段的强度水平、复合材料周期耐久性等。

极限结构强度值 R_c 取决于矿物填充料的强度、胶结料用量与密度、有机胶结料和次生结构黏结力的强度。密度越高，R_c 也就越高。R_c 取值在力学玻璃化转变温度时，是以最薄弱时的结构强度来确定的。如果这一结构由沥青和沥青胶结料形成，那么，随着材料黏度的下降以及均质性的提高，黏结强度就会上升，从而R_c也随之上升。

复合材料的极限结构强度可以通过结构组合成分的特征来表示：

$$R_c = K_1R_1(\sigma_1)n_1 + K_2R_2(\sigma_2)n_2 + K_3R_3(\sigma_3)n_3 \quad (1\text{-}36)$$

式中：R_1、R_2、R_3——石料、结合料以及次生结构的最大强度；

σ_1、σ_2、σ_3——力学玻璃化转变温度时的相对应力值；

K_1、K_2、K_3——考虑到结构相互关系的系数；

n_1、n_2、n_3——复合材料集聚体中形成结构的各单体的含量。

为了利用式（1-36），必须将结构的最弱强度值代入公式，以便取代R，而在其他项则代入应力值σ_i。这样，如果最薄弱环节是石料，那么：

$$R_c = K_1R_1n_1 + K_2\sigma_2n_2 + K_3\sigma_3n_3 \quad (1\text{-}37)$$

这种情况下，使石料的强度提高就会直接导致R_c升高，这在实际应用中就能明显地观察到。

如果最弱环节表现在次生结构，而且用的是具有代表性的混合填充料形成的复合材料（石膏、页岩灰等），那么R_c值就可由下式确定：

$$R_c = K_1\sigma_1n_1 + K_2\sigma_2n_2 + K_3R_3n_3 \quad (1\text{-}38)$$

次生结构的强度R_3越高，R_c也将越高。这种状况是随着黏结性能的提高（σ_2增长）而出现的，这已被试验所证实。

次生结构n_3的单位数量对R_c的影响作用同样将取决于其强度。如果$R_3 > R_2$，那么n_3的提高将促使R_c上升，否则相反，较薄弱的次生结构越大，反而会导致R_c的下降。

结构间的相互作用过程对R_c值的影响很大，上述关系可以作为一种趋势，但并未形成规律。

本节所举情况有利于路面面层材料由于受交通荷载及天气气候因素作用下的变形稳定性标准及其从属关系基本框架的形成。

1.2 路面材料结构破损累积动力学研究

机械荷载和天气气候因素的影响总会引起材料分子间的联系断裂，从而出现微小裂隙，最终导致材料结构中形成错位。反复加载及荷载的长时间作用都会加大破损积累的程度。在一定时间内，一旦达到临界状态，材料结构就会遭致破坏。

破损是材料在使用过程中，路面各结构层中的材料结构损伤积累到一定量时，造成不允许的变形或破坏。起初的轻微损伤仅在低水平上聚集，然后融合在一起造成更大程度的破坏[文献22]。

路面层材料易损程度在量上的描述就是路面层的破损率。

易损程度到底会达到哪种地步，我们才能确定它的使用期限，这实际上就是一个材料的寿命问题。

特别是，在制定材料易损程度时，一般用的是对力学特征进行检测的方法。然而用路面（路面各结构层）弹性模量的方法来锁定其易损程度并非总是可能。结果出现了这种现象：当路面具备同样的挠度（模量）时，一种状态下，可能面层两年需要维修一次；另一种状态下也可能允许 6 年维修一次。

图 1-5 表示的是两种易损程度不同的材料。第一种材料的易损程度显然较高。因此，尽管两者表明的强度和刚度指标相同，但第一种材料的使用寿命却比较低。

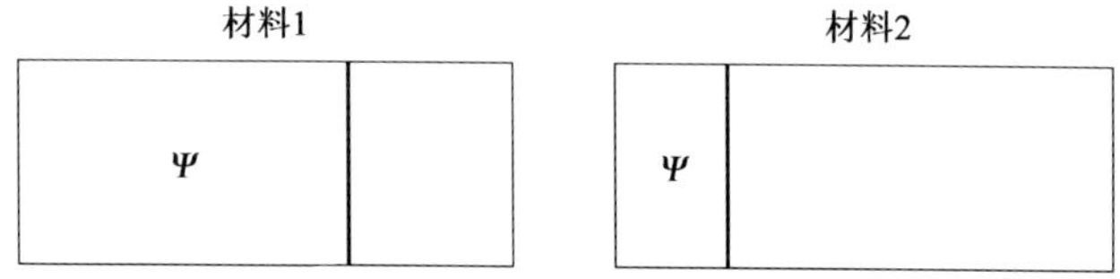

图 1-5　两种易损程度不同的材料示意图

究其原因，为了客观地探讨路面层材料的强度和可靠性、考虑到设计维修期限以及采用合适的修理措施，就需要对现有的易损程度进行定量评估。

为此，我们必须完成一系列基本的和实际应用方面的调研工作。

在气候因素（紫外线辐射、温度变化、潮湿等）的作用下，材料结构发生了变化，逐渐形成破损累积。但是，确定易损程度（按强度或模量）并非总能客观地评价出在各种因素的长期作用下对路面层材料发生变化的特征状况。因为材料在受到破坏的同时还会促使有机胶结料中的轻质成分被氧化和蒸发，从而形成与结构组合强度不相宜的强度上升。之所以会出现这种硬化板结后又很快出现解体现象，就在于荷载对路面的长期碾压渗透作用过程，加之天气气候因素的影响，或有其他各种各样的野外环境因素形成的。

破损累积的动力学取决于温度、应力作用的程度及持续时间、应力附加状态、材料结构特征。凡此种种，使得我们必须编制并解开复杂的动力学方程。该方程还需要通过大量试验来确定，从而使得工程计算被大大地复杂化。

对于材料性能变化的评估及可能会达到某种程度的破损，我们可借助于标量 Ψ 来进行，标量 Ψ 由下式算出：

$$\Psi = 1 - \frac{R_t}{R_0} \tag{1-39}$$

式中：R_t——材料在受到实际荷载或天气气候因素作用下的工作寿命；

R_0——初始寿命。

当 $\Psi = 0$ 时，材料结构中并不存在破损，而当 $\Psi \to 1$ 时，则表明破坏已形成。

如果能够理解断定路面层的工作寿命是一项多么复杂的课题，就可以明白评估材料易损性的问题将会显得多么繁杂。因此，要统筹兼顾，首先要完成的是理论研究并制定出评估复合材料结构易损性发展过程中的原则性方法。

破损积累过程要经历三个阶段。在第一阶段，应力板块靠黏性关系的形变表现出舒展整平走向，由于次生结构在力学作用方向上被定向整平的同时，最薄弱部分首先会遭到破坏。硬化过程占有优势而起到主导作用，被破坏过程处于劣势，结果材料强度当然处于提高状态。第二阶段，次生结构成分扩展形成一定优势并参与到整体结构中共同形成聚集体，在力学作用方向上被定位，使得破坏作用过程超越硬化作用过程，材料强度开始逐渐下降。第三阶段，特点是材料结构的强度被破坏，强度裂缝形成并被显现出来，此时的材料强度急剧下降。

结构中的破损积累总是和能量的散失相关。这是因为材料结构把弹性关系和黏性关系结合在了一起。弹性关系的逐渐减弱直至终结会导致应力被重新分配。同时，引起的还有仅存的黏性关系会使材料结构的变形量扩大，进而使能量的散失也随之加大。由于黏性关系造成变形量的增加，材料结构中的能量最终总是要消耗贻尽的。材料结构所具有的能量被散失得越多，材料结构的易损程度也就越高。这一事实已被试验所证实。显然，以加载与卸载曲线间的面积差而确定的散失能量的数量取决于易损程度 Ψ。以此种表示方式就有可能使我们从这项不变准则上得到 Ψ 参数函数，而不论加载条件如何。

对路用混凝土现象学模型的分析表明，易损性可能产生于弹性关系的脱离或黏性关系达到变形极限状态期间。在第一种状态下，变形是由于应力作用而引起的，它会使局部某处最薄弱关系这一环节受到破坏，从而形成微裂隙的渐进。在第二种状态下，黏塑性变形又进一步使结构中的聚集体被相互隔离，此时材料结构所应起到的作用便丧失殆尽。实际材料中，从整个材料结构的易损性来看，一旦其弹性关系脱离，黏塑性关系也会相应地逐步丢失。

对各种不同组合成分的材料及其形成的结构在较宽的冷态温

时间隔内实施了破损积累的动力学实验研究。对试件逐一做出蠕变、周期耐久性、松弛、冻融及干湿试验。在实验过程中，测定了变形模量和超声波的通过速度，还确定了强度及射频噪声通过材料时显示出的改变状况。

经确定，破损积累过程取决于材料的组合成分 、温度和加载措施。在此情况下，破损积累曲线对各种力学作用可能相同，即相同的 Ψ 水平可能在确定加载循环次数后，或在确定蠕变变形程度以及其他因素作用后才能得出结果。沥青混凝土的一个突出特点是具有明显的结构硬化过程，可使易损性 $\Psi > 1$。对水泥混凝土[6]以及聚合物[16,17]来说，已知机械荷载作用下会有硬化现象出现，这是由于在荷载作用方向上有大分子链的定向作用这一条件，同时应力得以舒展开。由于路用混凝土把不同结构的性能结合在了一起，所以才会出现各种不同因素的综合影响。

硬化过程的存在，致使路用混凝土产生了一系列的流变现象特征。特别是流变记录显示出的反向弯曲，等时模量会随着应力水平的提高而增大，黏度的改变依蠕变变形的极值曲线而改变。

硬化的强弱大小取决于应力舒展开后板块的强度和次生结构中的各种组合成分以及力学作用的定向能力。经确定[21]，最大限度的硬化表现在加载状态下有保证的弹性和黏性间的对比关系，并且将变形过程中的范围限定在 0.5。这种对比关系是得以达到应力板块展平和弹性关系在作用方向上定位的最合适的条件。为了阐述聚合物结构中的破损积累过程，列・米・卡恰诺夫提供了动力学方程[22]：

$$d\Psi = \varphi(\sigma/\Psi)dt \tag{1-40}$$

式中：σ——应力。

函数值 φ 可以下列形式表达：

$$\varphi = (\sigma/\Psi)^K \tag{1-41}$$

对该方程进行分析表明，破损积累速度取决于应力的大小和破损所达到的程度。

不过采用方程（1-4）对于路用混凝土来说还存在不少麻烦及需要解决的问题。首先是，这里并未涉及结构的硬化过程。其次，对每种类型材料的加载速度、温度来说，还须通过试验才能使参数 K 更加准确。除此之外，经研究表明，K 值会随着应力的大小起变化。这就要对 Ψ 在时间上的变化作出动力学研究，尤其是受到循环作用时所产生的不稳定因素的影响，它并非总是与实际相符。

如果以力学过程中表现的荷载循环次数、变形等特征参数的提高代替时间的话，消除所要产生的不足便成为可能。在此情况下，动力学方程取以下形式：

$$\frac{d\Psi}{dP}=-f(P)\varphi(\Psi) \tag{1-42}$$

此处的 P 为描述力学过程用的参数。

把对混凝土所用到的 f 及 φ 函数值代入下式：

$$f(P)=A(P-q)^N$$
$$\varphi(\Psi)=B(\Psi-\Psi_{np})^K \tag{1-43}$$

式中：Ψ_{np}——破损进展过程，此时是材料因某种原因而发生的破坏；

q——与 P 值相符的参数，此时出现最大硬化量 $d\Psi/dP=0$；A、B、N 和 K 均为系数。

把式（1-43）代入式（1-42）为的是解题方便而将常用系数作以改变，以便得出下述动力学方程：

$$\frac{d\Psi}{dP}=-\frac{2C\beta}{\alpha}\cdot\frac{(P-q)^{2\beta-1}}{(\Psi-\Psi_{np})^{\alpha-1}} \tag{1-44}$$

加入相对变量

$$X=P/P_{np}、Y=\frac{\Psi-\Psi_{np}}{\Psi_0-\Psi_{np}}、\lambda=q/P_{np}、X_1=P_1/P_{np} \tag{1-45}$$

此时，在初始条件下（$P_0=P_1$、$\Psi=\Psi_0$），方程（1-44）的解以下式表达：

$$Y^{\alpha}=\frac{1-\left(\dfrac{X-\lambda}{1-\lambda}\right)^{2\beta}}{1-\left(\dfrac{X_1-\lambda}{1-\lambda}\right)^{2\beta}} \tag{1-46}$$

经试验研究可以确定的是，q 值与弹性量 n_y 的程度与描述力学过程中的变化量 P_{np} 相关联。既然最大硬化在于 $P=q$，并且还取决于弹性量 n_y，那么可取 $\alpha=2$，接着应用式（1-46）进行计算就会简便得多。按已知弹性量 n_y 便足以确定 q 值并取 $\Psi=\Psi_{max}$，然后依式（1-46）算出 β。

在循环耐久性预测方法的基础上，可以对力学描述过程中的变量 P_{np} 进行评估（见下文）。

变量 Ψ_{np} 的极限水平值在理论上等于 1 个单位。然而实际上破坏来临要早得多，因为在产生微裂隙的一定阶段，微裂隙相互贯通强烈，会雪崩般地形成主干裂缝。可以把寻找 Ψ_{np} 的任务归结到与渗滤理论相关的课题上研究。对空间立方晶格来说，它所形成的渗滤门限为 0.25[23]。由此可见，可以取 Ψ_{np} 等于 0.75。

在材料于弹性阶段（$n_y\rightarrow1$）工作时，Ψ_{np} 值可以从下式得出：

$$\Psi_{np}=(\sigma/R_c)^{m} \tag{1-47}$$

在循环作用过程中，评价 Ψ 时使用的是动力学方程(1-47)，这很方便。当蠕变和松弛都存在于变化过程中时，n_y 值是一个变量，f 和 φ 会逐渐成为取决于已达到变形水平时的两个函数。

如果已知蠕变定律 $\varepsilon_t=r(t)$，则应使用变形 ε_t 作为参数 P，而在确定 q 和 c 时，将 n_y 值作为 $\sigma/(\varepsilon_t E_c)$ 比例关系代入。不过，还是要找到一种更为简便的方法为好。

结构中的破损积累过程总是与能量的散失相关联。这是因为在材料结构中，弹性关系与黏性关系总是结合在一起的。弹性关系破裂引起应力重新分配，进而使散失能量的黏性关系变形量增大。黏性关系的变形实际上导致能量被全部散失。材料结构中能量散失的量越大，破损水平越高。此事实已从试验中得到证实。

原来作为加载和卸载曲线间面积差而确定的散失能量的数量取决于 Ψ 的水平。这一状况可使其获得不变标准的参数函数 Ψ 而不管加载条件如何。

如果能量极限值已知，那么材料允许散失的能量数值为 W_{np}，则可得到参数 Ψ 和依经验公式获取的散失能量的比值 W/W_{np} 相结合的方程：

$$\Psi = 1 - \left(1 - \frac{W}{W_{np}}\right)^{\frac{KW}{KW_{np}} - A} \tag{1-48}$$

式中：K 和 A——仅取决于变形过程中有关系的 n_y 的系数。

K 值和 A 值可以按照下述经验公式算出：

$$K = 1.36587 - 0.564527 \times n_{ymp}^2$$
$$A = 0.9003 - 0.64984 \times n_{ymp} \tag{1-49}$$

由于简单而又必需的试验数据太少，式（1-48）明显地简化了实际计算。在循环作用过程中，确定出 n_y 作为比例关系 E_t/E_c 就足够了。可以用经验证明具有足够准确度 W/W_{np} 的值来代替加载循环的实际数量与极限循环数量的比。

将 $1-W/W_{np}$ 的差称之为材料工作能力，并以字母 F 来表示。在力的作用过程中，不仅会产生破损积累，而且最终所具备的工作能力会“耗尽”。如果在力的作用过程中 Ψ 可以增长（硬化），然而工作能力却不能增长。引用专有名词“工作能力”这个概念是必需的，起码可以了解到材料在加载状态下被改变时的破损积累动力学的从属关系。

例如，材料在 N_1 个周期内经受到了循环过程的影响，相应地达到了 $F_1 = 1 - N_1/N_{np}$ 的水平。接着，加载方式起了一些变化（温度、应力、作用时间）。这样，就产生了一个问题，在评估各种加载方式下工作能力的等效水平以及利用式（1-48）的同时，如何评估易损程度。

当下存在有各种不同荷载作用方式下的几种破损积累假说。其中最简单的是线性求和规则（帕利姆格连假说）。考虑到以试验数据来证实线性假说并不够充分，需采用更加复杂的非线性假说（马尔科与斯塔尔基假说、尼尤马尔卡假说、根里假说等等）[16]。然而，所有的模型与假说都是以力学方法为基础，还并未考虑到材料的结构状态及材料的结构综合指标 n_y。对工作能力水平 F 产生作用影响的还有所达到的易损程度。

当荷载条件发生改变时，参与变形过程的弹性关系会发生变化（关系“逆转”效应），从而使工作能力水平也发生变化。这样，如果使材料处于温度 20℃时，承受周期性加载直到工作能力水平 $F=0.6$；而当温度变化至 0℃时，工作能力可达到 0.8～0.9。尽管材料经受了一定力的作用，此时的弹性关系量仍可定为 n_{y1}。一旦荷载状态发生了变化，使工作能力水平处于 F_1 和达到破损水平 Ψ_1 之后，此时的弹性关系量便可定为 n_{y2}，并且 $n_{y2}>n_{y1}$。利用线性相加原则（同名关系的工作能力在改变工作条件时不变）并认可“逆转”关系的工作能力 $n_{y2}-n_{y1}=1\times\Psi$，可得出在新荷载状态 F_2 条件下，确定工作能力 F_2：

$$F_2 = F_1(n_{y1} + n_{B2}) + \Psi_1(n_{y2} - n_{y1}) \tag{1-50}$$

如果 $n_{y2}<n_{y1}$，则

$$F_2 = F_1(n_{B1} + n_{y2}) + \Psi_1(n_{B2} - n_{B1}) \tag{1-51}$$

式中，$n_{B2}=1-n_{y2}$；$n_{B1}=1-n_{y1}$。

当 F_1 固定不变时，F_1 与 F_2 之间的依赖关系和 n_{y2}/n_{y1} 之间的关系按式（1-51）应为线性，这在某些情况下均能通过试验满足具体条件的要求。

式（1-51）具有很大的实际意义，因为它能确认在两种因素（例如交通荷载作用和冻融作用）的共同影响下，最大耐久性将

在两种因素间差异最大时出现。所以，在选择结构层材料的组合成分时，这种情况应予以充分考虑。

路用混凝土最重要的耐久性问题之一是“休眠”时间对破损动力学的影响，从而在应用迭加原理或贝利标准时可能产生影响。根据该原理，破损积累就是一个不可逆转的过程，材料在受到破坏时可以用下列形式表述：

$$\sum_{i=1}^{n}\frac{\Delta P_i}{P_{\text{inp}}}=1 \tag{1-52}$$

式中：ΔP_i——材料的某个 i 过程的实际作用（荷载循环数 N_i、应力作用时间等）；

P_{inp}——为 i 过程极限作用。

经确定，贝利标准并不适合用在路用混凝土上。因此，在不同破损程度下的较宽泛的“休眠”时间范围内，疲劳破坏状况 $\sum_{j=1}^{n}\frac{N_i}{N_{\text{inp}}}=1$ 并不会过早实现。例如，如果沥青混凝土的一个荷载循环周期为 $N/N_{\text{np}}=0.3$，那么12h“休眠”时间内，该项的总和可达到2.7。当比例式 $N/N_{\text{np}}=0.7$ 时，这个总和为1.5。由于蠕变形成的变形量和荷载作用时间形成的变形量有多有少，因而观察到了类似的但并不适应的现象。由此可见，属于这种复合材料的，当其处在“休眠”过程中时，便会发生结构重组。这种解释更是表明弹性关系在卸载后总要力求能恢复到原来的尺寸，并以此促进黏性关系复原，使微裂隙或空隙关闭，这不仅会使材料的工作能力得以恢复，当然硬化过程也会随之丧失。在一定条件下，甚至还能见到已被破坏的弹性关系有所恢复并使微裂隙重新愈合，从而在“休眠”过程中使强度得以提升。

由于“休眠”的结果，聚合物结构得以恢复和微裂隙自愈的事实在文献［24，25］中作了阐述。

“休眠”对材料工作能力的影响可用结构恢复系数 K_{B} 来

评价：

$$K_B = \frac{F_2 - F_1}{1 - F_1} \tag{1-53}$$

式中：F_1、F_2——相应地为某些力学作用和“休眠”后材料的工作能力。

实际上黏度 K_B 可以根据变形或加载循环周期后形成的状态来确定，例如：

$$K_B^\varepsilon = \frac{\Delta\varepsilon}{\varepsilon_0} \tag{1-54}$$

或

$$K_B^N = \frac{\Delta N_2}{\Delta N_1} \tag{1-55}$$

此处的 $\Delta\varepsilon$ 为“休眠”后被恢复的变形值；ε_0 为力学作用期间达到的变形程度；$\Delta N0_1$、ΔN_2 为初始加载和“休眠”后加载为达到变形 ε_0 所必需的相应加载循环次数。

试验研究表明，结构在等温条件下的恢复过程用下述因素来表示：材料结构的工作能力或被损害的程度由集料级配和加载方式所决定。图 1-6 所示为 K_B^ε 和 K_B^N 与 W/W_{np}（按照变形）的关系曲线。从图中可以看出，当 W/W_{np} 比例关系变小时，K_B^ε 值低于 K_B^N，或者相反；在 W/W_{np} 增大时，K_B^ε 便会超过 K_B^N。这种情况与开始加载时的弹性关系恢复及微小破坏较强有关。考虑到在循环与变形过程中系数 K_B 的差异不超过 10%～20%，实际中的上述事实可以忽略不计。

在“休眠”过程中，温度条件的变化导致 Ψ_1 和 K_B 发生变化。所以，当温度为 0℃时，如果中断循环加载，且在 20℃时造成“休眠”，那么 Ψ 值便会上升。例如，若在 $W/W_{np} = 0.6$，温度为 0℃时，Ψ 值等于 0.95；20℃时“休眠”就会使 Ψ 水平提高到 1.04。这里可以解释为，当温度在零上时，微小破坏被

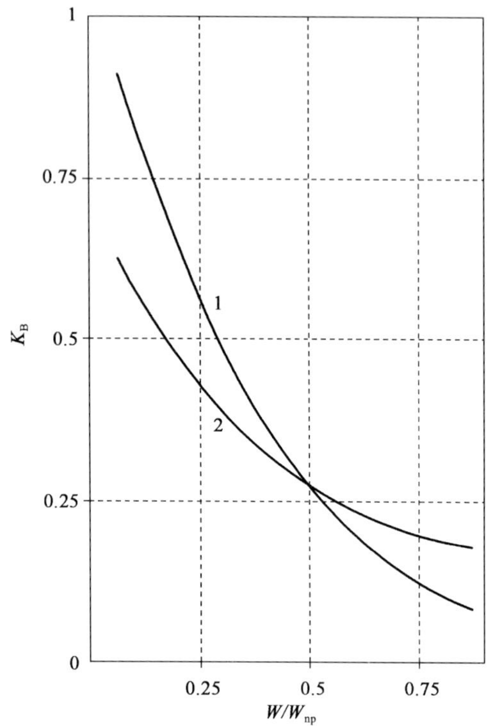

图 1-6　结构恢复系数与能量散失关系曲线

1-按循环;2-按变形

治愈的效果会更好些。所以，当温度条件发生变化时，评价 Ψ_1 必须考虑到“关系转变效应”。

易损程度越高工作能力越低，材料结构重新组合的可能性就越小。当破损参数 $\Psi \to 0$ 时，结构恢复不受外来因素的影响也是不可能的。结构的恢复过程取决于加载方式及集料的级配。如果评估在等温条件下且工作能力相同时的材料黏度系数 K_B，那么材料结构中结晶成分的增加会导致系数 K_B 上升，然后又使 K_B 下降。然而，随着变形速度的增大或温度下降，关系特征就要发生变化，在低温状态下的定形阶段，结晶材料含量少反而具有优势。所以，在结构恢复过程中就要依赖参与变形过程的弹性关系量 n_y 和使密实结晶冷凝形成骨架结构的弹性关系 n_{y1}。

通过对混凝土的现象学模型进行分析（见图 1-2）可以认为，弹性关系重组的可能性将与弹性“转变”关系的量成正比例，即 $1 \sim n_y$，而黏性关系与弹性关系量 n_y 成反比例。考虑到形成密实骨架结构关系量（n_{y1}）以及破损程度将对重组过程产生影响，结构恢复的概率（系数）即可纳入下式：

$$K_B = \Psi C n_y (1 - n_y) \tag{1-56}$$

式中，C 为考虑可能会影响到 n_{y1} 的系数。

如果研究极值关系式（1-56）就可以看出，不论集料级配和破损程度 Ψ 如何，$n_y = 0.5$ 时的结构恢复值最大。

这样就确定了结构层材料在弹性和黏性两者关系相同时（$n_y = 0.5$）的另一重要性能。材料在这些条件下除了最大硬化外，还具有最大的重组合能力。

在方程（1-48）中可以引用路面层材料的实际寿命与极限寿命之比，以便取代比例关系 W/W_{np}。有了式（1-48）就有了下列形式：

$$\Psi = 1 - \left(1 - \frac{T_0}{T_{np}}\right)^{k\frac{T_0}{T_{np}} - A} \tag{1-57}$$

式中：T_0——试验时的路面寿命；

K 和 A 为系数，分别等于 1.8 和 0.55。

将 Ψ 实际值代入式（1-57）就可求出 T_{np}，即面层到完全毁坏时的寿命。

破损积累是由各种不同因素（交通荷载、温度下降等）造成的。总的水平不能用简单求和的方式来取得。

为此，编制了以加载方式和温度变化时的“关系转变”效应为基础的特定方法[5]。

经确定，材料的工作能力水平在作用方式改变时可依下式求得：

$$F_2 = F_1(1 + E_{t1}/E_c - E_{t2}/E_c) + \Psi_1(E_{t2}/E_c - E_{t1}/E_c) \tag{1-58}$$

式中：E_{t1} 和 E_{t2}——单次及重复加载方式条件下的松弛模量；

E_c——最大弹性模量；

Ψ_1——破损程度；

F_1 和 F_2——工作能力水平。

利用式（1-58）可以使汽车对路面寿命期所产生的作用成为统一标准。

在实际运营条件下，易损性及破损程度首先会对疲劳和腐蚀性变形发展的强度产生影响。也就是说，会表现出强烈而又重复的影响。不过，大家常见的却是另一种变形方式，即温度裂缝，或是很明显的裂缝，这是有本质区别的。因此，在评估材料抗变形破坏发展时，不能忽视对查清原因和解除方法的选择以及易损性的动力学问题。

在脆性损坏情况下，材料工作在弹性阶段，当 $n_y=1$ 时，按下述关系导致强度损失处于受易损性支配的地位：

$$R = \Psi R_c \tag{1-59}$$

在损坏叠加情况下，当 $n_y<1$ 时，强度服从下述条件：

$$R = \Psi R_0 \tag{1-60}$$

式中：R_0——单次加载时的强度。

路面层材料结构中，破损积累动力学规律可以作为制定抗疲劳和抗腐蚀变形标准的基础。

1.3 路面材料与可靠性参数间的相互关系

应从路面与其组成结构层的材料入手，用某种可靠性水平的方法对强度进行计算。

强度是材料或结构当受到外部荷载力时，经测定整体状态形成不可逆破坏时，所产生的抵抗能力。

也可将表述路面和面层材料特征称为“强度”这一词解释为只要“强度”所在，路面根本就不会存在裂缝、错位、沉陷等破坏现象以及由于天气气候因素和交通荷载所引起的变形；因为这些因素都会降低行车速度和行车安全，“强度”也就无从谈起。

对强度进行评估时，通常使用的手段就是要看材料的性能如何，是否能经受得了变形与破坏，当这种性能存在，则不会出现变形。所用材料应能满足以下条件：

$$R_{\phi} \leqslant R_{mp} \tag{1-61}$$

式中：R_{ϕ}——材料的实际性能，可以承受这种或那种形式的变形；

R_{mp}——对材料所要求的性能，具备这些性能，路面变形就不会产生。

材料性能（实际的和要求的）可用理论的方法及试验检测分析的方法（经验法）或者用两种方法相结合来确定。

将弹性弯沉作为路面的强度标准就是凭经验来判定强度的一个范例。

对弹性弯沉进行计算就是对强度作出分析：

$$E_{om} \geqslant E_{mp} K_{np} \tag{1-62}$$

式中：E_{om}——路面总的等效弹性模量值；

E_{mp}——要求的路面弹性模量；

K_{np}——考虑了对各种未考虑到的情况进行备用的强度系数。

可以把路面视为连续密实的一个整体结构进行计算，这可视为是理论性的。满足式（1-62）还保证不了路面计算荷载使其弯拉时路面各层中不出现裂缝，因为在规定要求的弹性模量时，并未对路面各层的工作条件做出详细说明。所以，为了保证路面各层能够形成令人较为满意的整体，那么必须实现下述条件：

$$\sigma_r \leqslant R_{pm} \quad (1\text{-}63)$$

式中：σ_r——路面各层材料中的最大拉应力；

R_{pm}——路面各层材料的允许极限拉应力，并要考虑到出现疲劳、不均质性及老化。

大多数路面或面层材料的强度和变形稳定性评估方法都是以理论指导来进行试验的。属于这方面的有抗剪切、抗冻计算等。在该类标准中，一些参数还须经实践经验来确定，另一些参数用的是理论手段。

执行强度标准还不能保证路面在运营中的标准寿命可以得到保障。

实际上，与工艺设计以及施工缺陷有关的整个路面中，包括材料的性质、土质及层间厚度存在的偏差都是不可避免的；不可避免的还有强度标准的不完善（既有理论的，也有经验的）。因此，在对强度进行计算时就要附加一定的储备量，这就被称为可靠性水平。

可靠性是以路面或其结构所用材料从整体上考虑，在所设计的寿命期内，保持规定的使用特征（平整度、强度、粗糙度）的能力。可靠性水平是对路面整体展现出可靠程度的综合描述，它可对原设计寿命出现故障（不应出现的变形和破坏）的概率进行客观评估。

可靠性水平还可以反映面层或路面整体结构中的单一强度标准（部分水平）或多项强度标准（总水平）出现不相吻合的概率。最终可靠性水平值（P）可用下式解释：

$$P = 1 - F_P / F_0 \quad (1\text{-}64)$$

式中：F_p——路面寿命末期产生了不允许有的变形或破坏的面积之和；

F_0——路面总面积。

所以，如果可靠性水平等于 0.9（90%），则在设计寿命末期有 10%的面层将处于不能令人满意的状况。

可用确定积分的方法来计算可靠性水平：

$$P=\int_{E_{\partial on}}^{E_{max}} F_{E}\mathrm{d}E \tag{1-65}$$

式中：$E_{\partial on}$——参数允许值（弹性模量、强度模量），按此值来评估可靠性水平；

E_{max}——常见实际最大参数值；

F_{E}——参数分布函数。

参数分布函数可以是理论曲线形式（韦布尔、泊松等的常规分布），或者通过试验获取。

例如，对于常规（最常见的）分布函数的表达式如下：

$$F_{E}=\frac{1}{\sigma\sqrt{2\pi}}\exp\left[-\frac{(E_{i}-mE)^{2}}{2\sigma^{2}}\right] \tag{1-66}$$

式中：E_{i}——E 的目前分布值；

mE——数字期望值；

σ^{2}——参数 E 的离散差。

还可以在对试验弯沉分布曲线进行分析的基础上，计算出可靠性水平（图 1-7）。

如果取得了试验弯沉分布曲线的已知参数（例如弹性模量）来评估可靠性水平，那么只要确定允许参数和最大参数范围内曲线下的面积大小即可。要在此时评估可靠性水平，必须进行一系列参数 E 的试验测定，进一步统计处理后，才能确定分布函数和计算出整体可靠性。

在分析和评估可靠性时，进入式（1-65）中的允许参数的依据有着重大意义。

允许参数可以通过理论计算和试验取得。

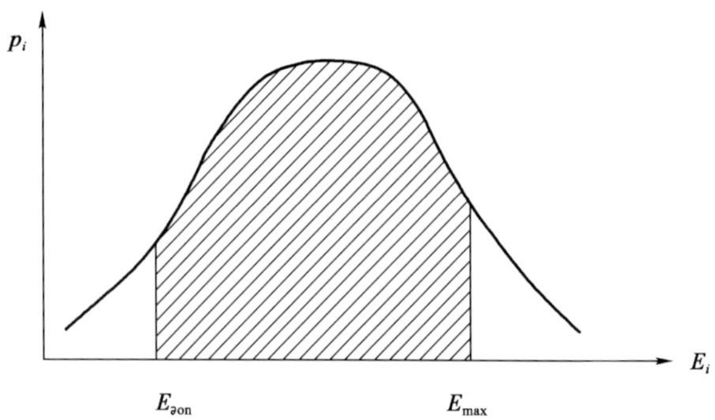

图 1-7　参数 E 的分布函数（阴影区域面积为可靠性水平）

理论允许参数可用材料或结构极限状态下规定的参数计算法来确定。例如，用路面应力变形状态计算法可以确定应力的大小，应力还可确定弯沉、剪切等允许强度的范围值。

不过，由于存在着大量影响路面可靠性的因素，并非总能从理论上确定允许参数，如弹性模量、弯沉计算的范围等。在此情况下，只有采取概率统计的方法以便确定允许参数。

为此，先选择几处气候条件、交通流量、结构都相近的路段，在该标段上选出几个较为合适的点（比如按平整度），通过试验确定这些点的强度参数（比如弹性模量）。所获取的数据进行统计处理并绘出分布曲线（图 1-8）。

对坚固路段和非坚固路段的分布曲线交汇点提供详细记录，保证所涉及的性能可涵盖合适状态和不合适状态的概率是相同的。所得统计结果可作为允许特征（$E_{əon}$）。

要将个别特定的可靠性水平与总体的可靠性水平加以区分。

单一特定的可靠性水平就是某一特定强度标准的可靠性水平（弹性弯沉、塑性变形稳定性等）。使用单一特定的可靠性水平可以仅按这一特定标准就可以预测材料或结构损坏的可能性。这种单一特定的可靠性水平一旦受到破坏，证明必须进行中修。

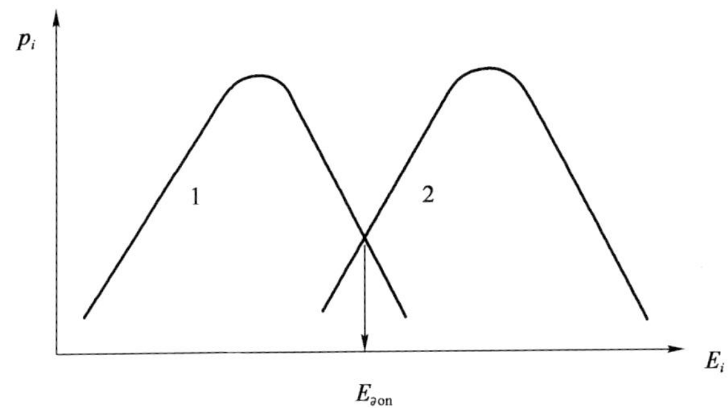

图 1-8 参数 E 的分布曲线

1-不坚固路段;2-坚固路段

总体可靠性水平考虑的是可能受到所有影响的综合体。通常是用特定水平乘积法获得。如果总体可靠性水平低于标准定额水平，那么路面寿命便会下降。

实践中一般通过强度储备系数求得可靠性水平。

如果已知路面中所用材料的特征及性能，那么根据这些材料的性能要求，便可确定强度储备系数 K_i。

$$K_i = R_i^{\phi}/R_i^{mp} \tag{1-67}$$

式中：R_i^{ϕ}、R_i^{mp}——分别为材料的实际性能和要求性能。

为了在评估可靠性时利用储备系数值，必须确定系数与可靠性水平间的关系，因为在实际操作中，进行统计时的离散性是不可避免的。

可靠性水平可以从储备系数 K 中可能出现的最小 K_i 值来找到，K_i值可按式（1-65）计算求出。

储备系数与可靠性水平的关系可用建筑路面试验段（或不同性质的路面）的方法通过实际验证来确定，试验路段应具有各种不同的储备系数并对各种变形状况作出长期观察后，按式(1-64)确定可靠性水平。然后，将所获数据进行统计学处理并得出储备系数与可靠性水平间的关系。从而可以找到路面弹性弯沉这一特定的可靠性水平以及按文献［26］那样与确定的强度系数间的关系：

$$K_{\mathrm{np}} = E_{\phi}/E_{\mathrm{mp}} \tag{1-68}$$

式中：E_{ϕ}——实际弹性模量；

E_{mp}——要求弹性模量，由式（1-61）确定。

不过，暂时还没有与其他某一特定可靠性水平取得的类似关系，由于工作量太大，仍需做出大量的类似试验。因此，在该阶段可以使用理论方法。

对于大多数材料和结构性能所从属的正态分布律可用下式确定可靠性水平：

$$P = \int_{-\infty}^{K_i} f(K)\mathrm{d}K = \frac{1}{\sigma\sqrt{2\pi}}\int_{-\infty}^{K_i} \exp\left[-\frac{K_i - \overline{K}^2}{2\sigma^2}\right]\mathrm{d}K \tag{1-69}$$

式中：K_i——实际储备系数值；$\overline{K}$ 为平均值。

我们确定 $Z=\dfrac{K-\overline{K}}{\sigma}$，于是：

$$K = \sigma Z + \overline{K} \quad \mathrm{d}K = \sigma \mathrm{d}Z$$

$$P = \frac{1}{2\pi}\int_{-\infty}^{\frac{K_i-\overline{K}}{\sigma}} e^{-Z^2/2}\mathrm{d}Z = \frac{1}{\sqrt{2\pi}}\int_{-\infty}^{0} e^{-Z^2/2}\mathrm{d}Z + \tag{1-70}$$

$$\frac{1}{2\pi}\int_{0}^{\frac{K_i-\overline{K}}{\sigma}} e^{-Z^2/2}\mathrm{d}Z = \frac{1}{2} + \Phi\left(\frac{K_i - \overline{K}}{\sigma}\right)$$

式中：Φ——拉普拉斯泛函数。

由此可见，当 K_i 为已知储备系数时，可靠性水平可从下式中求得：

$$P = \frac{1}{2} + \Phi\left(\frac{K_i - \overline{K}}{\sigma}\right) \tag{1-71}$$

如果取均方根差等于 0.15～0.3，而 $\overline{K}=1$，则可靠性水平

P 可依图 1-9 确定。

运用以上方法便可获得其他各类分布曲线用的储备系数和可靠性水平间的关系（韦布尔、泊松等）。

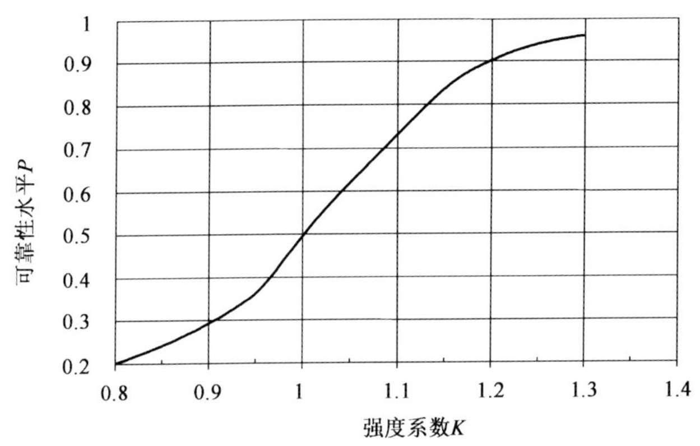

图 1-9 在正态分布范围内的可靠性水平与强度系数间的关系

既然对实际应用中的材料能够确定 K_i 值为 N，那么就必须为它们中的每一项都要计算出 P_i，作为各个特定可靠性水平的乘积，从中求出可靠性的总水平：

$$P_0 = P_1 \times P_2 \times \cdots \times P_N \tag{1-72}$$

根据文献［27］，当 P_0 已确定时，可能获得的效果更加客观：

$$P_0 = \sqrt[N]{P_1 \times P_2 \times \cdots \times P_N} \tag{1-73}$$

P_0 值越高，路面可靠性与寿命就越高。

总之，可靠性水平就是对这种或那种未知或未被考虑到的另外一种指标的储备。因此，在对面层材料的抗应变能力进行评估时，各方面情况应尽量全面些。

2　路面变形基本概念与分类

总的来说，变形使路面及各结构层的形状和尺寸有所改变，但整个路面的基本结构并未改变。能够引起路面变形的是交通荷载、天气气候因素（温度差异形成冻融，原因是层间含有潮湿空气形成的水分）以及其他原因。变形分为允许变形量、最大变形量和变形导致破坏以及弹性变形和残余变形（塑性变形）。

路面的允许变形均有其标准定额尺度。即便允许变形发生了，公路交通运输的运营指标（运行速度及安全）也不会发生什么变化。变形允许值取决于变形的分类、路面的坚固程度以及公路的等级。

极限变形就是使路面失去了可靠性（易出现故障）的变形。一旦形成极限变形，所要求的路面交通运输质量无法得到保障，这就需要采取相应的养护措施。

破坏性变形是路面结构层材料遭致连续性破坏的变形。这种程度的变形表明路面已产生了许多裂缝，甚至路面整个断裂。

弹性变形是路面在外部作用下形成的变形，一旦外部作用解除，它所用材料的形状和层间结构仍能完全恢复到原来的状态。只有路面中的弹性变形可以进行计算。

残余变形也属于变形的一部分，它是路面结构层中的整个变形影响形成后，仍然存留的那部分变形。基于这种残余变形，当我们在设计阶段就应将路面结构层间所用材料的选择方法计算在内，力求考虑到使残余变形达到最小或被完全排除在外。

塑性变形是路面结构层中形成的另一种残余变形，在路面结构层中，材料并无明显的连续性破坏，也不存在材料体积上的变化。它是在应力值超过材料塑性实际限度时形成的。与出现塑性变形相关的是，面层上还会形成像波浪一样的起伏、辙槽、梳状隆起、下沉塌陷。

破坏就是在交通荷载和天气气候因素作用下，材料失去了连续的密实性并可能离解成碎块。

对于面层上的所谓变形与破坏，其出现的原因与危险程度，大家仍存在着各种不同的观点。通常所谓的变形与破坏仅是在用目测的基础上给出的判断和评估。

特别是很有代表性的众所周知的目测观察法，对路面的破坏与变形进行分类，此概念已依照世界组织委托编制的程序进入HDM系统。

HDM系统是一种计算机程序，从中可以评估道路状况、预定维修期限和采用何种维修类别。

为了按照该程序进行计算，需要完成下列工作：

（1）目测勘察并弄清面层状况；

（2）路面强度按某一物体下落时所造成的弯沉量大小来定；

（3）路表面平整度指标；

（4）路表面的构造深度。

在进行目测时评估下述破损面积：

（1）龟裂

（2）脱落

（3）坑槽

（4）面层边坡破坏

（5）辙槽

裂缝可分为两个类型：横向温度裂缝和结构裂缝。

横向温度裂缝是一种与行驶方向垂直的裂缝。一般认为，该种裂缝出现的原因是，温度下降时，沥青混凝土受到拉应力的作用而形成。横向裂缝是以每公里道路的连续横向裂缝的总量来计量的。仅贯穿于单条车道的横向裂缝也应视作为一条温度裂缝，但其计量应按一般车辆运行部分相当宽度等长的裂缝来计量。HDM 系统中，取每一横向裂缝对路表面形成的宽度为 0.5m。这样，横向温度裂缝的面积（ACT）可依照路表面长度 1km×0.5m×车辆通行幅宽来计算。

结构裂缝也表现于面层上，其他类型的裂缝看来都属于结构裂缝。一般认为，裂缝的扩展程度与通过车辆的荷载量有关，因为荷载导致了路面结构被破坏。形成此类裂缝的根据是，假设每条裂缝彼此形成的间距为 0.5m。裂缝以彼此相距 0.5m 或更近一点的距离通过的路段被描述为四边形的裂缝网，这里包括了既有片状裂缝网，也有放射状的裂缝网。所有结构裂缝的总面积就是以上所描述的面积加上各个裂缝的总长度（大多数情况下为纵向），再乘以 0.5 后作为最终的裂缝面积。

坑槽表示的是路表面存在着直径不小于 150mm，深度为 25mm 的坑槽。较小的坑槽可不予计算在内（但在修理坑槽时却是不可忽略的）。调查人员应统计出每公里道路上的坑槽数量，然后将该值（PHOLE_NUM）输入用来进行评估面积的 HDM 系统。根据假设，坑槽的平均尺寸为 0.1m^2（标准坑槽）。面积为 1m^2 的坑槽与 8 个标准坑槽的面积相当。

辙槽是在路面表层形变类型中的一种经常遇见并且经过长时间累积形成而又很难修复的现象，它必然会对交通产生极大的影响。原因在于经车轮的长期碾压，变形累积造成的类似沟渠化状态。

强度是用挠度计或弯沉仪，也就是以配有动力荷载装置的设备进行检测评估出来的。在评估交通工具对路面的破坏性作用上，强度应是一项基本指标。

在 HDM 模型中，对交通工具使整个路面造成的破坏系数（VDF）可用来评估重型汽车带来破坏的评估，并且也是所列轴载及总载重量的函数。VDF 按下列公式求出：

$$\mathrm{VDF}=\frac{\sum_{k=1}^{z}\mathrm{VDFVEH_k}}{z} \tag{2-1}$$

和

$$\mathrm{VDFVEH}_k=\sum_{i=1}^{n}\left(\frac{\mathrm{AX}_i}{\mathrm{SX}_i}\right)^4 \tag{2-2}$$

式中：$\mathrm{VDFVEH_k}$——单车破坏系数 K（ESA/辆）；

VDF——成排汽车连续破坏系数（ESA/辆）；

AX_i——单轴荷载量 i（t）；

SX_i——成批车轴标准荷载 j（t）；

n——汽车轴数；

z——连排汽车在运行时的通过量。

通常用颠簸仪（测量路表面平坦程度的仪器）测量路表面的平整度并作出评估。国际路段平整度指标由下式求出：

$$\mathrm{IRI}=0.593+0.0471D \tag{2-3}$$

路表面粗糙度的组合成分和行车强度及某些其他指标仍需进行补充评估。

系统中需要处理数据的工作量是很大的。目测法只能用于工作期足够长并存在有明显缺陷的材料。在这些方法的基础上，还不可能把新材料的使用寿命预测出来，因为缺陷对破损积累的动力学过程和在材料使用过程中，所受到破坏的分析仍不到位。不过，当使用该种方法得到的经验，在制订处于工作状态的材料寿命预测规则时，应加以利用。

雅・尼・科瓦列夫[28]在分析面层上出现的变形和破坏原因及图表显示的基础上，对路面层上的变形和破坏进行了分类(图 2-1)。

尽管路面所用新材料形成的结构看起来较为简单，其实它却是在多种因素的综合作用下，始终处于受力状态下的复杂环境中。

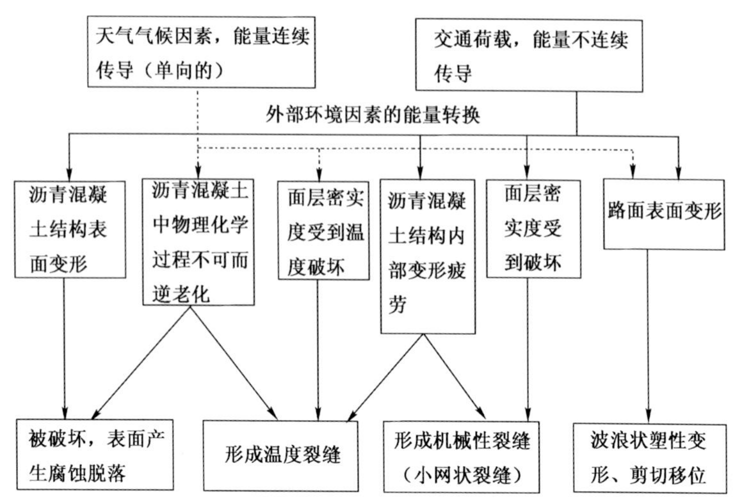

图 2-1　雅·尼·科瓦列夫的变形和破坏分类[28]

这些因素包括有：垂直荷载和水平荷载、大气因素和路用沥青混凝土本身特性所产生的影响。

垂直荷载由公路交通工具的重力通过动力作用进行传递。这种荷载是由于轮胎的变形对路表面呈现出圆形到椭圆形面的分布。

传递到面层上的横向荷载形成了对路面的横向作用力，它是由汽车的牵引力、制动力、汽车转弯以及超车、侧滑、横向斜坡时造成的。最大制动力可以达到垂直荷载的70%～100%。

充气轮胎的抽吸作用出现在汽车快速运动时，轮胎脱离路表面的区域范围。抽吸作用影响到抗腐蚀性，对含水量过高的沥青混凝土极为不利。

影响路用混凝土应力状况和强度的大气因素是湿度及温度的变化。同时还必须注意到潮湿与低温造成的综合叠加作用，尤其是沥青混凝土空隙中的水分结冰引起的破坏作用。

在荷载和气候因素作用下，研究沥青混凝土应区分四种不同状况，以及与之相关的四种状况的面层可能产生的缺陷和破坏。

第一种状况，由足够高的交通荷载产生的剪切应力。夏季高温作用下，受到这些应力的影响后，可能会出现危险的剪切变形，使行车速度下降并在个别情况下导致面层提前遭到毁坏。

必须指出，当以下两种不利因素同时存在时就会形成辙槽：

(1) 外部因素：汽车运输造成的不利影响，气候的作用因素(空气、温度、阳光辐射，诸如此类）以及路面基层中的潮湿程度；

(2) 内在因素：路面结构的理化特征呈现在面层的抗剪切能力、材料的结构状态、路面各层及路基的压实程度、土的类型及其性能上。

辙槽的形成始于道路对开放交通的那一刻。初始阶段，辙槽形成过程是缓慢进行的，触及到的只是上面层，然后加入此过程的为上面层以下各层及最终的路基，在这种情况下，当路面某层材料结构密度不够且抗剪切能力较低时，残余变形恰恰就会在这一层开始积累，然后在面层表现出来[29]。

第二种状况，当温度降低到一年中较冷的时候，会产生拉应力，这是裂缝形成的主要原因。此时，影响抗裂能力的基本因素是面层材料的松弛能力[5、30]。

第三种状况，沥青混凝土在抗交通荷载与多变气候因素的共同影响作用下，路表面的磨耗量在很大程度上成为表面层能否耐久的原因[5]，而不允许出现的变形，首先与材料结构中的变化和破损积累都是联系在一起的[21]。

第四种状况，在春、秋季节不利时期（译者注：白俄罗斯条件)，路面强度难以令人满意，产生的后果是疲劳变形很容易形成网状裂缝。

在运营过程中，沥青混凝土面层会产生许多缺陷，这会大大降低它的服务寿命。原本计划使用15～20年的面层，经6～8年就被破坏，此时的面层破损面积甚至会占到总面积的60%～80%。

公路上的主要缺陷类型分为剪切变形（辙槽、隆起，拥包和堆积）、温度裂缝（纵向的和横向的）以及腐蚀性破坏（脱落、辙槽、坑槽）。

在研究沥青混凝土面层对交通荷载与天气气候因素所引起的不可逆变形作用时必须指出的是，对于城市道路和市外公路所处环境条件来说，两者是完全不同的。

在城市以外公路上，通行的交通工具一般是不会停车的，速度也快，具有对面层加载时间较短的特征。由于道路上的通行车辆不间断地驰过，即面层形成的重复加载就形成了类似于脉冲性质的冲击，冲击持续时间为 t_i, 脉冲间隔时间为 t_0。汽车制动或停车对面层形成长时间的加载都是偶然性的[29]。

城市道路往往处在交通非常繁忙的状况下，个别路段甚至会集中停留大量的运输车辆，以及在起伏坡度较大的路段以及十字路口，这些路段都会发生交通工具的频繁起步、制动，路表面形成大量的重复加载，急制动时造成的荷载水平分力是根据扭矩和制动力的大小来决定的，它甚至达到垂直荷载的75%～100%[31]。无轨电车和公共汽车在其停靠范围内，形成的垂直压力及长时间的重复作用会对面层产生严重破坏作用。

以上各种现象使面层出现辙槽、拥包、隆起或梳状变形都是不可避免的。因此，必须直接针对实际交通荷载及其所要求的强度，在设计沥青混凝土集料级配时予以特别关注。

温度裂缝是因为在低温作用下，对面层产生了拉应力，路面的原有长度要抵抗自身尺寸的冷缩，由于冷缩，面层的原定长度被拉伸而形成裂缝。这种缺陷还会由于沥青老化而出现，沥青老化使沥青混凝土的变形性能丧失，这种变形特征应与温度无关。

实践经验表明，初始使用的几年很容易产生反射性温度裂缝，之所以会出现这种现象，是因为新的沥青混凝土面层建在原本就有变形伸缩缝和裂缝的旧水泥混凝土面层上，或是铺在带有裂缝的旧沥青混凝土面层上。

一般情况下，出现反射性裂缝的可能性可用以下公式来确定[32,33]

$$P=f\left(\frac{L、\Delta T、E_a、E_0、h_0、C}{h_a、N}\right) \tag{2-4}$$

式中：L——裂缝间的距离；

ΔT——统计时有裂缝各层的温差；

E_a、E_0——分别为路面加铺层与原有裂缝层相应的松弛模量；

h_a、h_0——分别为加铺层厚度与原有裂缝层相应的厚度；

C——加铺层与原有裂缝层相应的黏合强度；

N——经测量统计到的裂缝开裂宽度及形状的参数。

原有沥青混凝土层间的裂缝可能会扩展得很大，其中所含有的主要材料都是经处理过的矿料或有机胶结料。旧有沥青混凝土的松弛模量值要比新加铺层的大出约 2～4 倍。因此，不采取阻断裂缝措施就加铺新层，出现反射性裂缝就是不可避免的了。

腐蚀性破坏（脱落、辙槽、坑洞）可能会占到公路上所有缺陷总量的 60%～80%。这首先要归结于在交通荷载与天气气候因素的影响作用下，面层材料结构中的破损积累。这种情况，即便对轻型汽车来说，其流量在干线公路上如果达到每昼夜 3 万～4 万辆，也会对该类缺陷的出现造成不小的影响。这些轻型车辆的充气轮胎与载重车辆一样会在高速运行时，轮胎触地离开路表面的瞬间产生强烈的抽吸作用。

气候因素对路面抗腐蚀性能产生的影响，在很大程度上形成于变化无常的温湿环境中。这种影响作用还会因冬季在路表面播撒砂子、溶雪盐类混合物及抗冻剂后被加剧。

综上所述，为达到简化目的，同时将产生变化的原因、维修特征及变形危险性分门别类进行分析工作的同时，建议进一步对以下三种类型的变形破坏原因进行研究：

（1）交通荷载下，当温度增高时，研究与材料承载能力有关的塑性变形。

（2）找出温度裂缝、疲劳裂缝、反射裂缝以及施工工艺方面的原因。

（3）由天气气候因素和交通荷载作用而造成的腐蚀变形产生破坏的原因。

3　路面塑性变形机理及消除方法

3.1　路面塑性变形的类型与分级

塑性是路面层材料在自身的可塑性能所限定的范围内，能够承受的受力水平被超出时，仍可快速使其残余变形增大的能力。

就专业术语中的塑性来说，它用在含有有机胶结料的沥青混凝土以及类似混凝土中时，塑性变形是不可复原的。正如1.1节中所说，路用混凝土就是一种含有多种不同成分并具有黏弹可塑关系、呈现出多谱系流变性能的复合材料。比较确切地看待同类材料中所能表现出来的残余变形的说法是，这种表现是在应力状态下由不同部位的流变谱系中积累形成的。能够引起这种变形的是，沥青膜的黏性流动及弹性关系的断裂，这无疑是塑性变形。既然上述变形的发展使同一类型的变形成了实际上的综合性结果，为了保持此术语的原有习惯叫法并便于理解，将把材料不被破坏而造成的所有残余变形统称为塑性变形。

抗塑性变形稳定性不足会导致辙槽、梳状拥包及其他类型的形变。

不论何种类型的结构层以及路基，在力的作用下都可能发生塑性变形。以几个不同类型的结构层来共同承担塑性变形，尽可能地抓住这种机遇就显得很有必要。同时，路面面层的上下两层经受塑性变形并形成积累最为常见。夏季，日晒高温下路面表层过热，在交通荷载的作用下，承重结构中的应力水平过高就会形成塑性变形。

塑性变形可分为下面三种类型：

(1) 外形轮廓各不相同的纵向辙槽；

（2）拥包状的横向变形；

（3）堆积凸起、压痕及剪切移位，这些都是在停车场或由交通流量集中的地方形成的。

辙槽是一种特别常见而又大量存在的塑性变形。大量辙槽的出现与交通工具通过时的垂直压力水平过高有着最为直接的关系。由于路面面层材料承受着过高的压力，迫使变形成为一种积累关系，继而弹性关系破裂，以致超出塑性的极限范围，迫使结构材料被挤压到两侧，于是在辙槽两侧边缘便逐步形成了“小土围墙”状。

从第一种情况来看，辙槽尚不能给人留下深刻的印象，从路面层的断面来看，实际上并未改变原路面层的剖面状况(图 3-1)。

图 3-1　路面层在黏弹性阶段工作时的辙槽状况

从第二种情况来看，随着“小土围墙”尺寸的积累，辙槽明显地突显出来（图 3-2）。

在路面表层形变的积累过程中，初始辙槽的成形轮廓还相当窄，与轮胎宽度差不多（图 3-3）。

图 3-2 路面层在黏塑性阶段的辙槽状况

变形的积累逐渐延伸到面层以下甚至基层时，辙槽的形状便会被“舒展”得处于更加“自由”的状态，见图 3-2。

由于地表以上土路基的变形，无论从纵向还是横向看，其不平整状态大多都会反映到路面表层，见图 3-3。

图 3-3 由地表土路基特征形成的变形

这种横向形变（梳状）与其受到强烈的横向扭转力及材料颗粒状骨架的不均匀性有关。

路面层的下沉塌陷（图 3-4）则常见于交通工具的持续垂直

下压静态力的作用所致（制动、停车）。

图 3-4 沥青混凝土路面层上的辙痕

由于上面层的部分路段抗塑性变形的性能不足，当横向水平力过大时（转弯处、车辆过多停靠处的突起）均易形成剪切移位和拥包（图 3-5）。

图 3-5 沥青混凝土路表面因剪切作用形成的移位

当尝试对路面的残余变形积累过程进行评估时，对交通运营中的各项指标进行统计计算要有一定的可操作性。

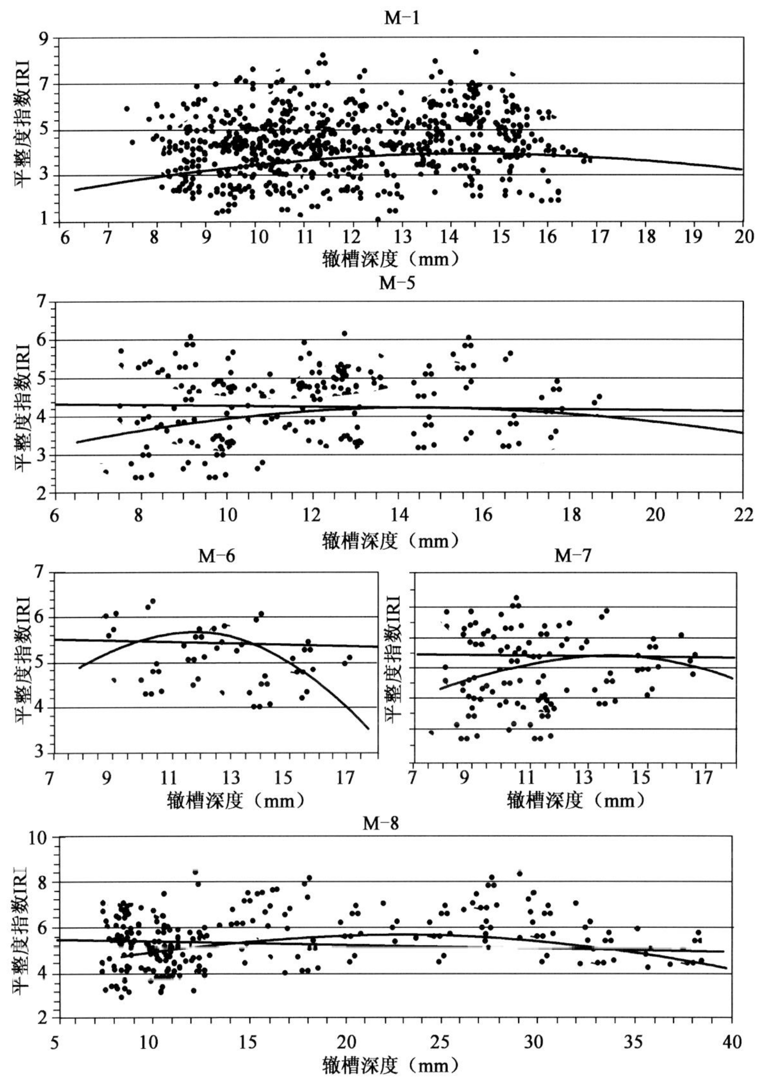

图 3-6 平整度（IRI）计算指标与统计的辙槽深度间的相互关系

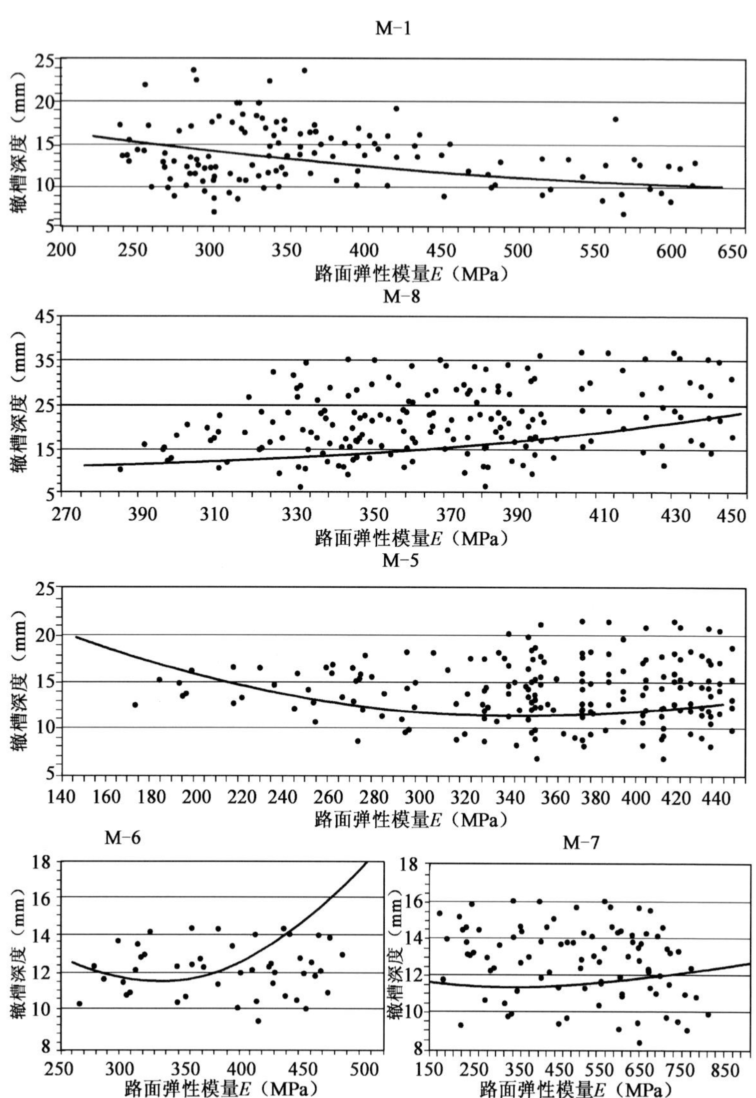

图 3-7　统计的辙槽深度与路面弹性模量间的相互关系

对公路进行的调查和调查所获材料的进一步分析表明，所见塑性变形的程度与其累加量，常常与现在采用的路面强度标准和运营使用时的可靠性联系不起来。

当研究交通荷载对塑性变形（辙槽）累加产生何种影响的课题时，塑性变形的扩展就是目前所采用的路面强度标准和使用状况（平整度），这仍是摆在我们面前的实质性问题。

B. B. 马利诺夫斯基所做的研究表明，塑性变形与已知评价标准无关。

无关之处在于：平整度指数（IRI）与辙槽深度（无比对关系、$r_2=0$、图 3-6）。同样，辙槽深度与路面的弹性模量（无比对关系、$r_2=0$、图 3-7）。

这样，对坚固结实的路面来说，评估运营状态的指标系统尚不能作出确定性的结论。因此，辙槽形成出现的问题，诸如平整度、缺陷程度、耐久性等均应被视作为是各自独立的，其相互之间并无什么必然的关联。反映交通工具在对路面塑性变形过程中产生的影响作用，应当制定出切实可行的评价方法。

3.2 材料性能决定塑性变形及评估方法

沥青混凝土及其他材料，包括其中的有机胶结料，一方面会显示出（颗粒状）材料的离散不连续性，从另一角度来看，则会显示出它们黏弹塑性体系的流变性能。

矿料骨架结构以不连续的介质形式存在，这就导致它由于应力而形成依赖关系。这种关系，以其变形状态和变形大小为表象，核心就是应力。

对不连续材料来说，简单地讲，抗剪切能力与材料的内摩擦角及正常形成的应力相关。也就是说：

$$R_{剪}=f\ (\sigma \cdot \varphi) \tag{3-1}$$

式中：σ——对截面计算时用的常规应力；

φ——材料中的内摩擦角。

反映抗剪切力与内摩擦角关系的主要是库仑定律：

$$R_{剪}=\sigma \times \tan\varphi + c \tag{3-2}$$

式中：c——材料的内聚力。

由于沥青膜的存在，就沥青混凝土而言，这个定律需要修正。在个别情况下，一般用的仍是杰里亚列金等人的滑动摩擦常规用法[文献7]。特别是 B. A. 佐洛塔列伏推荐了下述形式的抗剪切条件式：

$$R_{剪}=\sigma \times \tan\varphi + \tau\left(\frac{\delta_{\alpha}}{\delta_{\alpha c}}\right)^{n} K_{m} \tag{3-3}$$

式中：τ、$\delta_{\alpha c}$——分别为沥青膜的强度和厚度，与沥青混凝土结构中的初始状态相同；

K_{m}——表面扩展系数，进行剪切时，等于粗糙面与平滑面的比值；

δ_{α}——沥青膜的实际厚度。

总之，一旦内摩擦角被确定下来，便可对沥青混凝土矿料骨架结构及性能作下一步计算。

由于流变性能的存在，结果才会导致强度参数与温度变化造成的变形参数，这是由荷载作用时间和加荷速度间的依赖关系而决定的。

也就是说，如果依照上述公式进行计算，参数（c）是不确定的，其值不可能简单地求出。

类似情况导致材料性能与荷载大小及其作用时间的关系复杂化。有机胶结料引起的由温度时间参数决定的抗剪切、胶结料的内聚作用及附着力等形成了它们相互之间的关系。

显然，沥青混凝土及其类似材料在机械荷载作用下的表现，可以从（图 3-8）中示意的，在复杂流变模型的基础上进行评估。

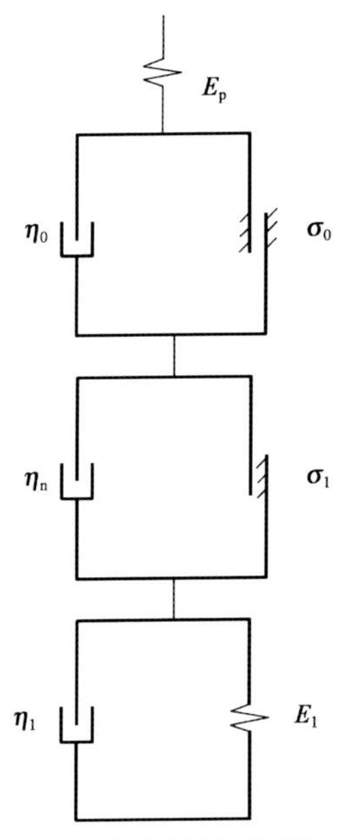

图 3-8 路用复合材料的流变模型

该模型的特点在于弹性（E_0、E_1）、黏性（η_0、η_1、η_n）和塑性（σ_0、σ_1）性能均被描述在此图中。

如果应力不超过塑性（σ_0）范围，则材料仍工作在黏弹性区域内。此时，残余变形和塑性变形均未发生。

超过该范围后，材料工作在黏弹线性区间，黏弹性变形得以显现。可见塑性变形量的大小与黏性（η_0）正好相反。

当应力超过假定塑性（σ_1、此时总是$\sigma_1>\sigma_0$）区间时，材料则工作在黏弹非线性区间，实际所显现的是不受控制的残余变形，其大小与黏性（η_n）成反比。

材料变形速度与实际应力作用值间的大小关系可在图 3-9 中找到。

在该流变过程中，可以分出三个基本区段，对此前边已有叙述：

（1）材料工作在弹黏性区间（$\sigma_1<\sigma_0$）。不存在残余变形和塑性变形。应力不超过实际塑性范围。

（2）材料工作在黏弹线性区间（$\sigma_0<\sigma<\sigma_1$），经观察可见到有黏塑性变形出现。

（3）材料工作在黏塑非线性区间（$\sigma>\sigma_1$）。可观察到的是不可控制的残余变形发生了。

对于这种有代表性的模型，应力与变形间的关系可以表示

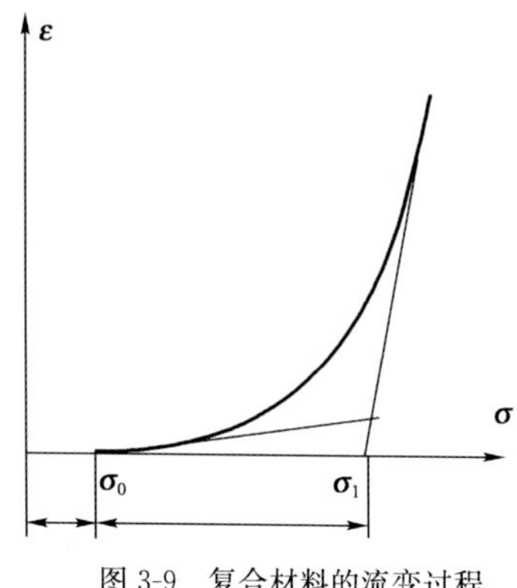

图 3-9　复合材料的流变过程

如下：

$$\sigma = E_t \times \varepsilon \tag{3-4}$$

此处的模量 E_t 取决于流变性能和荷载作用时间（松弛模量）。对于所提模型，其大小可按条件式得出：

当 $\sigma < \sigma_0$ 时，

$$E_t = \frac{1}{\dfrac{1}{E_0} + \dfrac{(1 - e^{-\frac{E_1}{\eta_1} \times t})}{E_1}} \tag{3-5}$$

当（$\sigma_0 < \sigma < \sigma_1$）时，

$$E_t = \frac{1}{\dfrac{1}{E_0} + \dfrac{t}{\eta_0} + \dfrac{1 - e^{-\frac{E_t}{\eta_1} \times t}}{E_1}} \tag{3-6}$$

当 $\sigma > \sigma_1$ 时，

$$E_t = \frac{1}{\dfrac{1}{E_0} + \dfrac{t}{\eta_0} + \dfrac{t}{\eta_n} + \dfrac{(1 - e^{-\frac{E_1}{\eta_1} \times t})}{E_1}} \tag{3-7}$$

式中：E_0——瞬时弹性模量；

η_0——马科斯维尔模型黏度；

t——应力作用时间；

E_1——弹性模量；

η_1——克利文—福伊格特模型黏度；

η_n——塑性黏度。

实际上，目前所使用的流变模型并不合理，因为确定所用的标准参数及其与外部因素过于复杂，反而采用应力—应变—时间模型显得更为重要。

从图 3-10 上表达的含有有机胶结材料用的应力—应变关系曲线更为合乎标准。

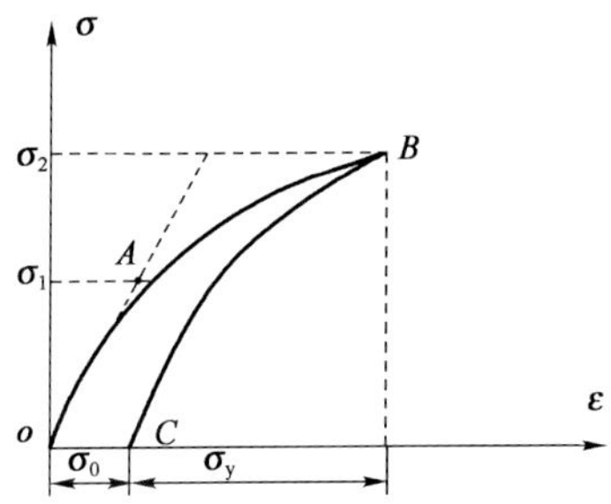

图 3-10 路面材料应力与应变间典型的关系曲线

曲线 OA 相当于材料工作在黏弹线性区域。曲线 AB 则是在非线性工作区域，属于强残余变形积累。形变（ε_y）决定黏弹性可逆转部分，而形变（ε_0）决定残余（积累）部分，（ε_0）也就必然决定着材料对出现残余（塑性）的形变能力。为便于分析，就应为荷载作用的不同时间段绘制出图 3-10 这样的曲线图。

也就是说，图 3-10 中曲线处理的结果必须取得应力—应变—时间关系 [$\sigma = f(\varepsilon、t)$]，然后将此关系放入计算中。

总之，为了客观地评估材料的抗塑性变形，必须了解以下两种类型的不同性能：

（1）计算应力变形状态所必需的性能（变形性能）。

（2）评估材料抗塑性变形所必需的性能（强度性能）。

变形性能是获取应力变形状态与交通荷载作用曲线关系所必须的。最佳方案是得到了［$\sigma = f$（ε、t）］的关系。不过，也可利用模型的方法，见式（3-5）～式（3-7）。在此情况下，松弛模量成了基本的变形指标。也就是说，要有在荷载作用下的具体温度和时间的应力与应变间相互关系的参数。

表示直接抵抗剪切力的性能由塑性、内摩擦角、内聚力等参数所界定的范围来评估。

对于评估抗塑性变形，使用 1.1 节中所列复合材料理论方法较为合理。

此时，抗剪切关系将由三种参数来确定：

（1）形成密实冷凝结晶骨架的弹性关系量（n_y）。

（2）逆转弹性关系量（n_0）。

（3）内摩擦角函数（φ）。

即：

$$R_{剪} = R_c \times (n_y + n_0) + f(\varphi) \tag{3-8}$$

n_y值应以实际弹性极限值 σ_0 来替代，或作为长期模量关系 $E_{\alpha n}/Ec$ 加以确定。

n_0值可与荷载作用的具体时间和温度水平相一致的松弛模量对 E_c的比例来确定。

在最简单情况下［$f(\varphi)$］可以作为［$\sigma\tan(\varphi)$］代入。

此时：

$$R_{剪} = R_c \times \left(\frac{E_{\alpha n} + E_t}{E_c}\right) + f(\varphi) = \frac{R_c}{E_c}(E_{\alpha n} + E_t) + \sigma \times \tan\varphi \tag{3-9}$$

式中：σ——截面计算的正常应力值。

还可利用与内摩擦角和内聚力相关参数的关系曲线，例如杰列金或库仑定律式（3-2）、式（3-3）。此时，内摩擦角和内聚力（c）被确定。不过还应考虑到参数 c 的不确定性。

这样，确定路面表层所用材料对塑性变形的基本因素是：

松弛模量 E_t或关系曲线［$\sigma=f(\varepsilon、t)$］；

极限结构强度 R_c；

内摩擦角 φ；

长期持续弹性模量 $E_{\alpha n}$；

最大弹性模量 E_c；

内聚力 c；

确定内摩擦角是一项较为复杂的任务。

确定内摩擦角的典型方法是使用三轴压缩仪（稳定计）。该仪器可以评估在一定侧向压力下的材料强度。在对试验结果进行处理的基础上可得出强度指标值。考虑到材料强度太高，三轴压缩仪既复杂又昂贵，配备此种仪器较困难，白俄罗斯及其他独联体国家并未广泛采用（图 3-11）。因此，对该方法将不予研究。

图 3-11　三组合单轴压缩装置全貌

俄罗斯和白俄罗斯所用的都是较为简单的方法。个别地方，甚至还沿用Г. Н. 基留辛的老式方法。

根据文献[34]，内摩擦角和内聚力均按专门方法确定，其实质是确定标准圆柱形试件时，在两种应力状态下的最大荷载和相应的极限变形：单轴压缩［图 3-12a)］，用专门的压力设备按马尔沙尔简图压缩，以 135°角的环形件夹住试样［图 3-12b)］。

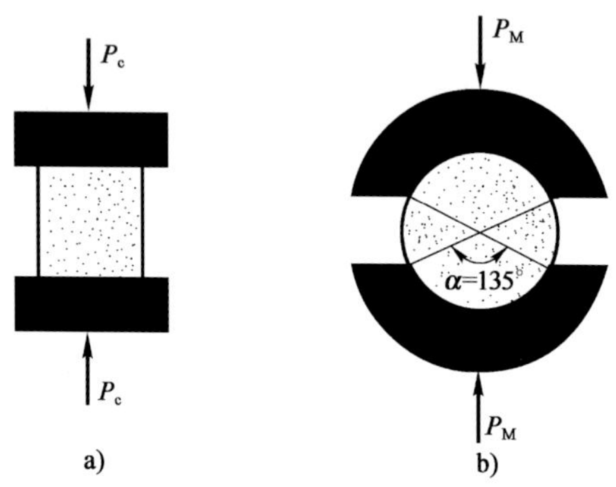

图 3-12　确定内摩擦角和内摩阻力试件的试验示意图

对每个被试验的试件，无论是单轴压缩，还是按马尔沙尔的简单装置进行，都应按下式计算出达到破坏程度时所耗用的功：

$$A=\frac{P\times L}{2} \tag{3-10}$$

式中：A——用于试样变形至破坏时所用的功（J）；

P——破坏力（kN）；

L——极限变形（mm）。

内摩阻角 $\tan\varphi$ 按公式算出：

$$\tan\varphi=\frac{3(A_m-A_c)}{3A_m-2A_c} \tag{3-11}$$

式中：A_m、A_c——分别为按马尔沙尔简图在进行单轴压缩试验过程中，试件变形时所用的平均功（J）。

内摩阻力 c 按公式算出：

$$c=\frac{1}{6}\ (3-2\tan\varphi)\ R_{压} \tag{3-12}$$

式中：$R_{压}$——按示意图［见图 3-12a)］确定的单轴压缩（MPa）时的极限强度。

我们曾设计出了确定内摩擦角和内摩阻力的方法[35]，它较为全面地考虑到了面层的实际工作状况，并可评估抗剪切极限，因为在垂直和水平荷载作用下，剪切位移通常都是沿着倾斜面发生的，其中是由正向和切向应力在起作用。

所推荐方法由沥青混合料斜面上的单面平移系统对沥青混凝土圆柱体试件进行试验来完成，混合料被压入有漏孔的金属圆筒中，孔的倾斜角度为α，宽度等于两个最大颗粒的尺寸（图 3-13）。

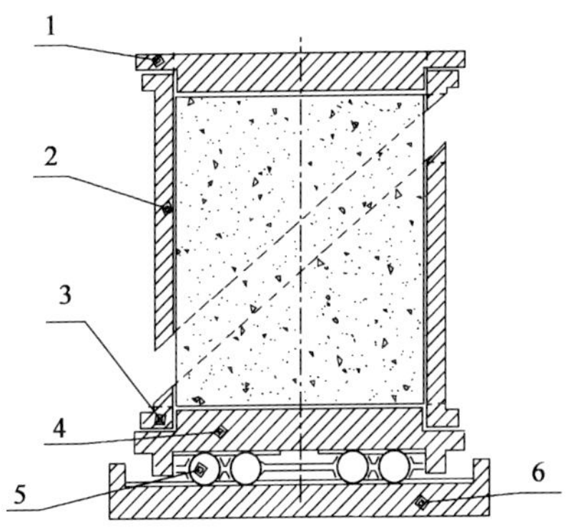

图 3-13 以试件上部与其轴线呈一定倾角进行剪切（移位）的方法进行试验的试件位置图

1 上圆盘；2-筒的上部；3-筒的下部；4-下圆盘；5-轴承；6-支撑平台）

为确定抗剪切指标（φ 和 c），建议用倾斜面各不相同（例如 30°和 40°）的金属筒，以每分钟 3mm 的速度进行变形试验，然后按式（3-13）和式（3-14）将正向和切向应力确定下来。

$$\sigma_{\alpha}=\sigma_{0}\times\cos^{2}\alpha \tag{3-13}$$

$$\tau_{\alpha}=\frac{\sigma_0}{2}\times\sin 2\alpha \qquad (3\text{-}14)$$

$$\sigma_0=P_0/S_0 \qquad (3\text{-}15)$$

上述式中：P_0——破坏力（N）；

S_0——试件横截面积（$\pi\cdot d^2/4$）（mm^2）；

α——平面剪切倾角（°）；

σ_{α}、τ_{α}——平面倾角 α 的极限正向应力和极限正切应力（MPa）；

σ_0——作用于试件横向截面上的应力（MPa）。

内摩擦正切角 $\tan\varphi$ 按公式表达：

$$\tan\varphi=\frac{2\ (\tau_{\alpha\min}-\tau_{\alpha\max})}{\sigma_{\alpha\min}-\sigma_{\alpha\max}} \qquad (3\text{-}16)$$

式中：$\tau_{\alpha\min}$、$\tau_{\alpha\max}$——相应为平面剪切最小和最大倾角的极限切向应力（MPa）；

$\sigma_{\alpha\min}$、$\sigma_{\alpha\max}$——相应为平面剪切最小和最大倾角的极限正向应力（MPa）。

经试验确定的内摩阻力指标按下式表达：

$$c=\frac{\tau_{\alpha}-0.5\times\sigma_{\alpha}\times\tan\varphi}{2} \qquad (3\text{-}17)$$

式中：τ_{α}、σ_{α}——剪切移位 α 平面倾角极限正切应力和极限常规应力（MPa）。

为确定变形特征，绘制出关系曲线 $\sigma=f$（ε、t），当确定极限结构强度松弛模量及最大持续模量时，可以使用直接法和间接法。确定流变特征和获取关系曲线的方法之一是动力压入（注入）法。为此可以使用“脉冲—1P”装置（图 3-14）。

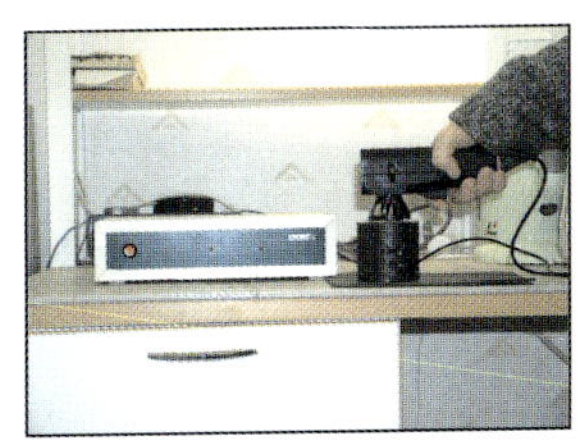

图 3-14 “脉冲—1P”仪器全系统

“脉冲—1P”仪的作用原理是，建立在以动力压入法研究黏弹性材料的理化性能基础上。

当压力机运转时，固定在上面的恒磁铁从感应线圈中发出电力脉冲，电力脉冲探头与压入机的运转速度相对应。这一信号通过传感器被送入放大器中进一步放大，再进入模拟数字转换器，将模拟数字转换频率设定为：500、250、125、64、32、16、8kHz。按照专门编制的计算程序对信号进行处理。这样就可对被试验材料的力学指标进行运算：硬度、刚度、马克斯维尔和福伊格特模型硬度、弹性模量、动力学弹性模量、有效黏度系数、福伊格特和马克斯维尔模型黏度、力学正切损耗角及恢复系数。

“脉冲—1P”装置由传感器、模拟数字转换器组件、测量电缆和程序接口线以及个人计算机成套专用保障系统组成。图 3-15为传感器结构示意图。

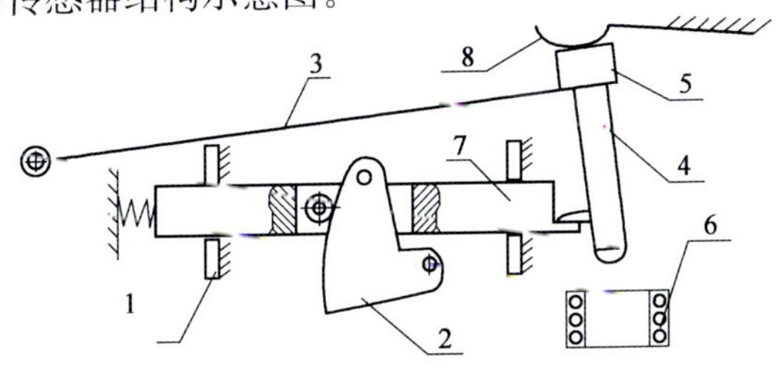

图 3-15 传感装置

1-外壳；2-机械启动按钮；3-转向手柄；4-硬度计探头；5-恒磁铁；6-感应线圈；7-锁定器；8-压力弹簧

为使捕捉到的信号更加清晰，还编制了“脉冲－1P”专用程序。

在脉冲基础上可获取松弛模量 E_t 和关系曲线 $\sigma = f$（ε、t），将相应的黏度指标及模量代入式（3-5）～式（3-7），则可得出 E_t 值。

还可利用可靠的静力加载，绘制蠕变曲线（在加载量不变的情况下，变形与时间的关系曲线），并进一步应用由电子计算机操控的仪器对结果进行处理，最终确定流变特征（图 3-16）。

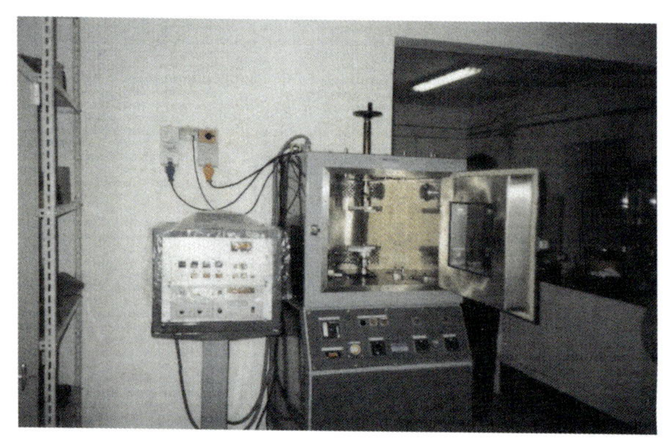

图 3-16　用静力加载方式确定流变特征用的仪器全系统

为确定变形特征和极限结构强度，还可使用更为简便的方法[21]。

按照文献［36］，计算指标照下述方法确定：

（1）准备 6 个圆柱体试件，用于确定极限结构强度。

当温度为零下 15℃时，试件变形速度设定为（3±0.5）mm/min 和（10±0.5）mm/min，分别选用 3 个试件，沿圆柱体轴线进行拉伸强度试验。

（2）极限结构强度值 R_c，按下面的公式求出：

$$R_c = \frac{\overline{R}}{1 + 1.92 + \lg\left(\frac{R_1}{R_2}\right)} \quad (3\text{-}18)$$

式中：R_1 和 R_2——当温度为零下 15℃及变形速度相应为 (3±0.5) mm/min、(10±0.5) mm/min 时的强度。

$$\overline{R} = \frac{R_1 + R_2}{2} \quad (3\text{-}19)$$

确定最大模量值 E_c 和最大松弛模量值 E_t 时，以下述方式进行：

(1) 准备三个圆柱形试件，在温度 50℃和变形速度 3mm/min 时，对试件做强度试验。

(2) 按公式计算出最大弹性模量值 E_c：

$$E_c = 3.6\ (16R_c)^{1.9} \quad (3\text{-}20)$$

(3) 计算出设计荷载条件下的假定强度：

$$R_y = \frac{2.5R}{0.431 + R/R_c} \quad (3\text{-}21)$$

(4) 根据计算条件 (50℃) 算出模量 E_t 值：

$$\left(\frac{E_t}{E_c}\right)^m = \frac{R}{R_c} \quad (3\text{-}22)$$

式中：m——考虑到材料结构的参数并取其等于 0.8 用于改性胶结料沥青混凝土，1.0 用于沥青水泥胶结料；

R——设计温度条件下的强度。

目前，评估材料的抗塑性变形强度仍沿用直接试验法。

为此，专门使用在模拟设计温度条件下，面层材料工作和计算汽车运行的仪器（图 3-17 和图 3-18）。经一定量的通车次数，以测量辙槽深度的方法来确定材料在使用过程中，抗塑性变形积累强度的稳定性。

用这种方式进行试验确实产生了良好的效果。但是，该试验

图 3-17　重复加载辙槽深度测量仪

图 3-18　环道辙槽深度测量试验台（赛尔公司实验室）

极其费工费时，并且要耗费大量资金。实际上，此种方式在集料级配选择及检测操控时均显得不太方便。所以，又将注意力着重放在了分析试验手段上。

3.3　路面塑性变形稳定性标准

3.3.1　面层材料塑性变形稳定性条件

出现塑性变形的原因在于，所用材料的性能与计算汽车运行时产生的应力状态并不一致。也就是说：

$$\tau \leqslant R_{剪} \tag{3-23}$$

式中：τ——设计条件下，计算车辆在面层中产生的应力；

$R_{剪}$——材料抗剪切强度，按式（3-9）计算。

材料的抗剪切强度难以确定，它不是一个固定的数值，在加载过程中，找到弹性关系与黏性关系的比值才能使抗剪切强度得以确定。

流变性能使式（3-8）中的 n_0 也不好确定。温度越低，或者加载速度越快，n_0 也就越大。经测定，在认为材料强度可能是处于最大的态势下将它确定为一个单位，即 R_c。在这种情况下，对于材料的塑性变形便无从说起。塑性变形并不是不可能发生，即使是应力超出于 R_c 之上，此时材料的脆性破坏也会由此而产生。

当然，也有提出非常多的按塑性变形稳定性来评价面层材料的标准和方法，这在大量信息来源中有所反映[2,4,5,29]。但是，其中的一些方法过于理论化而显得太抽象，所使用的参数在实际试验中很难确定；而另一些方法的试验性又非常强，无法使工程技术人员对这一过程中所发生的现象作出明确的判断。所以，仍须对其研究方向作出进一步调整。

残余变形最根本的预测手段是[36]中所采用的方法。

根据[37]，沥青混凝土层中的残余变形的发展可用下式确定：

$$\frac{\varepsilon_p}{\varepsilon_e} = \alpha_1 T^{\beta} N^{C} \tag{3-24}$$

式中：ε_p——面层中积累的残余变形；

ε_e——材料的弹性形变，经试验确定并取决于沥青混凝土的类型、加载条件及温度等；

T——温度；

N——加载次数；

α_1、β、c——非线性回归系数。

式（3-24）曾在试验台上对试验区段进行过修正，对所得系数也曾作过更准确的说明。

毫无疑问，涉及的弹性变形有可能反映出材料的流变特性，在加载作用下的行为、温时因素等均都考虑到了。

同时，有关残余的变形关系式大都是凭经验来的，从材料学方面去考虑的就很少，因此，不可能将它们运用于新材料中。原因在于，不能明确快速地根据材料结构进行调整，或及时对交通荷载和路面结构参数的变化做出反应。

在夏季高温下，如果黏性关系的承载能力处于最低状态时，交通荷载影响造成的结果还不至于使冷凝结晶形成的骨架结构遭致破坏（密实弹性关系 n_y），那么材料的抗塑性变形将会得到保证。

由此可见，当材料冷凝结晶形成的骨架结构强度高于交通荷载引起的应力水平时，能够得以保证的是复合材料不会出现残余变形。也就是说，交通荷载产生的应力（τ）不应超过塑性的实际极限或者 $R_c \times n_y$。此时稳定性条件式为：

$$\tau \leqslant R_c \times n_y \tag{3-25}$$

然而，由于目前所用材料的实际塑性极限值太小，实际满足条件式（3-25）是不现实的。因此，合理的是以冷凝结晶形成的骨架结构强度的存在，并考虑到内摩擦角可转换为黏性关系来限制应力的大小。也就是说，材料应工作在线性黏弹性区间，应力值也不应超出假定的塑性极限（见 3.2 节）。在这种情况下，材料的塑性变形条件式才可以用下述形式表达：

$$\tau \leqslant (n_{y1} + n_y)R_c + \sigma\tan\varphi \leqslant R_c \times \left(\frac{E_t + E_{\partial n}}{E_c}\right) + \sigma \times \tan\varphi \tag{3-26}$$

正因为如此，材料抗塑性强度的确定并不取决于荷载与温度

(R_c和 E_c) 作用的常数、内摩擦角值和流变综合参数 E_t；综合参数的大小仍在于温度和荷载作用时间及其附加条件。当然，这一参数（松弛模量）很重要。

当 E_t趋向于弹性模量 E_c时，材料实际工作在弹性阶段，n_0接近 1 时的塑性变形就不会发生。这要在交通工具高速行驶或者温度降低时才能取得。相反，如果 E_t趋于零，则只有依靠冷凝结晶形成的骨架结构才能避免出现塑性变形，即满足式（3-24）。

通过对式（3-26）的分析表明，材料的稳定性与其塑性变形相对应，材料的性能决定着塑性变形。从 3.2 节中已经看出，应力的大小是所计算截面中的 τ 和σ。

对应力大小的测定仍是变形体力学中的复杂课题之一。正因为沥青混凝土是由不同种类材料构成的混合物，才使得这项课题显得更为复杂。

因为车辆轮胎与路表面之间形成了硬碰硬的关系，所以相互间形成的应力值从中充当着极为重要的角色。

从理论计算结果中曾得出确定车轮与路表面接触面的应力公式[21]：

$$\tau=\frac{Pc_b}{R\left(c_b+\frac{2rE_t}{1-\mu^2}\right)}\sqrt{\frac{\left(c_b+\frac{2rE_t}{1-\mu^2}\right)}{c_b}R^2-x^2} \qquad (3\text{-}27)$$

式中：P——车辆轮胎产生的单位压力；

R——轮胎半径；

x——轮迹中心到观察点的距离。

应力的下降和切向应力值取决于设计汽车的类型、表面层的刚度、轮胎的硬度及交通的运行状况。对式（3-27）和轮胎上的扭矩变化特性分析表明，当汽车发动机加速踏板开到最大时（从

0.5 到 0.71)，以 1 档原地起步开始，在长 5～8m 的路段交叉路口和停车站长 15～25m 的急制动路段施压最为有害。通过测算，对伊卡鲁斯型公共汽车和马斯型载重汽车轮胎产生的承重应力和切向应力绘出了曲线图（图 3-19 和图 3-20）。

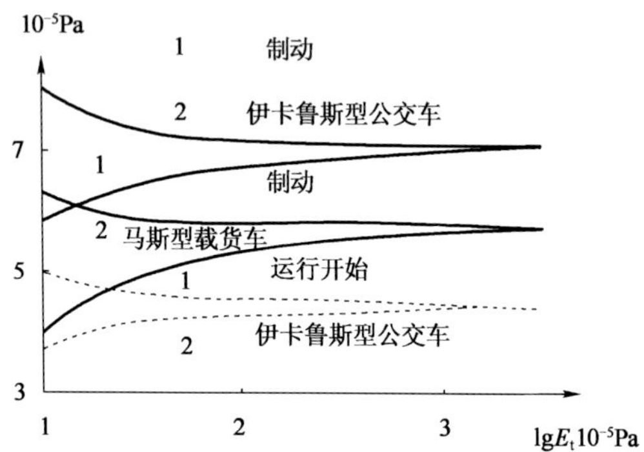

图 3-19　面层中的拉应力与其模量的关系曲线

1-在前接触面上；2-在后接触面上

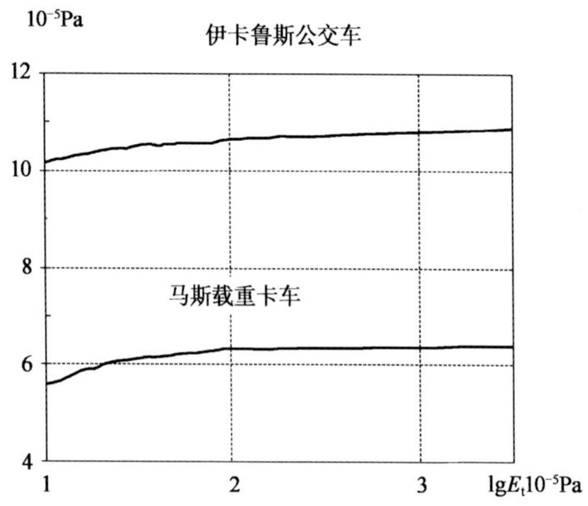

图 3-20　面层中的压应力与其模量的关系曲线

从图上可以看出，轮胎在路表面上前接触面的应力要高于中部和后部接触面的应力。此外，接触面弯曲率统计表明，随着面层刚度和接触面曲率半径的增大，整个接触面的应力处于平衡状态。

所列曲线（图 3-21）仅近似地反映出了应力应变的总趋势。

在评估应力应变状态时，应充分考虑到车辆轮胎与面层材料间的相互作用时，可能形成的所有产生影响因素的综合性作用。必须考虑到流变性能、各结构层材料性能的相互关系、温度梯度等。

为了在总体上完成结构计算和应力状况预测，建议使用数值法，尤其是有限元法[38]。

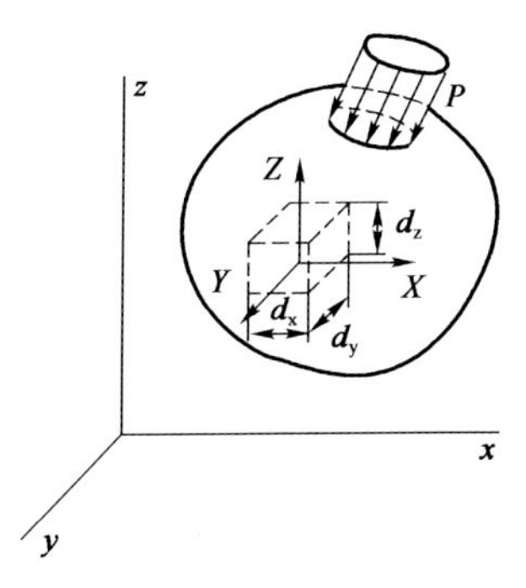

图 3-21　简单平行六面体

有限元法是美国 20 世纪 60 年代末提出的，目前仍在材料和结构计算实践中占有领先地位。

现在已经编制出了综合程序（NASTRAN、COSMOS、里尔等），可以对任何形状和性能的系统进行计算。不过要想得到设计图，还必须找到一系列科学和工程技术方面的解决方法，才有可能获取材料的性能特点、结构类型和加载条件。

采用有限元法便于考虑在层间厚度上的温度梯度、层间各处加载作用时间的差异及材料性能的非均质性。

如果从所研究的物体上切取下一个简单的平行六面体，其边棱与坐标轴平行，边长等于 dx、dy、dz（图 3-21），则作用于该平行六面体各棱上的应力可以分解为对棱的正向分力（正向应力）和切向分力（切向应力）。

依上述方式，我们也可将切应力分解成平行于坐标轴的二个分力（图 3-22）。结果平行六面体每条棱边上作用有三种应力，

分别用 σ_{xx}、τ_{xy}、τ_{xz}表示。应力标志中的第一个符号表示的是，平行于轴的是垂直于平面的外向正应力；第二个符号是，平行于轴的为分应力，即第一个符号指示面，上面作用有应力，而第二个表示的是应力的作用方向。由于在正向应力标志中出现了两个相同的符号，一般只保留一个并写成 σ_x、σ_y、σ_z。

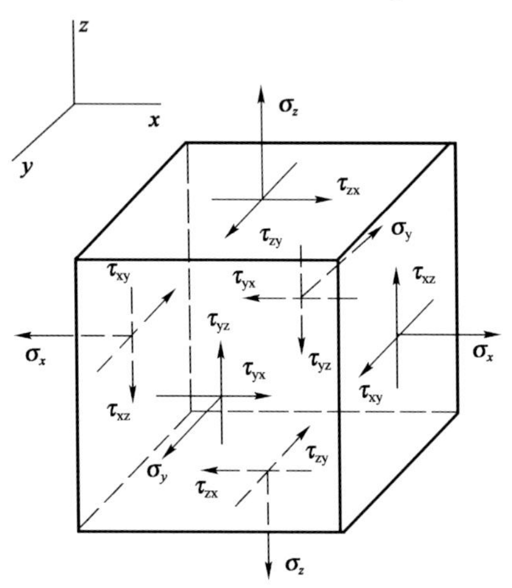

图 3-22 简单平行六面体及应力作用

对应力标志取下列规则：如果垂直于平面的外部正应力线为正向（或反向），则应力也为正向（或反向）；如果其方向与相应的坐标轴为正向（或反向），则它们的方向相重合。根据引用标志的规则，正的正向应力为拉应力，而反向的正向应力为压应力。

作用于无限小的平行六面体的平行棱边上的应力，同样可视作为平行应力，在无限小值上虽彼此有别，但仍可把它们看成是相同的。

由此可见，在平行六面体的棱边上作用三种正向应力和六种切向应力，它们整合在一起从整体上形成了应力张量：

$$T_H = \begin{pmatrix} \sigma_x \tau_{yx} \tau_{zx} \\ \\ \tau_{xy} \sigma_y \tau_{zy} \\ \\ \tau_{xz} \tau_{yz} \sigma_z \end{pmatrix} \tag{3-28}$$

横的一行中含有应力，其方向分别与坐标轴 x、y、z 平行，而在竖行中含有作用于面积上的应力，垂直于平面的正向应力线与轴 x，或与轴 y、或与轴 z 平行。

所以，考虑到式（3-28）必须找出这样一个截面，其上作用有正向和切向应力，而两者之间的差别最大。

可能成为这种截面的有：ZX 面、ZY 面、XY 面。作用于这些截面上相应的有：切应力 τ_{zx} 和正应力 σ_y；切应力 τ_{zy} 和正应力 σ_x；切应力 τ_{xy} 和正应力 σ_z。

为了用有限元法计算路面结构，曾经选用了计算系统（双层系统，因为任何结构都可以换算成双层的），既考虑了荷载水平分力，又考虑到了路面各层的多模量性（图 3-23）。

经计算表明，ZX 截面是剪切过程中受危险最大的截面，因为这个截面中最大切应力和最大正应力间的比值是所有三个截面中最大的。这种情况下，它的水平与垂直附加荷载都是不可改变的（图 3-24 和图 3-25）。

考虑到 ZX 和 ZY 面上的切应力相等，而荷载的水平分力则沿着 X 轴的方向，那么为了进行下一步计算，取 ZX 截面作为计算截面。

在此截面中，必须确定切应力和正应力，而且还要根据它们的相互比例确定出结构层材料的性能（内摩擦角和内聚力）。

为了确定面层中由移动交通荷载产生的最大切应力和正应力，使用了图 3-23 中所展示的计算系统。

需按温度曲线确定出路面各层厚度的模量值，从而能把在深度

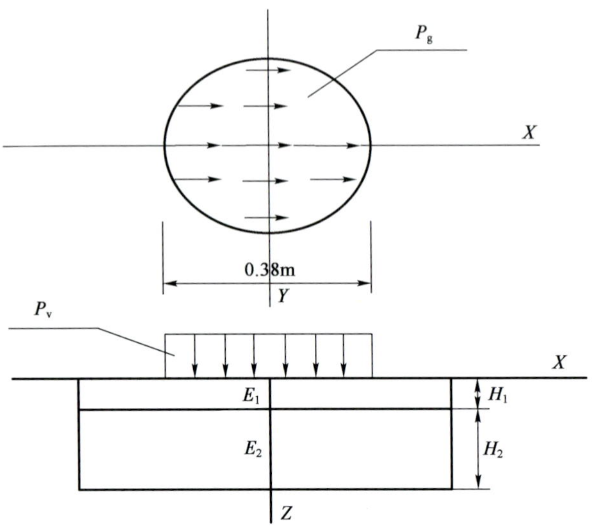

图 3-23 确定的应力计算示意图

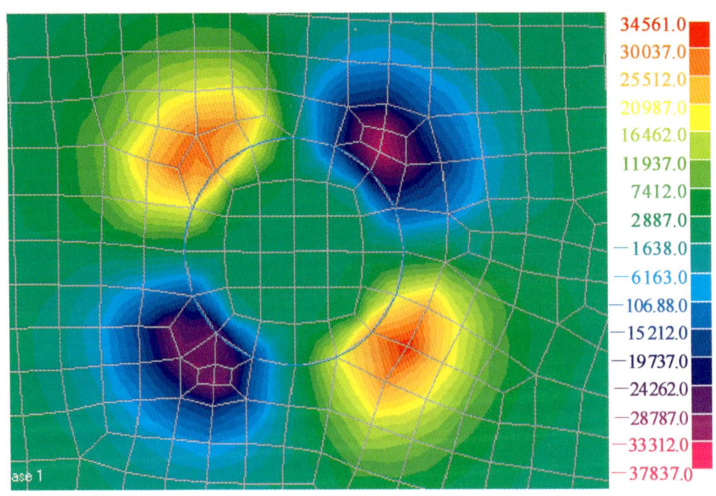

图 3-24 XY 平面切应力

图 3-25　*XY*、*ZY* 平面切应力

上的温度变化考虑在内（图 3-26）。上面层的弹性模量值在 350～2 000MPa之间变动，第二层的弹性模量值为 120～4 000MPa。上面层厚度变化为 5～30cm，下面层表现为一种半空间状态。荷载沿所留痕迹均匀分布，总量一般为 5.75t。

所进行的计算表明，*ZX* 截面上的切应力和正应力在很大程度上取决于上面层的厚度。在此必须指出，切向应力的最大值会随着上面层的厚度下降而向基层移动（图 3-27 和图 3-28）。

最大正向应力值随着上面层厚度的增大而提高。此时，应扩散到更大面积上（图 3-29 和图 3-30）。

无论是竖向荷载还是水平荷载，当作用在面层上时，它们的应力分布状况均会发生变化。应力最大值都会向第一层的上部转移。所以，当荷载受到竖向分力和水平分力作用时，对路面危害最大的剪切部分直接侵害到的就是面层。还应当指出，当上面层厚度降低时，切应力的某一部分则由基层来承担。

图 3-31～图 3-34 列举的是应力按路面各层厚度的分布（取

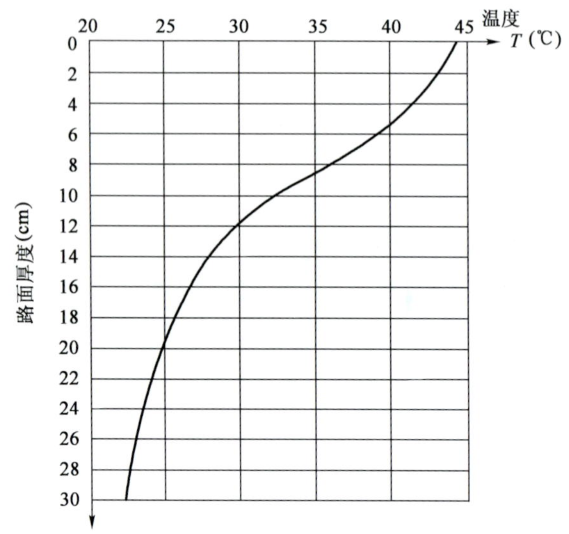

图 3-26　温度与路面厚度的关系曲线

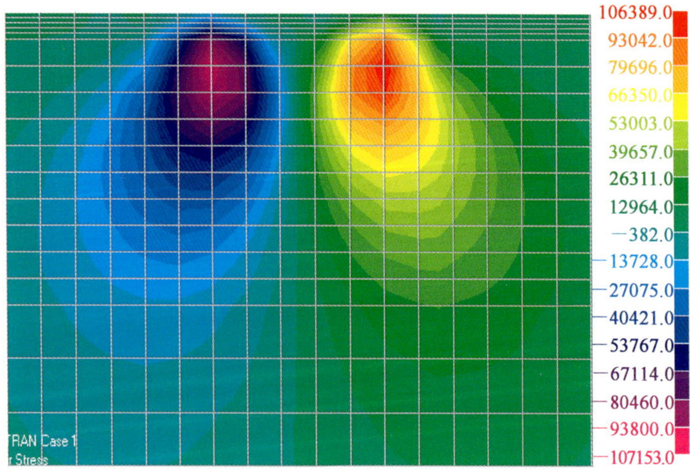

图 3-27　路面各层切应力分布（Pa）（上面层厚度为 5cm）

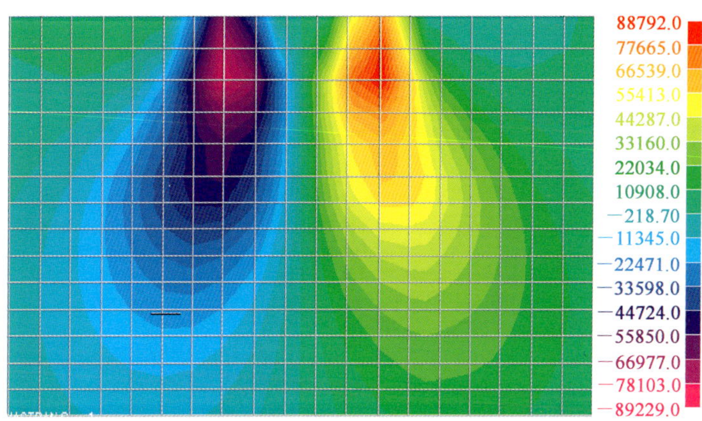

图 3-28 路面各层切应力分布（Pa）（上面层厚度 30cm）

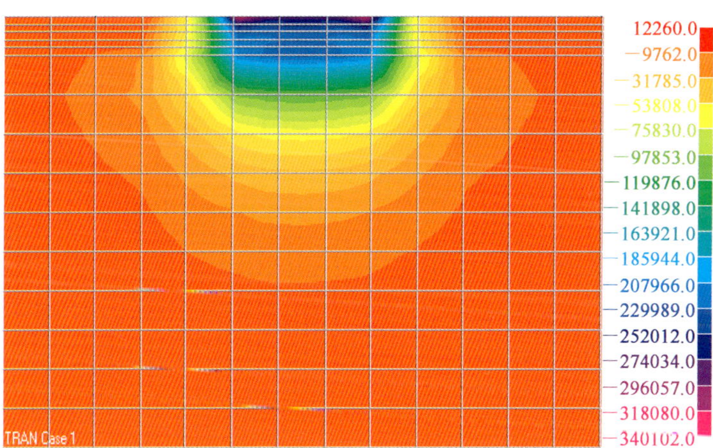

图 3-29 路面各层 ZX 平面正应力分布（Pa）（上面层厚度为 5cm）

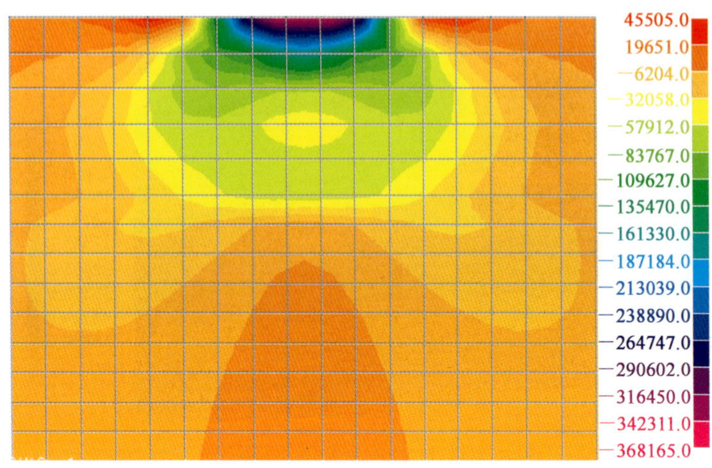

图 3-30 路面各层 *ZX* 平面正应力分布（Pa）
（上面层厚度为 30cm）

竖向荷载与水平荷载的比值等于 1.0）。从图 3-27～图 3-34 中可以看出，应力沿路面各层厚度分布具有足够的多面性，并取决于诸多因素，属于这些因素的有上面层的厚度（在很大程度上会影响到下面层的应力）、上面层与下面层弹性模量的相互比例、荷载竖向分力与水平分力的相互比例关系。

为了在实际计算时，能较为简单地确定路面各层中的应力，需确定从有限元法进行一系列路面结构计算并从中获取应力状态的诺模图。绘制的诺模图及其使用规则示于 3.4 节中。

经分析表明，路面各结构层中的应力和应变值并非是大小固定的，它们应由下述因素确定：

（1）荷载种类及其与面层相互作用（接触）的条件。

（2）各层结构的特点（各层材料性能的相互关系）。

（3）面层材料的结构与性能。

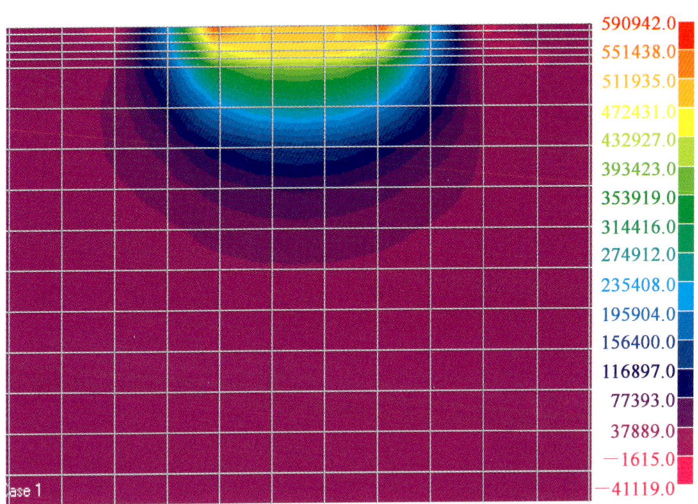

图 3-31　路面各层 *ZX* 平面水平、垂直切应力分布比值 1.0（Pa）（上面层厚度为 5cm）

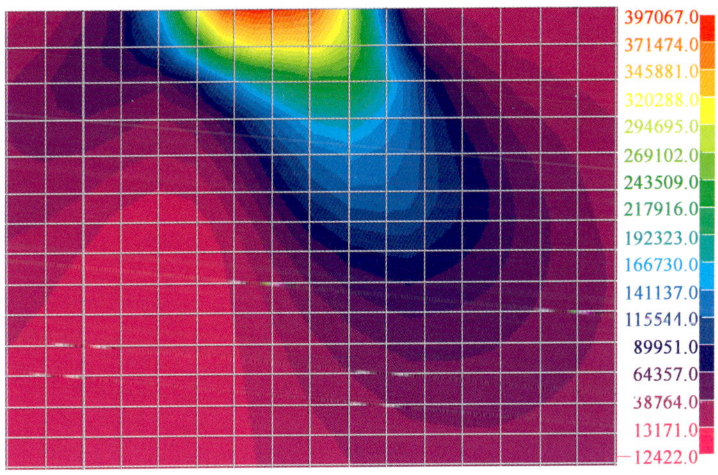

图 3-32　路面各层 *ZX* 平面水平、垂直切应力分布比值 1.0（Pa）（上面层厚度 30cm）

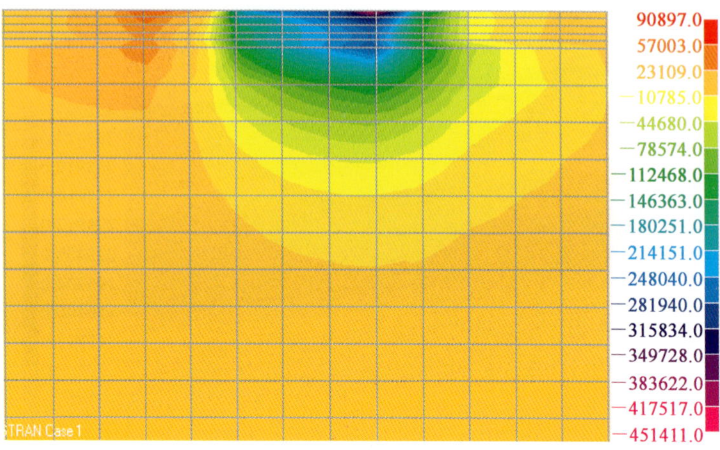

图 3-33 路面各层 *ZX* 平面水平、垂直正应力分布比值 1.0（Pa）（上面层厚度为 5cm）

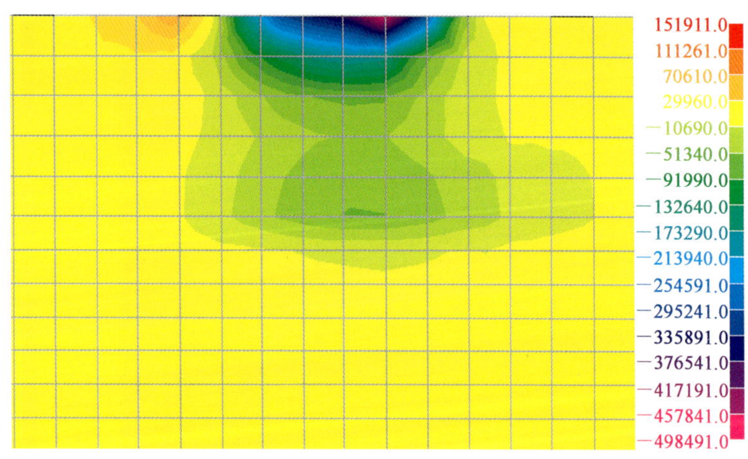

图 3-34 路面各层 *ZX* 平面水平、垂直荷载正应力分布比值 1.0（Pa）（上面层厚度为 30cm）

在实际进行的大量研究和计算分析基础上，式（3-26）应视为已被简化。

可以依据内聚力 c 对沥青膜性能及其相互作用特征造成的剪切强度［（R_c（$E_t + E_{\partial n}$）/E_c）］进行校正。此时，还应考虑到 c 并不是库伦指标，而是计算温度和加载时间不确定的值。应力值可以取接触面的平均值。

此时式（3-26）可以呈下列形式：

$$c_n \geqslant (\sigma_p - k \times \sigma_c \times \tan\varphi) \tag{3-29}$$

式中：c_n——单位内聚力；

n——参数，考虑到的实际与持续松弛模量；

σ_p——轮胎与面层接触面的拉应力；

k——系数，考虑到的拉应力与压应力相互作用的角度不一致；

σ_c——轮胎与面层接触面的压应力；

$\tan\varphi$——内摩擦角的正切。

为进行可比评估，采用以下指标值：$\sigma_p = 0.5$ MPa、$\sigma_c = 1.0$MPa、$k = 0.43$、$n = 0.8$。

进入式（3-26）和式（3-29）的全部指标须在计算温度下确定。为了确定 $\tan\varphi$ 和 c，可以利用 3.2 节中所引用的简化方法。

正如试验研究表明的那样，就白俄罗斯的环境条件，计算的前提是面层材料会被加热至 60℃。然而，实际情况是从 20 世纪 50 年代起，沥青混凝土面层的通常设计，规范中的最高温度为 50℃。为了不使实际设计程序复杂化，仍可保留 50℃。不过，计算中产生的偏差也不能忽略。这一点可以用引入一定的储备量或可靠性的办法来弥补。

式（3-29）中未考虑到的还有载重运输车辆的违规行驶，轮胎充气压力及其他某些变量参数。比如，层间厚度的偏差和面层材料的离散性以及运营路面的实际状况。

所指不足之处可以通过耐久性强度系数或可靠性理论的途径（见 1.3 节）来解决。

储备系数与可靠性水平间关系的确定，建议都应在试验路段（或具有各种不同性能的面层）进行试验，进一步对面层的变形发展状况进行长期观察统计，并按式（1-63）确认可靠性水平。然后，根据所掌握的数据进行统计学处理并绘制出储备系数与可靠性水平相关联的关系曲线。

为达此目的，作者于 2000～2001 年间曾挑选了一批沥青混凝土路面层所用材料的试件，通过试验室试验并按式（3-34）计算出了储备系数。总共试验了约 60 个沥青混凝土试件。为了确定分布曲线的形状，对所获数据进行了统计学处理。

经确定，对储备系数来说，当塑性变形稳定性（K_1）的水平值 $\alpha=0.5$ 时，根据早先所完成试验得到的数据，形成的假定为关于正态分布的分布函数：

$$F_{k1}(x)=\begin{cases}0, & X\leqslant 0\\ \Phi\left(\dfrac{\ln X-a}{\sigma}\right), & X>0\end{cases} \tag{3-30}$$

$$\Phi=\frac{1}{\sqrt{2\pi}}\int_{-\infty}^{x} e^{-0.5t^2}\,\mathrm{d}t \tag{3-31}$$

式中：Φ——拉普拉斯泛函数。

参数 α 为 0.87、σ 取 0.219。统计学抽样标准值取 χ^2 等于 0.393，临界值为 3.84，从而证明了理论与试验数据（$\chi^2_{选样}<\chi^2_{标准}$）相符。

有了分布曲线指标，就可根据储备系数 K_i 将会小于所要求的抗变形条件值的可能来评估可靠性水平。此时，曾经取得的要求值与实际值相当。在这种情况下，可靠性水平以寻找顺序分位点 $t_k(P)$ 的方法取得。

为确定抗塑性变形，可靠性水平（K_1）用了关系式：

$$T_{\mathrm{k1.2}}\ (P) = e \times e^{\sigma U_{\mathrm{p}}} \tag{3-32}$$

式中：$U_{\mathrm{p}} = \Phi^{-1}$（$P$），为标准化正向分布顺序分位点 P。

所得的储备系数和可靠性水平间的关系示于图 3-35。

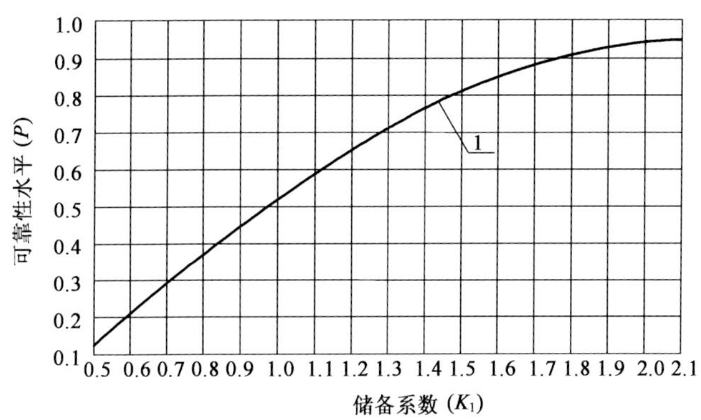

图 3-35 强度储备系数与抗塑性变形可靠性水平间的关系曲线

为评估塑性变形稳定性条件下的储备系数，先要确定内摩擦角的单位内聚力系数，并且评估出计算汽车所产生的应力。

结果，保证抗剪切条件的储备系数（$K_{储}$）用下式确定：

$$K_{储} = \frac{R_{\mathrm{c}} \times \left(\frac{E_{\mathrm{t}} + E_{\alpha\mathrm{n}}}{E_{\mathrm{c}}}\right)}{\tau \times \sigma \times \tan\varphi} \tag{3-33}$$

在简化方案中（见式（3-29）：

$$K_{储} = \frac{c_{\mathrm{n}}}{\sigma_{\mathrm{p}} - k\sigma_{\mathrm{c}}\tan(\varphi)} \tag{3-34}$$

实践中，为评估材料的塑性变形稳定性，必须按图 3-32 来确定与所给规定的可靠性水平相一致的储备系数，它取决于服务寿命、车流强度并按文献［39］的标准规范来采用。

在材料试验基础上按式（3-33）和式（3-34）来确定实际储备系数并进行验算：

$$K_{\Phi} \geqslant K_{mp} \tag{3-35}$$

式中：K_{Φ}——按式（3-33）和式（3-34）获得的实际储备系数；

K_{mp}——图 3-35 中所要求的储备系数。

为了推测塑性变形（辙槽）的尺寸大小，可以用路面力学测量计算的方法，文献［37］中有这种专用方法的介绍，可以考虑各种因素（荷载参数、材料性能、路面结构）为基础的专用方法。

当然，将所研究的特定方法应用于新材料并非总是能够找到充分的根据，用这种方法还不能及时正确地评估集料的级配组合成分及结构对其稳定性的影响。即便是在选定级配方案阶段，此方法也显得有些复杂。因此，正像对路面层材料状况考察表明的那样，式（3-33）完全可以反映出实际工作条件。

3.3.2 塑性变形积累对交通荷载参数的影响

在选择荷载分布规律时，必须考虑到现代交通工具的特点。目前所用的高压轮胎荷载分布并不均匀，而是集中在了印迹中心，从而导致面层受到轮胎碾压时的剪切力升高，易使面层出现辙槽［图 3-36a)］。但是，对于低压轮胎来说，它的荷载分布就较为平缓，这就在深度上保持了路面承重性能应对荷载的强势［图 3-36b)］。结果装有高压轮胎的车辆将会导致面层材料形成的结构体系提前遭到毁坏，而低压轮胎对路面形成的残余变形在路基土层中形成积累并使其失去平整性。因此，在进行路面设计计算和评估面层材料的稳定性时，最好要考虑到计算荷载对路面承重的不同类型。

考虑到上述情况，决定根据不同类型与特点，用荷载分布来检验结构应力变形状态中的差异。

对具有荷载在圆面积上的均匀分布［标准的，图 3-37a)］和荷载以压痕中心为最大极限值曲线分布［所研究的实例，图 3-37b)］的计算系统进行计算。此时，压痕上的总荷载于第一种情况和在第二种情况下都成了不变的。于是：

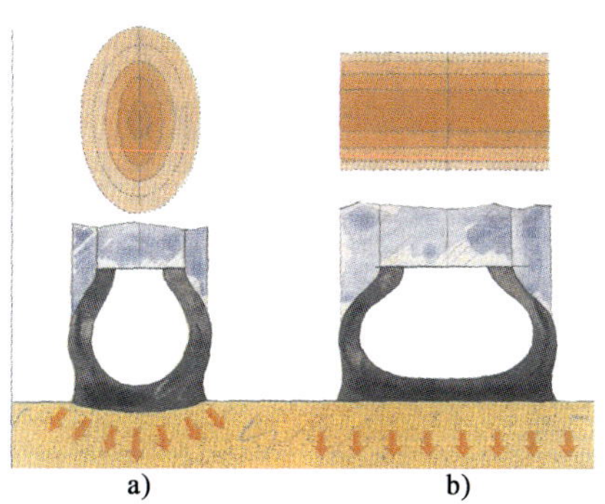

图 3-36 轮胎压力与应力分布特征

a）高压轮胎；b）低压轮胎

$$P = 1.56P_3 = 0.78P_2 = 1.93P_1 \tag{3-36}$$

式中：P——计算截面上所受到的压力。

所进行的计算表明，无论是在性质上还是在剪切应力水平上均显示出不同。

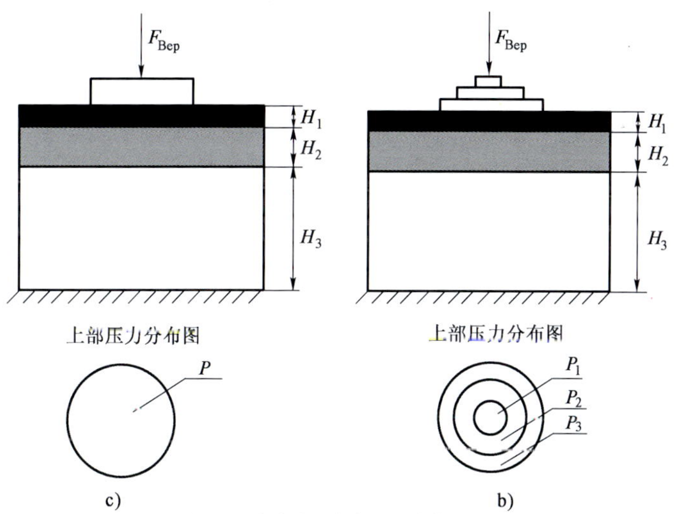

图 3-37 应力变形状态下的计算系统

（考虑到在压痕面积上压力分布的不均匀性）

对第一种情况（当计算压力 P＝0.7MPa 时）最大剪切应力为 0.26MPa［图 3-38b)］，而在第二种情况下为 0.33 MPa，差额实际为 30％。在此应指出，最大剪切应力区间压痕中心移位［图 3-38b)］。该情况允许作出结论：窄而深的辙槽主要出现在上面层，这是其主要特征；对低压轮胎来说，辙槽宽而深度较小，但往下扩散的深度较大。

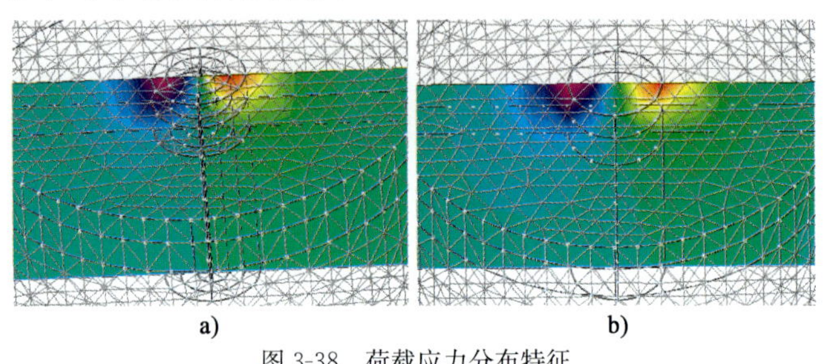

图 3-38　荷载应力分布特征

a）极值荷载；b）均值荷载

所以，在评估面层材料的抗塑性变形时，建议要考虑到荷载在压痕面积上的不均匀分布。

轮胎的特征包括以下几个方面：生产厂家的名称及商标，轮胎的尺寸大小、型号、速度及载重量指标，轮胎所能承受的最大荷载气压以及目前尚未采用的指标。轮胎可能用公制或英制，例如，轮胎 260-508 中的 260-508 分别为轮圈断面的宽度和装配直径（mm）；轮胎 9.00/R20 分别为英制断面宽度和装配尺寸(1in＝2.54cm)。有些轮胎为混合标志，例如 315/80R2.5 中的 315 为断面宽度（mm）；22.5 为装配直径（in)。R 为径向结构轮胎，其滚道中部帘子线倾角为 0°，缓冲衬层角不小于 65°。

采用径向类轮胎结构的前提是，能够把轮胎内的空气压力提高，P_w＝0.8～0.9MPa。这就意味着，根据目前所用汽车，这种交通工具造成面层上的接触压力计算值必须以这些额定值 P_k 为定位，而不是以 P_w＝0.5～0.6MPa 为定位。这已于 1999 年 6

月在明斯克签署的“独联体参加国关于交通工具外形和载重量限定协议”中的传统标准文件中明确并建议签字国共同遵守。

对于卡马汽车厂生产的卡马斯牌牵引车以及明斯克汽车厂生产的马斯牌汽车，通常所用的轮胎为 11.00/R20、11.00/R22.5、12.00/R20，内压等于 0.85MPa。Continental 公司所产轮胎内压为 0.775～0.85MPa。对拖车和半挂拖车轮胎 315/80R22.5、315/70R22.5、385/65R19.5、365/65R22.5、385/20R20、12R22.5、13R22.5，Continental 公司生产的轮胎内压为 0.9 MPa，Michelin 公司生产的轮胎内压为 0.85 MPa。

非刚性路面的设计方法[26,40]要求先使轮胎内气压 P_H 和垂直接触压力 P_k，即 $P_k = \beta P_w$，其中 $\beta=$ const 相等或具有同义关系。当 $\beta=1$ 时，压痕等效直径按公式求出：

$$D_e = \sqrt{\frac{40Q_k}{\pi P_w}} \tag{3-37}$$

式中：Q_k——加于车轮的计算动力荷载，$Q_k = Q_H K_g$；

Q_H——定额（标准）荷载；

K_g——动力系数。

文献［26］中指出了 $\beta=1$ 的不可取性，由于简单，它甚至仍被用于重载的 ATC（航空运输系统）。接触应力 P_k 值中的误差可达到 200%，因为对于不同轮胎来说，其变化范围可从 0.5 到 2.0 不等。因此，根据轮胎参数及车轮垂直荷载的大小，应力可以或大、或小、或相等[41,42]。

在编制接触压力计算方法时，需对轮胎进行试验，并对得出的试验数据进行分析。分析结果确定了当今国内外生产厂家所产轮胎的某些特点：

（1）当气压足够高时（>0.8 MPa，即在公称值 $P_H=0.8$～0.9 MPa 范围内），轮胎的正向挠曲与 P_H 的关系不大，并以车轮的荷载大小来确定；

（2）315/54R22.5、385/65R22.5 型单轴对轮胎的接触压痕长度 L_k 可能小于滚道宽度；对（9.00～12.00）R（20～22.5）轮胎的 L_k 总是大于轮胎滚道宽度；

（3）滚道的宽度很少会在车轮荷载产生变异时发生改变；这大多取决于轮胎的外形及尺寸的大小而异。

（4）以足够高的精确度来解决实际问题时，压痕的形状可能近似于抹圆了的矩形。在对这种抹圆形状的压痕进行计算时，还应加入压痕形状校正系数。

试验数据所做统计分析表明，每种不同型号规格的轮胎都有着明确相对应的径向变形与正向荷载对其内压比例的关系曲线。ATC（航空运输系统）高参数计算值的依据是从博布鲁伊斯克（白俄罗斯城市）轮胎联合工厂的轮胎试验数据中得来的。按对这些数据的统计处理结果，建议将合乎常规的应力图形作为圆角梯形计算公式的依据。

对标准轮胎，它的正向挠曲 f_z（mm）按下式计算：

$$f_z = \alpha\left(\frac{Q_H K_g}{P_w}\right)^{\beta}, \tag{3-38}$$

式中：α 和 β——试验常数（表 3-1）；

Q_H——轮子上的标准静荷载（kN）；

P_w——轮胎内的额定空气压力（MPa）；

K_g——动力系数。

动力系数在用弹簧悬挂时为 1.3，用充气悬挂时为 1.15。

试验常数表 表 3-1

轮胎型号	α	β	轮胎型号	α	β
9.00R20	3.41	0.67	12.00R20	1.62	0.82
10.00R20	4.28	0.63	385/65R22.5	1.00	0.91
11.00R20	1.65	0.82	385/80R22.5	1.28	0.88

车轮与面层接触时的相互作用参数按公式求出：

压痕的长度：

$$L_k = 1.38\sqrt{(H - f_z)f_z} \tag{3-39}$$

轮胎接触压痕面积：

$$F_k = k \times 0.875BL_k \tag{3-40}$$

主导轮压痕等效直径：

$$D_e = 1.13\sqrt{F_k} \tag{3-41}$$

上述式中：H——轮胎静止外径；

B——轮胎滚道宽度；

k——单轮及双轮滚动时的相应系数，分别等于 1 和 2。

对其他型号尺寸的轮胎则采用相近似轮胎的指标值。对专用轮胎（例如：白俄罗斯汽车生产厂所产汽车轮胎），在解答轮胎与面层相互作用参数问题时，必须具有轮胎额定静力试验结果，方能确定出 f_z、F_k及 D_e。

所进行的试验为便于选择，应从抗剪切入手，找出各种车辆对路面层影响的评估方法。

具体车辆引用系数转化成计算系数可按下述公式进行：

$$K_{\text{пр}} = \left(\frac{\tau_{max}^{\phi}}{\tau_{max}^{p}}\right)^{4.4} \tag{3-42}$$

式中：τ_{max}^{ϕ}——路面结构中受实际交通工具轴轮（单边对轮）作用产生的最大剪切应力值，按图 3-39 关系曲线来定；

τ_{max}^{p}——路面结构中受计算轴单边对轮轮胎作用产生的最大剪切应力值，按图 3-39 关系曲线来定。

实际计算时可用三种不同值计算轴载：

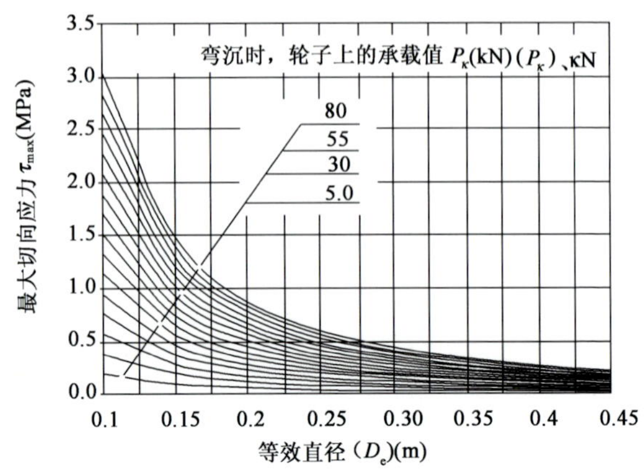

图 3-39　最大切向应力测定关系图

(1) A1-100kN

(2) A2-115kN

(3) A3-130kN

计算交通工具轴轮压痕等效直径大小换算成实际值时，可参照表 3-2。

图 3-40 展示了在白俄罗斯和西欧公路上，所用平均统计大型载重汽车对面层的接触压力、车轮上的荷载水平与轮胎空气压力间的相互关系。

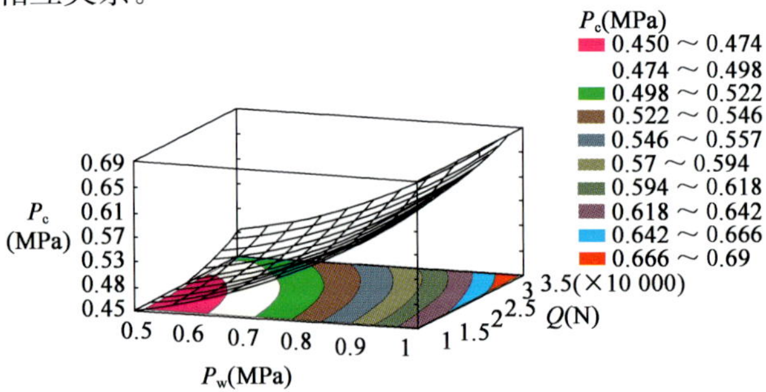

图 3-40　接触压力（P_c）与轮胎内压（P_w）与车轮荷载（Q）比

计算轴载与压痕直径　　表 3-2

计算轴载 (kN)	计算压痕直径（弹性弯沉）(cm)	计算压痕直径（抗剪切）(cm)
100	38	26
115	39	27
130	40	28

如果涉及大型载重汽车的参数对路面各层材料所受应力状态的影响时，那么车轮（压痕直径）上的单位压力以及荷载可作为基本因素（采用常规计算系统）。其他因素彼此相互关联，并可以通过置换代入来表示。

从获得的资料数据中可以看出，对面层的弹性压力随着轮胎内压的提高和车轮上的荷载量上升而加大。此时，车轮上的荷载增加（在其他条件相同时）表现出对接触面压力提高的影响要小于气压增长的影响。结果，当车轮内部压力不变而荷载量增加一倍时，压痕面积上的压力会上升 5%～10%。同时，当车轮上的压力相等，而轮胎的内压力加大一倍时，压痕面上所受压力会上升 40%～45%。这与下述情况有关。当轮胎内气压下降时，车轮压痕面积增大并且形状发生改变（图 3-41）。

a)

b)

图 3-41　轮胎压痕形状

a) $P_w=0.5$MPa; $Q=22\ 200$N; $F_c=538.34$cm^2; $Pc=0.41$; b) $Pw=1.0$MPa; $Q=21\ 550$N; $Fc=326.60$cm^2; $P_c=0.66$

图 3-42 为按单位黏结力大小所要求的面层材料，单位抗剪切能力与轴载和轮胎内压力的关系曲线。

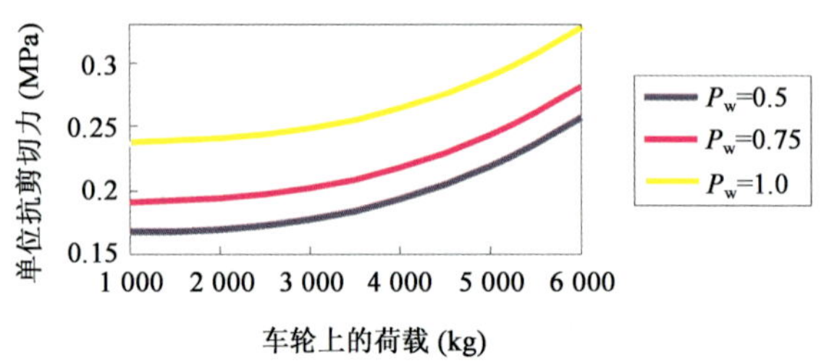

图 3-42　单位抗剪切力与车轮荷载和轮胎内压力的关系

此处应注意到，当轮胎中的压力增大时，要求的对路面附着力也大大提高，当车轮上的荷载量加大时（个别车轮上的荷载量为 2～4t），对路面附着力却提高不大。荷载产生较大影响是在其值为 4～6t 时，这在特大型交通车辆上常可见到。

因此，轴荷载从 10t 增至 13t（双对轮、轮胎内压为 0.5）使抗剪切条件下的材料储备系数［见 3.2 节式（3-34）］下降 2%～5%。此时，塑性形变面积和尺寸实际上并没有变化。如果荷载量为 10t 时，将单位气压从 0.5MPa 增至 0.75MPa，那么在抗剪切条件下，材料的储备系数便会下降 10%～15%，如果从 0.5 MPa 增至 1.0 MPa 时，储备系数就会下降 30%～40%。若将储备系数降到此种大小，则须把单轴承载量从 10t 增至 22t。此种情况下，加大胎内压力比提升单轴荷载量更加危险。

3.3.3　路面材料及其结构性能对塑性变形积累的影响

路面各层的布置形式和各层材料的性质在所计算的高温条件下，总会影响到应力应变的大小，从而影响到塑性变形的积累。

结构相互制约的特征中首先与作用于同一个平面上的最大切应力（τ）和最大正常压力（σ）接触点不一致，而最大的差异

（$\tau-\sigma\tan\varphi$）在于结构层材料性能的相互关系可能表现在道路结构的各个部分。

交通荷载与高温相结合，对沥青混凝土面层稳定性产生的影响作用因素是：

（1）上面层的厚度（h_1）；

（2）各层材料性能的相互关系（E_{t1}/E_{t2}）；

（3）各层间的黏结力。

图 3-43 为计算示意图。

图 3-44 为路面各层材料所要求的内聚力与面层结构的关系曲线。

图 3-43　确定路面层结构的特点对抗剪切变形作用的计算示意图

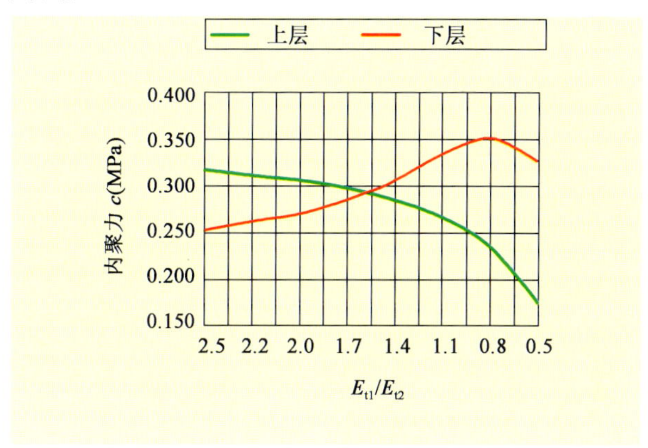

图 3-44　路面各层材料的内聚力

对图 3-44 的分析表明，在所有情况下，提高基层的刚度对面层材料抵抗辙槽的形成有着正面影响。

对传统路面（面层的刚度高于下层的刚度）而言，面层的抗剪切要求大于对下层的要求，即面层的强度应该更大。

不过，如果面层与下层刚度的相互比例小于 1.5（特别是对碎石玛蹄脂加水泥和浇注式混合料）则相反，下层材料的抗剪切强度应该更高。

根据完成的研究结果，设计出了新的抗剪切路面层结构，见图 3-45。

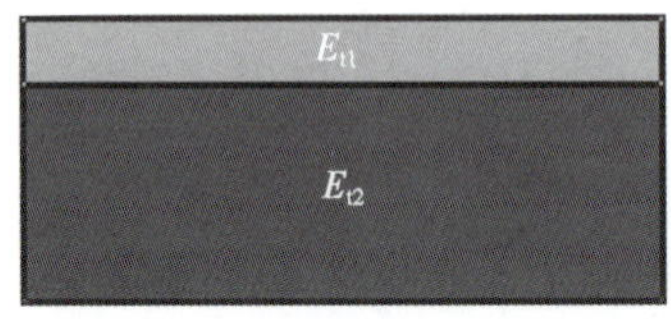

$E_{t1}<E_{t2}$

上面层：路用石油沥青 90/130
下面层：路用石油沥青 60/90
$h_1=2-5$cm；$h_2=6-10$cm

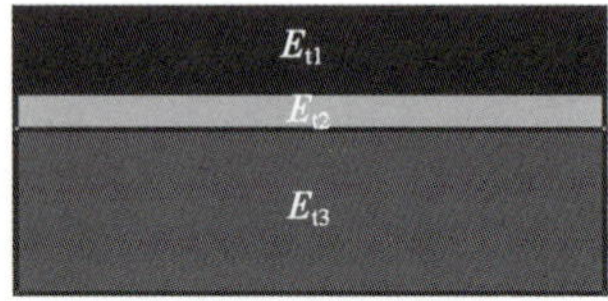

$E_{t1}>E_{t2}<E_{t3}$

上面层：路用石油沥青 60/90
中面层：路用石油沥青 90/130
下面层：路用石油沥青 60/90
$h_1=4-6$cm；$h_2=3-6$cm；
$h_3=4-10$cm

图 3-45 抗剪切路面结构

面层材料的性能和结构由这样一些抗变形储备系数公式所含有的重要指标来决定（3.3.1 节），诸如内摩擦角和单位内聚力系数。

该指标在很大程度上又取决于原始组合料的性能和用量，例如碎石的最大粒径图 3-46a)，或碎石总量中最大粒径的用量图 3-46b)。

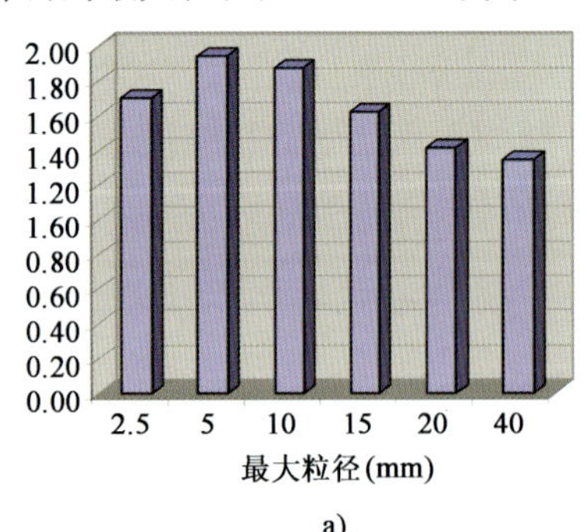

a)

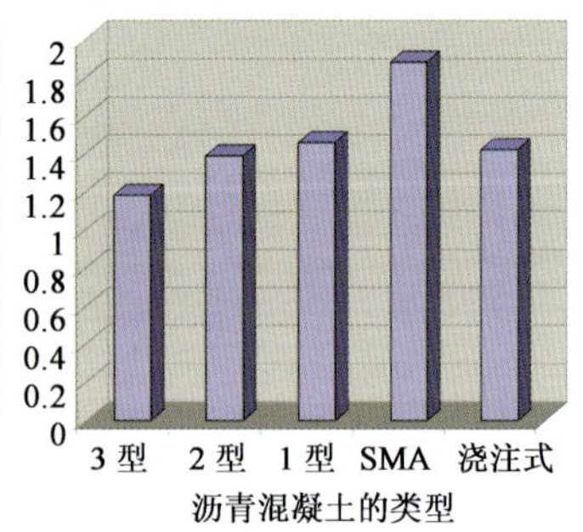

b)

图 3-46 沥青混凝土抗塑性变形与原始材料及其用量的关系（以大粒径填料为主）

在保证沥青混凝土和路面各层的质量上，胶结料起着很重要的作用（在多数情况下，甚至是决定性的作用）。的确如此，随着沥青黏度的增大，内聚力则同步提高。当矿料部分的级配不变时，仅有数量上的变化就会完全是另一番状况（图 3-47）。

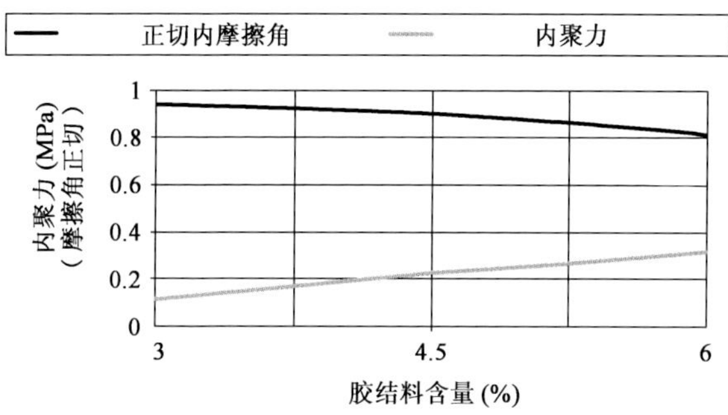

图 3-47　抗剪强度特征与胶结料含量之比

从图 3-47 中可以看出，由于胶结料的含量增加而产生的内摩擦角和内聚力的变化特点是完全不同的。当该项指标发生此类变化时，同样存在着抗塑性变形的最大储备系数，可在选择沥青混凝土级配阶段，尽可能地以改变这两项指标的方法对储备系数进行调整。

影响到内聚力和抗塑性变形的基本因素是胶结料本身的内聚作用，内聚作用首先是由胶结料的黏度来确定的。图 3-48 所示为沥青混凝土抗塑性变形可靠性水平的关系曲线。从该图中可以看出，随着沥青黏度的提高（针入度下降），材料的抗塑性变形能力在增长。不过，胶结料黏度的增大会对抗塑性变形的其他标准产生负面影响，例如抗裂性。因此，选择最佳黏度时应考虑到它们的综合因素。

可用各种不同的聚合物掺加到沥青中使其改性，这可提高它的内聚作用，但仍不能提高它在低温状态下的韧性（黏度）。

总而言之，在目前以加入聚合物来改变路用沥青性能的大量

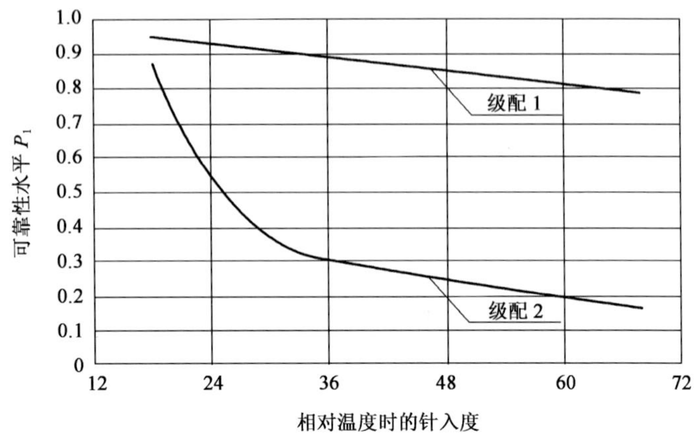

图 3-48 按抗剪切标准 25℃时的抗剪切强度、可靠性水平与针入度间的关系

级配 1-细粒式浇注沥青混凝土；级配 2-多砂浇注沥青混凝土

文献资料中，能够较好地改善沥青性能的方法分成下述几大类[43、44、45、46]：

（1）沥青＋EVA（乙烯醋酸乙酯）；

（2）沥青＋SBS（苯乙烯－丁二烯－苯乙烯嵌段共聚物）；

（3）沥青＋橡胶；

（4）沥青＋胶乳；

（5）沥青＋聚烯烃；

（6）沥青＋环氧树脂；

（7）沥青＋硫（S）。

看来，把目前用于沥青改性的各种聚合物进行分析归纳，取其中最适宜的就会得出以下结果：

SBS 在全球的总消耗量可占到 SBS 总产量的 61％。

SB（苯乙烯丁二烯）共聚物占 14％（以法国为主）。在沥青中加入 5％～10％的硫才能使 SB 完成聚合，从而得以应用，这会导致工艺复杂化并造成生态平衡问题。

EVA（乙烯醋酸乙酯）占19%。该聚合物是所有聚合物中唯一像SBS那样能够形成空间网格结构的添加物。不过，形成网格状结构后的刚度太大，会对聚合物沥青胶结料的脆性产生不利影响。

乙烯丙烯共聚物占3%。

聚乙烯占（PE）3%。

目前，市场上出现的各类聚合物越来越多。不但能改善路面层的单项指标，而且对路面层的多项指标均能起到改善作用。同时，考虑到工艺的复杂性、造价、生态环保、原料供应是否方便以及生产规模等等，研究最充分的还是苯乙烯－丁二烯－苯乙烯共聚物，即SBS。个别情况下，苯乙烯－异戊二烯－苯乙烯也会受到重视。

SBS是一种由许多直线状或有许多分枝组成的A－B－A形式的组合（单元体化）共聚物。聚合链的外部末端组合体（A）为聚苯乙烯嵌段，具有呈玻璃化转变温度的热塑特性，玻璃化转变温度大大高于室温。橡胶中间组合部分（B）为弹性体，或由聚丁二烯，或由聚异戊二烯构成，其玻璃化转变温度会大大低于室温。

嵌段共聚物	AAAAA	BBBBBBBBBBB	AAAAA
静态共聚物	BB AAA	BBB A BB AAA	BB A BB A

组合聚合物的特征是，由于聚苯乙烯和橡胶链节的互不相溶性而形成了二种不同相位。此双相位系统的存在是由向坡璃化转变温度最大值的两个相互分离点确定的。如果聚合物总含量低于40%，那么真正的弹性行为就能实现。此时，聚合物相是断续的，由所谓“畴”的细组合成分构成。这些聚苯乙烯“畴”包含在连续聚丁二烯或异戊二烯矩阵中，呈微细粒分散，细度300Å。

由于构成“畴”的弹性体链是由许多初端或终端形成的，显然它们与普通硫化橡胶中硫磺的横向连接具有可比性作用。它们还补充起到类似高强度填充剂的重要功能。同时，像聚苯乙烯“畴”形成那种又能使强度提高，聚丁二烯连续橡胶相还能保证实际橡胶的高弹性行为以及低模量和优异的低温性能。

当温度上升到超过聚苯乙烯玻璃化转变温度点时，“畴”将会软化。因为终端组合在一个具体“畴”内未被确定，材料显示出真正的热塑本性并在 140～220℃温度范围内被加工时，在剪切力的作用下形成流动。整个过程完全逆转，并于冷却后“畴”会恢复原状。这就是聚合物可被重复利用的依据。

用改变重复组合及 A-B 二组合的数量并将二者结合成末端分子的办法，可能得到符合要求性能的热塑橡胶，并适用于一定的范围。不过，无论按经济原因还是技术原因，限制聚合物的用量并将其与别的成分配合使用，诸如聚合物填充料中掺加的增塑剂和焦油混合起来使用或许更好些。

按对沥青的影响，共聚物最基本的特点是丁二烯（异戊二烯）溶解后会出现聚苯乙烯网络。该网络能提高沥青质量、沥青弹性和沥青黏度，从而使复合体的使用效果得以提高。

共聚物由两家主要供货商生产：舍尔和沃罗涅日合成橡胶联合股份公司。

它们的产品在工艺成分和性能上均有相似之处。产品对沥青改性的效果列于表 3-3。不过，在选用产品时必须考虑下述因素：

（1）苯乙烯含量不得超过 40％；

（2）丁二烯胶膜“黏结”能力应达到最高程度（80％以上）。

如果不能实现此项指标，那么只有提高聚合物的用量才能形成聚苯乙烯网络结构。

上述指标只有在条件完备的化工实验室才能被检测到，因为 X 射线和红外线均不能对此项指标作出评估（与聚苯乙烯分子量不同，却会显示出同一种光谱带）。

考虑到此种情况，最好选择能保证质量和在生产阶段进行全程工艺监督的可靠供应商。

鉴于所列举的一些资料，当掌握了改性胶结混合料的拌制过程中的具体生产工艺后，我们推荐使用克拉通 Д1101CS。

应该注意到在白俄罗斯条件下，能够说明沥青混凝土混合料性能的资料数据还很少。大多数研究人员仅关注到了高温下，如何提高沥青混凝土的稳定性及抗疲劳强度。至于其抗裂性能和抗冻性能，这方面的数据仍显得有些相互矛盾。

与此同时，将不同共聚物组合起来使用也有其负面影响。首先这种乙烯物质需经长时间溶解过程才能提高它的工艺黏度，其黏度提高后才能加入到高温混合料中进行拌制。

共聚物型号及其出厂指标 表 3-3

产品名称	生产厂家	地　址	产品简明特征
克拉通 Д1101CS	舍尔公司	PO BOX 38000 1030 BN AMSTERDAM NETHERLANDS TEL.（31）20－6302698/莫斯科 （121069），特鲁布尼科夫斯基巷、30a。 电话：(095) 2586900	含 31％苯乙烯加粉多孔颗粒。既可用于沥青改性，也可用于生产乳液。缺点是溶解时能耗太高
克拉通 Д1101CM			粉状、含 SiO_2 达 10％。产品易溶，聚合物含量高时对沥青改性效果特别好。由于 SiO_2 含量高，加工乳化沥青时可能较困难

续上表

产品名称	生产厂家	地　　址	产品简明特征
克拉通 TR41135 (TR4113M)			含油聚合物（用颗粒或粉末）。优质环烷油含量达30%。易溶于沥青中，可改善沥青的流变性能。不过所用油料造价太高（此聚合物用于制鞋工业），从而使其优越性被抵消
ДСТ30—01（颗粒和粉末）	俄罗斯沃罗涅日合成橡胶联合股份公司	沃罗涅日市、394014、列宁大道、2号。电话：49-22-46	颗粒或粉状（按用户要求）。对沥青的影响接近克拉通Д。但由于苯乙烯分子量大，丁二烯链“黏结”程度小，稳定性及弹性较差

从1996年起，白俄罗斯共和国进行了使用改性胶结料的工业性试验工作。在建设M-1号公路上及多条明斯克城市道路建设中均使用了此类沥青。以舍尔公司提供的克拉通牌1101CS苯乙烯—丁二烯—苯乙烯（SBS）嵌段共聚物作为改性剂。在M-1号公路施工时，SBS用量为3%。在城市道路施工中SBS的用量为5%。

对已建成的路段观察表明，在大多数情况下并未体现出沥青混凝土中使用改性沥青有明显效果，所能看到的只是与普通沥青混凝土同样出现的腐蚀缺陷及温度裂缝。既然未出现重大的工艺性损坏，就有对沥青和沥青混凝土改性添加剂SBS进行详细分析的必要性。

曾编制出针入度相同而聚合物用量各异的胶结料表格（表3-4）。

改性胶结料力学性能 表 3-4

胶结料成分（%）		胶结料力学指标				
沥青＋增塑剂	克拉通SBS	25℃时针入度（0.1mm）	软化点环＋球（℃）	25℃时弹性恢复（%）	0℃时与碎石的黏结度（%）	脆点（℃）
100	0	70	48	12	0	−17
97	3	71	54	15	12	−20
95	5	70	63	26	85	−35

经对表中所列数据进行分析，证明聚合物对胶结料性能具有较好的效果，尤其是当聚合物含量为5%时。

同时，对沥青混凝土研究表明，尽管使胶结料在性能上有较大改观，但其在沥青混凝土上的使用效果并非总是令人满意。

沥青中掺加聚合物时需要注意两个方面：

(1) 用量方面；

(2) 质量方面。

用量方面反映的事实是，加入改性剂只有在达到一定用量的条件下才能显示出它的效果。

无争议的是，聚合物的用量多少应以能在胶结料中生成苯乙烯构架，即苯乙烯的“畴”能在彼此间形成连续桥为目的。为了解决这一问题，合理地是要引用渗滤理论，根据该理论说明形成结构的占有体积量应不低于16%。所以，苯乙烯所占整个比表面积应不少于0.16（16%）。

如果下式成立，则物质体表面积的上述条件将能达到：

$$C_1 \times m \times \frac{P_{cm}}{P_n} \times k = C \tag{3-43}$$

式中：C_1——整体共聚物中苯乙烯的含量；

m——加入沥青中共聚物所占含量；

P_n——共聚物的密度；

P_{cm}——苯乙烯的密度；

k——考虑到石油烯烃介质中共聚物体积增加的系数；

C——最高浓度，等于0.16。

式（3-43）可以计算出加入沥青以便形成渗滤构架的聚合物最少用量。

按照舍尔公司的研究数据可以取系数 k 等于9。

此时，对克拉通1101CS来说：

$$m=\frac{C\times P_n}{C_1\times P_{cm}\times k}=\frac{0.16\times 0.94}{0.31\times 0.18\times 9}=0.049=5\% \tag{3-44}$$

所以，加入聚合物的最低用量应为总量的5%左右。

也就是说，当聚合物用到这种程度，才能说明沥青中形成了聚合物结构，才可谈及沥青的真正改性。毫无疑问，加聚合物的效果在量小时也会显示出来。不过，只有在达到上述用量时，所有性能才真正改变，尤其表现在温度抗裂性能。此种情况与试验结果相符。

与此同时，量的因素回答不了沥青混凝土中使用改性沥青效果不充分的问题，即使聚合物含量达到了5%（表3-3）。在此，质量因素就显得尤为重要。

以克拉通型共聚物SBS为基础的沥青共聚物胶结料是一种双相系统，它由沥青介质及不能溶于介质的苯乙烯构成。

固态承载体上的两相系统行为（沥青混凝土中）将与胶结料本身的行为有着显著不同。这是因为苯乙烯的大分子在这方面具有较大能量，首先它将会附着在固体表面。

被吸附的大分子要经历构象，从而改变活动性。吸附能量越大则链长越短，关联环节所占比分就越大。因而可以认为沥青混凝土混合料大颗粒上的苯乙烯分子将保持足够的柔性和活动性。小颗粒上可能发生分子流动性的丢失，从而丧失聚合物沥青胶结料的改性效果。所以，应该保持最小厚度的沥青膜，有了沥青膜才能看到改性效果。如果沥青膜的厚度低于最佳厚度，改性后的效果就不那么明显。

为了验证上述规律，曾制作出具有较为合适薄膜厚度的混合料级配方案来拌制胶结料。在普通沥青中掺加含有5％的克拉通添加剂制成的改性沥青（加增塑剂或不加增塑剂）。

当温度为50～－30℃范围内时，对试件进行了强度试验。

依照规范要求的极限结构强度指标，评估出裂缝形成指数值和抗疲劳强度值。

经确定，高温下出现的任一种沥青膜厚度，均可观察到由于改性而产生强度上升的效果。但是，当其厚度少于8μm时效果就会逐渐变小。

当温度降至零度以下时，沥青膜厚度超过10μm才能显示出在抗疲劳强度及抗裂性能上显示出改性效果（图3-49、图3-50）。着重强调的是在温度较低时，添加SBS而又未进行充分混融增塑，无论是在抗疲劳或抗裂强度上都难以产生实际效果（图3-51）。

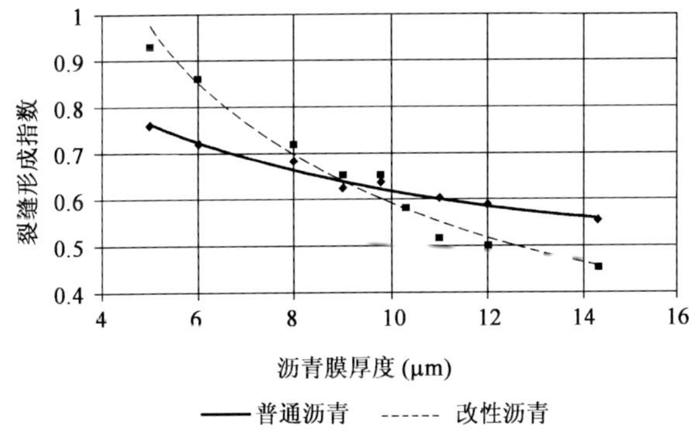

图3-49　极限结构强度与沥青膜厚度的关系曲线

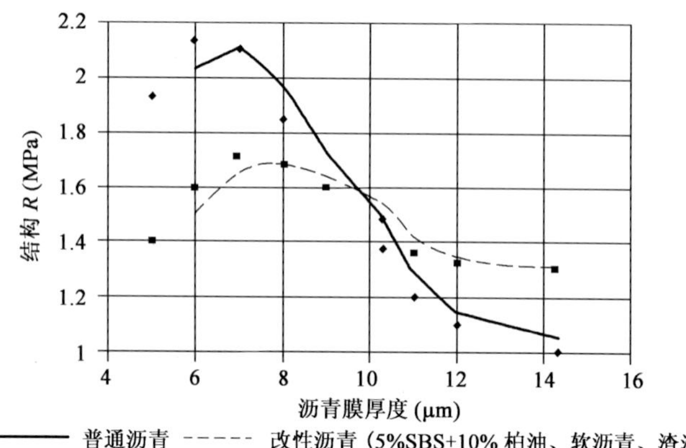

图 3-50 极限结构强度与沥青膜厚度间的关系曲线

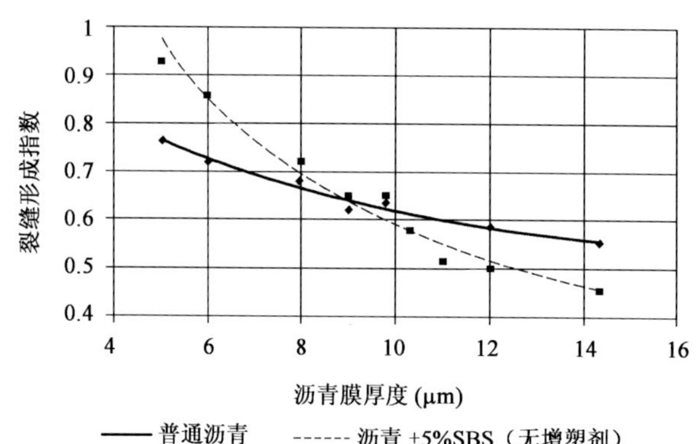

图 3-51 裂缝形成指数与沥青膜厚度间的关系曲线

所以，选择以沥青弹性体改性的沥青混凝土组合成分时，沥青膜的平均厚度应不低于 10μm。实际操作中要求增加碎石含量，把矿粉减少 30%～40%。与普通沥青混凝土相比，应将沥青的用量增加 10%～15%。考虑到类似情况，选出了沥青膜平均厚度大于 14μm 的组合成分。该成分示于表 3-5。

沥青混凝土集料级配及其性能 表 3-5

集料编号	集　料	指　标			
		R_{50}（MPa）	R_0（MPa）	R_c（MPa）	K_{MP3}^{50}
1（标准的）	花岗岩碎石 5～10mm 60% 花岗岩筛除物 10% 砂 28% 矿粉 2% 沥青 6.25%	1.3	1.37	4.25	0.53
2	同上 沥青＋3.5%SBS＋4%柏油	1.4	1.38	4.65	0.86
3	同上 60/90路用石油沥青＋5%SBS＋10%柏油（软沥青、渣油）	1.63	1.52	6.4	0.93

注：R_{50}——50℃时的压缩强度；

R_0——0℃时的劈裂强度（变形速度3mm/min）；

R_c——极限结构（最高）强度；

K_{MP3}^{50}——50次冻融循环后的抗冻系数。

经汇总分析表明，当SBS加入量达到3.5%时，温度抗裂效果并不突显，但寿命仍可提高20%～30%。根据沥青膜厚度要求的条件，设计出最佳组合成分时（薄膜厚度在10μm以上），寿命就可增长60%。

综合以上原因，经分析表明：

（1）在沥青中掺加SBS型聚合物后产生的效果仍不能保证沥青混凝土的可靠性和耐久性一定会提高；

(2) 为了提高沥青混凝土的耐久性，加入沥青中的SBS（带增塑剂）的用量应不低于5%，而且沥青膜的平均厚度不得少于10μm。实际上实现该条件的方法只是采用多碎石混凝土并增加沥青用量以及将细颗粒料的含量降至最低而已。

(3) 不论在沥青混凝土中加入何种聚合物添加剂，将所产生的效果进行比较时，必须先确定其试验的胶结料处在一个均等的可靠性水平（即针入度相同）。

近年来，独联体市场上出现了一些新的改性剂，例如："埃尔瓦洛伊AM"、"杜拉夫列克斯"、"布塔诺尔"、"扎佐比特"、"利科蒙"以及其他一些牌号。

"埃尔瓦洛伊AM"改性剂为热塑性塑料。该产品与传统的热塑性塑料的不同之处在于，沥青中含有的沥青质与聚合物中的活性簇群之间能形成反应互动，最终可生成空间格状网络；该网络结构由热弹性体塑料构成。结果，使改性沥青提高弹性并增强内聚力。加入的聚合物用量为1.5%～3%。总之，聚合物作用机理与EVA的作用相近。不过，它会产生更强的抗剥离性。改性沥青生产时的温度应控制在180～190℃之间，时间为20～30分钟。

按照B.A.佐洛塔列夫的资料，"埃尔瓦洛伊AM"聚合物具有明显的弹性特征，并且于时效后，仍保持着较好的脆性温度。沥青的标准性能指标变化与其他热塑性塑料作用下的性能指标相似（例如EVA），表明25℃时的针入度、延度、软化点、可塑性范围均有所扩大。与此同时，在0℃时的针入度实际上不会发生太大变化。以沥青加入"埃尔瓦洛伊AM"添加剂的沥青混凝土，在高温下具有高强度、耐水和热稳定性能。不仅使以上性能均得以提高，而且在施工工艺性能上也有某些改善。

不过，"埃尔瓦洛伊AM"的价格太贵，每吨大概在5 000美元左右，这仍不能将其看作是轻易可接受的改性剂。

从 2001 年起，ROFA Mobilbeton GmbH 开始在实践中采用聚合物添加剂“Duroflex　”（商品牌号为 WA-80）。该添加剂的优点在于，它可以不用预先进行沥青改性而被直接加入到搅拌机里。根据生产厂家的资料说明，添加剂 WA-80 是一种多组分复合料，它包含有两种聚合物以及有机纤维（图 3-52）。

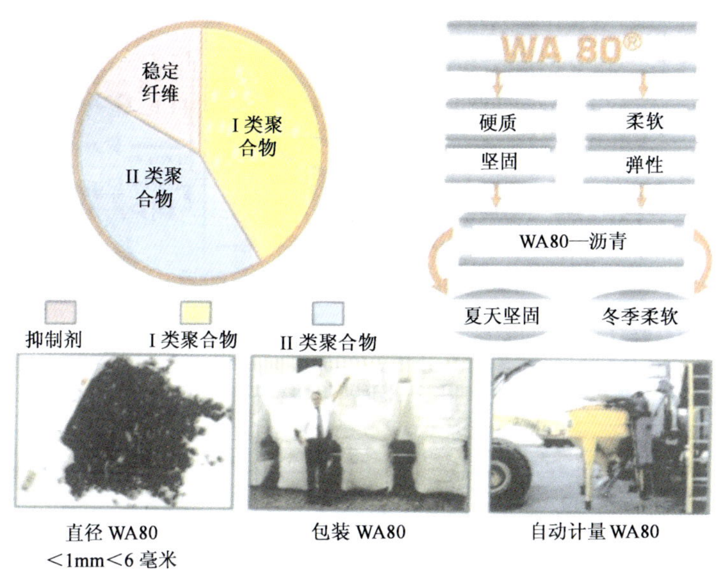

图 3-52　添加剂 WA80 的成分及特点

添加剂可用于旧沥青混凝土的再生加工中，能够加强预防辙槽的形成，从而提高路面的承载能力。

为了对胶结料进行对比评估，我们制作了试验用组分：

（1）以添加剂“Duroflex　”为基础；

（2）添加剂“Duroflex　”的用量各为路用石油沥青 60/90 总量的 5%、10%、15%。

道路建筑添加剂的用量分别占路用石油沥青 60/90 总量的 2%、3.5%和 5%。

对胶结料的各种试验组分进行了试验，并且用“ИВУС-1”黏弹性能测量仪进行了测量。根据研究结果确定出下述指标：

（1）温度－10℃时的弹性模量；

（2）温度－10℃时的动弹性模量；

（3）温度－10℃时的克利文－福伊格特模型黏度；

（4）温度－10℃时的马克斯维尔模型黏度。

试验结果列于表 3-6。

确定胶结料流变特征的结果 表 3-6

成分名称	弹性模量（MPa）	动力模量（MPa）	克利文—福伊格特模型黏度（Pa·s）	马克斯维尔模型黏度（Pa·s）
“Duroflex®”取道路石油沥青 60/90 总量的 5%	109	2 900	5.4 E+0.7	2.89 E+0.9
“Duroflex®”取道路石油沥青 60/90 总量的 10%	106	2 170	3.9 E+0.7	2.26 E+0.9
“Duroflex®”取道路石油沥青 60/90 总量的 15%	104	1 995	4.9 E+0.7	1.66 E+0.9
建筑标准道路石油沥青 60/90 总量的 2%	105	2 140	5.4 E+0.7	1.77 E+0.9
建筑标准道路石油沥青 60/90 总量的 3.5%	106	2 275	5.6 E+0.7	1.94 E+0.9

续上表

成分名称	弹性模量（MPa）	动力模量（MPa）	克利文—福伊格特模型黏度（Pa·s）	马克斯维尔模型黏度（Pa·s）
建筑标准道路石油沥青 60/90 总量的 5%	108	2 615	5.3 E+0.7	2.34 E+0.9
道路石油沥青 60/90	106	2 220	4.7E+0.7	2.14E+0.9

根据进行的研究可以得出结论，掺入聚合物添加剂后确能改善沥青混凝土的品质（见沥青玛蹄脂碎石混凝土 SMA 的研究举例）。所以，与道路建筑添加剂相比，能更大程度地提高抗剪切指标（内摩擦角和内聚力）。此时，正如二乙烯苯乙烯热塑性塑料那样，未见温度抗裂指标明显下降，也未见沥青黏度明显下降，沥青用量反而有所下降，这些都表现得很明显。

此种添加剂的优点之一主要表现在它的工艺性能方面。对胶结料（SMA）沥青含量高的沥青混凝土来说，应该注意到添加剂能促使沥青形成结构并可防止它在使用热塑性塑料后，仍能达到某种程度上的流动性。

“Butonal”型添加剂为丁二烯苯乙烯橡胶胶乳。这种胶乳可用于制备改性乳化沥青和改性沥青混凝土。按生产厂家提供的资料，“Butonal”型添加剂可使寿命提高 50%到一倍。毫无疑问，这些数据并不适合白俄罗斯条件。要评估该添加剂的效能尚须进行补充研究。

“扎佐比特”和“利科蒙”型添加剂为酰胺蜂蜡，主要用于低温下对混合料的工艺性能进行改善。抗塑性变形强度未见所期望的那样有明显提高。

西欧各国为改善沥青和沥青混凝土的性能，他们均使用天然橡胶添加剂。

这种添加剂以分装形式由委内瑞拉（百慕大矿产地）或从特立尼达（特立尼达湖）均以分别包装的形式进入市场。天然沥青中富含生成焦油质的酸类（聚环烷酸）和具有活性化学作用的化合物及高黏稠沥青胶。天然沥青中所含的这些物质均有助于提高沥青的黏附性、温度稳定性及抗老化性能。依据单一工艺流程，可将类似于纤维的添加剂掺入到聚乙烯类高分子聚合物中。尽管这种添加剂在西欧各国（特别是德国）使用已很广泛，但在白俄罗斯暂时还未曾见到使用效果的相关资料。考虑到天然沥青价格相当高（每吨 800 欧元左右），它可能造成其他添加剂的竞争。

至于内摩擦角值的调整，可用改变碎石的形状、尺寸大小和表面状况来实现。

结果，立方体形碎石可使抗辙槽形成的可靠性提高 30%到一倍（图 3-53）。

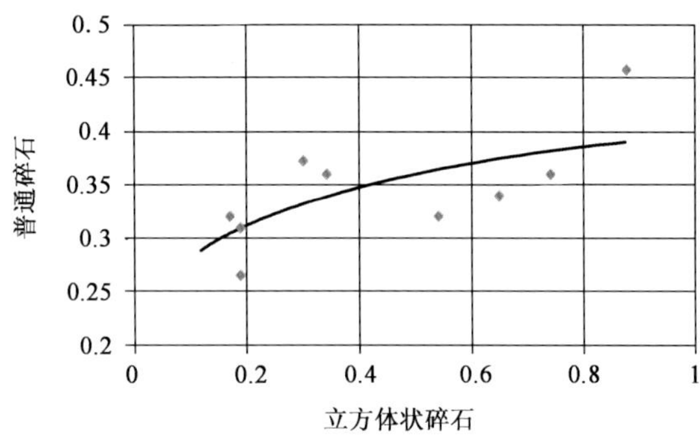

图 3-53　立方体状碎石与普通碎石沥青混凝土的抗塑性变形可靠性水平间的关系曲线（混合料中两种碎石的含量相同）

以粉状、浆状或不同复合形式的添加物加入到矿物胶结料中，能有效地提高抗塑性变形能力。此类材料被称之为有机水硬性胶结混凝土（OГB）。将在第6章中对这种新材料进行详细阐述。

3.4 预防路面塑性变形的基本措施

3.4.1 设计阶段对预防塑性变形应采取的措施

在编制路面设计，完成路面计算以及选择结构层材料时，为了保证具有抗塑性变形的措施，首先需要：

（1）选定计算车型及其参数；

（2）从抗塑性变形观点看，要确定最佳路面结构；

（3）选择材料并确定（或规定）其计算特征；

（4）进行应力变形状态的计算并检测抗剪切条件；

（5）当条件难以满足要求时，对路面材料的结构或计算说明书进行修正。

在设计非刚性路面时，取相当于计算交通工具中的双轮轴极限轴载为计算荷载。

为进行计算应采用三种不同的单轴荷载量：

（1）A1-100kN；

（2）A2-115kN；

（3）A3-130kN。

计算车辆的选择要在对车流量的实际强度、路面可靠性及公路级别分析的基础上按文献［39］中的方法进行。

路面结构的选择要在标准设计图纸和现有经验的基础上进行。

如果路面各层以高弹性密级配组合料铺装，那么下面的承重层则要用高强度的刚性材料铺垫，建议采用第3.3.3节所列举的方法实施。

在车辆多起步的制动区段（十字路口、公交停靠站）可以

采用高抗剪切结构(图3-54)。根据文献[39]中按照白俄罗斯已

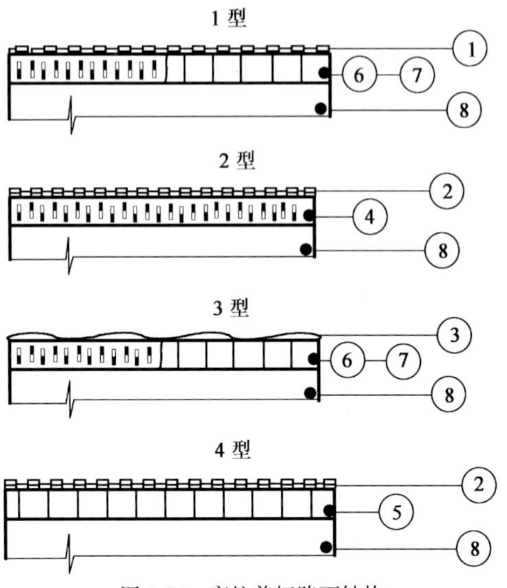

图 3-54　高抗剪切路面结构

1-单层表面处治;2-双层表面处治;3-稀浆封层;4-有机水硬性胶结混凝土层;5-文献［38］中的细集料多空隙沥青混凝土层;6-文献［38］中的细集料多空隙沥青混凝土层;7-有机水硬性胶结混凝土层;8-下层结构层

编制的标准规范，建议采用下述材料铺装路面。

(1) 白俄罗斯国家标准 1257—2201《热沥青矿物浇注式混合料和沥青浇注技术规范》中规定的沥青矿物热浇注型混合料的集料级配见表 3-7。

集 料 级 配　　表 3-7

小于以下粒径（mm）矿料质量百分比（%）										
40	20	15	10	5	2.5	1.25	0.63	0.315	0.14	0.071
—	97～100	93～97	87～93	55～68	47～70	32～43	21～29	20～25	19～23	21～24

路面层铺装好后立即撒上 2～4mm 或 4～6mm 的碎石，随即用中型压路机碾压平整并扫除多余未黏结的碎石。

（2）按白俄罗斯国家标准 1033—2004：《沥青混凝土碎石—玛蹄脂热混合料》的要求实施；

（3）按白俄罗斯国家标准 1033—04：《机场道路用沥青混凝土混合料及沥青混凝土技术规范》中规定的细粒式密集配 A 类 I 型与之相符，残余空隙率 2%～3%、水饱和状态 1%～2%。

下承重层方案：

（1）按白俄罗斯国家标准 1033—04：《机场道路用沥青混凝土混合料及沥青混凝土技术规范》中规定的粗集料多空隙热沥青混凝土与之相符。

（2）粗粒式密级配 A 类 I 型热沥青混凝土与白俄罗斯国家标准 1033—04：《机场道路用沥青混凝土混合料及沥青混凝土技术规范》中规定的相符，残余空隙率不大于 5%、水饱和状态不大于 3%。

（3）细粒式密级配热沥青混凝土混合料 I 型符合白俄罗斯国家标准 1033—04：《机场道路用沥青混凝土混合料及沥青混凝土技术规范》其集料级配如表 3-8 所列。

集 料 级 配 表 3-8

小于以下粒径（mm）矿料质量百分比（%）										
40	20	15	10	5	2.5	1.25	0.63	0.315	0.14	0.071
—	95～100	65～75	45～53	27～32	18～25	14～21	10～18	8～15	5～13	4～8

（4）细粒式密级配 I 型热沥青混凝土混合料符合白俄罗斯国家标准 1033－04：《机场道路用沥青混凝土混合料及沥青混凝土》，残余空隙率不超过 5%、水饱和状态不超过 3%，颗粒成分见表 3-8。

（5）有机水硬性胶结混合料分为三类，I、II、III 型均应符合白俄罗斯国家标准 1415－2003：《有机水硬性胶结混凝土技术规范》。

为保证抗剪切性能，上下两层所用沥青标号应为 60/90 或

40/60。建议使用改性沥青。应注意，可单独使用改性沥青或标号40/60的沥青来保证制动区段和停车站的抗塑性变形。

为检验面层材料的抗塑性变形能力，必须通过试验按定额文件确定或规定其计算特征。这些特征有：

(1) 计算温度50℃时的弹性模量；

(2) 内摩擦角和内聚力。

在使用试验手段时，应该按第3.2节中所列方法。

选定面层材料和规定面层结构后开始进行计算。

计算目的是检验材料性能是否与路面中的抗剪切条件相符。在不能满足材料的剪切强度要求时，必须用抗剪切强度更高的材料予以替换，或者改变设计结构。

路面各层材料要按近似法计算受水平和垂直荷载（根据计算轴载）经长时间作用下的抗剪切能力。水平荷载的大小为垂直荷载的75%。如果计算轴载为115kN，那么加于单车道的昼夜总通过量，在寿命开始时，每昼夜超过500辆，便要考虑到水平分力荷载。取+50℃为计算温度。

用图3-55上所文简图进行计算。

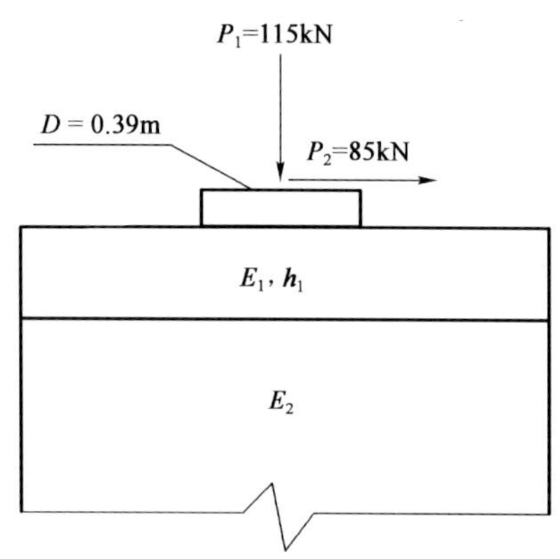

图3-55　确定剪应力所用计算简图

计算强度已知时，应采用下述计算值：

Ⅰ级—计算强度每昼夜 600 轴，计算荷载 115kN；

Ⅱ级—计算强度每昼夜 400 轴，计算荷载 115kN；

Ⅲ级—计算强度每昼夜 250 轴，计算荷载 115kN；

Ⅳ级—计算强度每昼夜 150 轴，计算荷载 100kN；

Ⅴ级—计算强度每昼夜 25 轴，计算荷载 100kN；

按照图 3-56～3-60 提供的诺模图，根据计算弹性模量分别为上下两层，确定实际剪应力（τ）和正应力（σ）。此时，可确定出最大剪应力面上的正应力。如果结构是由两层以上构成，那么下层的平均弹性模量（E_{cp}）按等效层法确定，而上层的弹性模量则按下式求出加权平均数：

$$E_{cp}=\frac{E_1\times h_1+E_2\times h_2+\cdots+E_n\times h_n}{h_1+h_2+\cdots+h_n} \tag{3-45}$$

为顾及荷载的水平分力，必须按诺模图 3-56、图 3-58 中确定的剪应力对上层增加一倍，对下层增加 40%。而按诺模图 3-57、图 3-59 确定的正应力对上层增加 70%，对下层增加 20%。当上下层间黏结力不足时，则必须把诺模图 3-58 确定的剪应力减少一半。

结果应该满足下式：

$$\tau\leqslant\frac{c\times k}{B_p\times K_3}+\sigma\times\tan\varphi \tag{3-46}$$

式中：τ 和 σ——按诺模图 3-56～图 3-59 确定的剪应力和正应力；

k——系数，等于 0.8；

c——内聚力（MPa）；

B_p——根据交通荷载作用强度和其不同类型，按图 3-60选用系数；

$\tan\varphi$——路面结构层材料的内摩擦角正切。

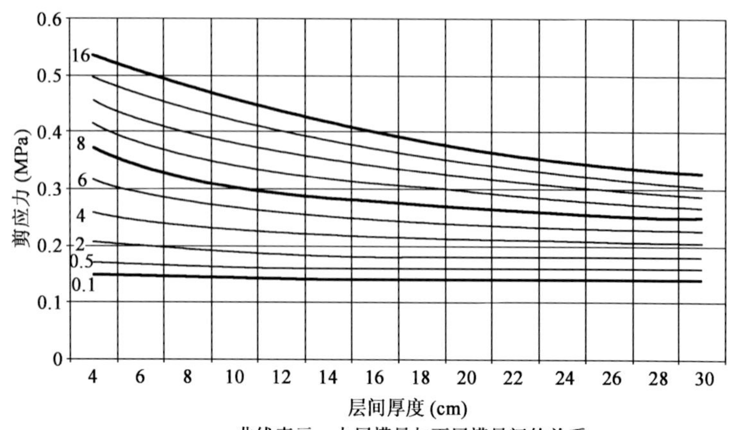

图 3-56　确定路面结构上层中的剪应力诺模图

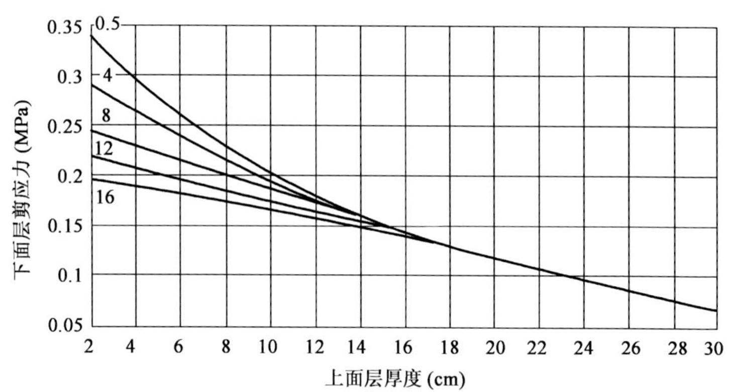

图 3-57　确定路面结构下面层中的剪应力诺模图

上部各层总厚度大于 30cm 时，超过 30cm 的部分，每公里应力会下降 0.001MPa，而正应力则上升 0.003MPa。

如果强度条件得不到满足，应明确将其提高的方案。可能有两条途径：

（1）材料学途径；

（2）结构学途径。

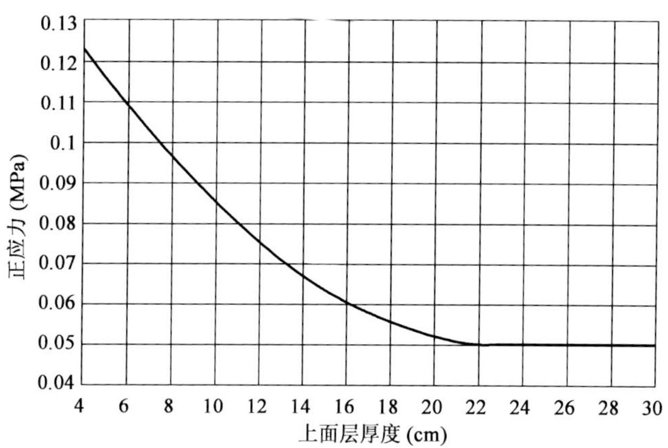

图 3-58 确定路面结构上面层中的正应力用图表

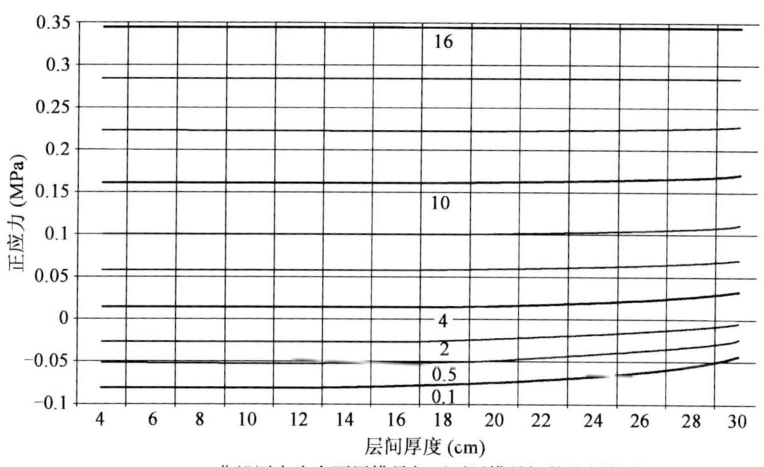

图 3-59 确定路面结构下面层中的正应力用诺模图

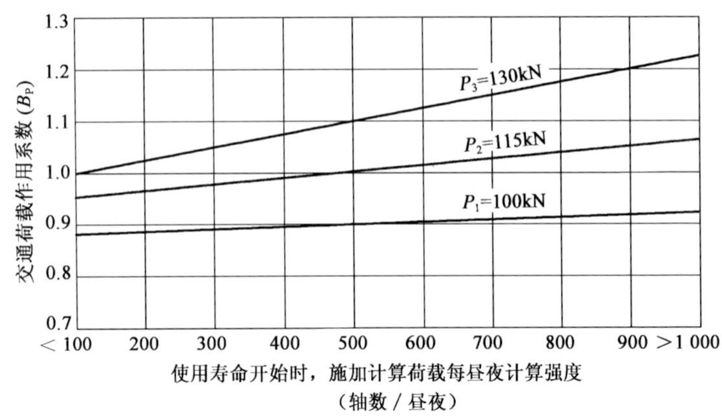

图 3-60　确定系数 B_P 所用的曲线图

材料学的基本方法是根据 3.3.3 节中所推荐，提高材料的计算指标。特别是可能要依靠改性来提高胶结料的黏度，原因在于改性形成了内聚作用、所用矿料的最佳化、掺加了一定量的水泥添加剂及水泥浆等等。

结构学的基本方法在于改变各层厚度，主要是加厚。可以从提高或降低原设计厚度来改变各层弹性模量间的关系。

一旦需要大修或改建时，应保证路面的抗剪切能力，这应作为单独问题考虑。

对路面进行大修改建和加固时，一定要根据道路养护规范 0219.1.21—2001 中的《公路综合检测法》对旧有路面各层进行检测，检测的基本项目是确定旧面层材料的计算指标。

对新、旧路面结构的各结构层按下述方法进行抗剪切计算：

（1）原始设计资料：

温度 50℃时，旧路面整体结构层材料设计的弹性模量（E_i^{50}）。

温度 50℃时，旧路面整体结构层材料的内摩擦角值（φ）和内聚力值（c）。

旧路面结构层的厚度（h_i）。

按道路养护规范 0219.1.21—2001 中的《公路综合检测法》确定的，考虑到旧路面整体结构层材料破损程度的抗剪切可靠性水平（P_1^{Ψ}）。

（2）对新、旧路面结构的各结构层均以新路面编制的方法（第 3.4.1 节）进行抗剪切计算。其优越性在于，旧层材料所用计算特征（50℃时的模量 E_i^{50}、内摩擦角 φ 和内聚力 c），均经过所涉及的破损程度（P_1^{Ψ}），其抗剪切可靠性水平值可予以修正。图 3-61 是抗剪切条件结构计算用示意图。

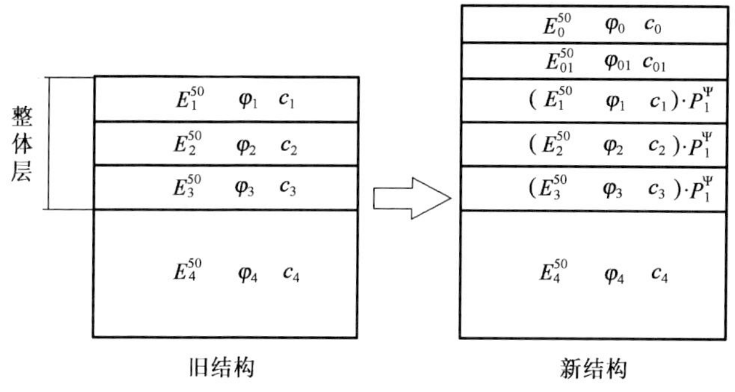

图 3-61 抗剪切标准结构计算用示意图

（3）当与抗剪切条件不符时，可用其他材料来铺装新层，以加大新层的厚度。还可追加拆除旧路面中的一层或数层（铣刨掉），去除旧层后必须检测路面结构的弯沉是否过大偏离正常值。

3.4.2 运营期间消除塑性变形应采取的方法

在路面正常运营过程中，一但出现塑性变形，证明设计施工阶段存在有失误。出现变形的可能原因也许是计算荷载或气候条件的反常变化造成的不测。

在使用过程中出现塑性变形首先要锁定其原因，经研究确定到底是那一层材料不能保证所需要的稳定性条件。

为此，一定要根据文献［38］和道路养护规范 0219.1.21—2001 中的《公路综合检测》做出判断。

如果出现变形的原因属于上面层，那么就应对下述方案进行研究：

（1）铣刨掉原有面层材料，以质量更高的材料来替换；

（2）保留原有面层材料，加铺新的沥青混凝土面层；

（3）旧有面层进行热“再生”，相当于重新加铺一层；

（4）旧有面层进行冷“再生”，相当于重新加铺一层；

（5）用乳化沥青拌矿料进行填补，以便消除路表面形成的坑槽。

如果问题出现在承重层或基层，那么情况就要复杂得多。不过同样也是采用以上所述方法。在采用以上措施的同时，还须考虑是否还须涉及面层以下各层。

让我们进一步作更详细的研究。

如果总可靠性水平对破损程度来说已达到了 0.5～0.7[79]，那么铣刨掉原有面层材料也是合理的。旧材料的拆除用冷铣刨的方法（图 3-62），按计算深度进行。如果出现的变形问题在下面层，那么整个面层的上下两层都要全部挖除。铣刨下来的沥青混凝土可作为下一步生产有机水硬性胶结混合料的辅助用料，也可与新拌沥青混凝土混合料掺配混用等。

如果旧面层材料具有足够高的可靠性水平，那么仍可将其保留。也可在原面层上加铺一层或两层新面层，以使层间厚度加大的办法来保证抗塑性变形。新铺装面层的厚度应能保证抗剪切条件（见第 3.4.1 节）。

相对来说，白俄罗斯市场上的新工艺均以面层的热、冷“再生”修复工艺为主。

热“再生”工艺有下述工序：

（1）将原面层加热至工作温度（100～140℃）

（2）将已加热的面层打碎并与新拌混合料混合，新料可达25%，或视情况补充沥青；

（3）摊铺混合料后再撒布细料作为薄磨耗层并压实。

图 3-62　以冷铣刨的办法撤除面层材料

此种施工工艺可用“维特根”公司制造的联合机组一次性完成（图 3-63）。

图 3-63　路面层热“再生”用联合机组

热“再生”的优越性在于所有工艺程序可以一趟做完，不足之处在于能耗太大。处治层深度仅在限定范围（一般 10cm 以下）。此外，所能加入的新材料用量也不能太大（一般不超过 25%）及处治深度也受限，有可能解决不了车流量过大且重载区段抗塑性变形的根本问题。

在这种层面上进行的冷“再生”所得到的效果是令人满意的。

冷“再生”设定为下列工艺：

（1）铣刨旧面层材料（可能连下面层甚或基层也一并铣刨掉）；

（2）将级配骨料颗粒与乳化沥青及浆状水泥强制充分拌和；

（3）摊铺混合料并压实；

（4）也可用泡沫沥青代替乳化沥青，这可以降低工程造价，也同样会提高混合材料的最终强度。

全部工序由“维特根”公司制造的联合机组（图 3-64）来完成。冷“再生”工艺的要点是能在集料中加入浆状水泥，这样就可以得到高抗塑性变形的有机水硬性胶结混凝土。冷“再生”能做到的深度可达 50cm。以上施工明显地扩大了该工艺使用的可能性。

冷“再生”还可将施工工艺分为两个阶段进行。先将冷铣刨切下的破碎路面层材料直接运往工厂，然后再制备成相应标号的有机水硬性胶结混凝土混合料，虽提高了成本，却可得到质量较高的混合料。

拌制此种混合料的多功能设备可方便地移动转场，在此设备上配备有 KMA—200 型电子计算器（图 3-65），能可靠轻松地进行自动化操控。

正在使用的面层，当其表面出现辙槽时，可采用摊铺乳化沥青与级配骨料搅拌的混合料对辙槽进行填补的方法。如果面层材

图 3-64　正在施工中的面层冷“再生”

图 3-65　有机水硬性胶结混凝土混合料移动拌和装置

料在使用过程中比较稳定，那么辙槽经填平后它的强度也不会有什么变化。当然，以此种工艺施工所产生的效果还是不错的。此工艺已在中国获得了广泛的应用（图 3-66、图 3-67）。在白俄罗斯也见有采用的。

路面在使用过程中，特别是每一年的炎热季节，当材料的

图 3-66　中国在其干线公路上的辙槽被修复后的状况

图 3-67　中国对上坡处的面层形成辙槽处进行修复后的状况

抗塑性变形强度不足时，不得不面对限制大载重量车辆通行的问题。对原计划与现在上路的载重汽车形成的反差来说，早期公路存在的问题就显得尤为突出。这里我们应解决如下两个问题：

（1）限制车辆通行时的面层最高温度，即高温限制；

（2）限制计算温度下交通工具荷载的极限水平，即绝不允许超载。

用下述方式确定允许车辆通行的面层最高温度，以便使公路通行时限得以扩展：

（1）选用含有机胶结料的面层及其他结构层材料的试件（在不少于 7 000m^2 面积上，钻取芯样不得少于 2 个）。在实验室条件下，评估温度 40℃、50℃、60℃时的弹性模量、内摩擦角形成的单位内聚力系数值（根据道路养护规范 0219.1.21－2001，要考虑到可靠性水平及破损程度 $P_1{}^{\Psi}$）。

（2）确定计算荷载。计算出三种温度下的储备系数值并以对数比例绘制出储备系数与温度间的关系图表（图 3-68）。

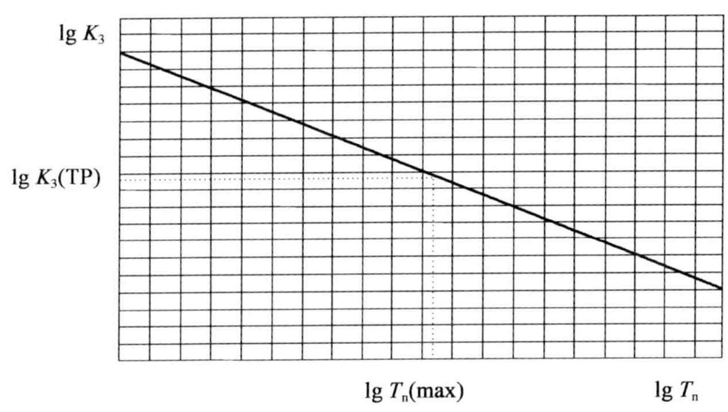

图 3-68　根据温度确定强度储备系数用简图

（3）此图表是以含有有机胶结料铺筑的结构层而绘制。

（4）找出与要求的储备系数和可靠性水平相一致的温度值。以各结构层中温度最低的那一层为准而进行控制。

（5）可按下述关系由面层温度转而确定空气最高极限温度：

$$T_n = 2 \times T_B \tag{3-47}$$

式中：T_B——空气温度（℃）；

T_n——路面层温度（℃）。

确定计算温度下的最大允许荷载：

（1）取计算温度为 50℃，并依照前面所述，确定规定温度下的计算指标。

（2）给出计算荷载分别为：6t、8t、10t、11.5t、13t，确定出强度储备系数值。

（3）以对数比例绘制出强度储备系数与计算荷载值的关系图表（图 3-69）。

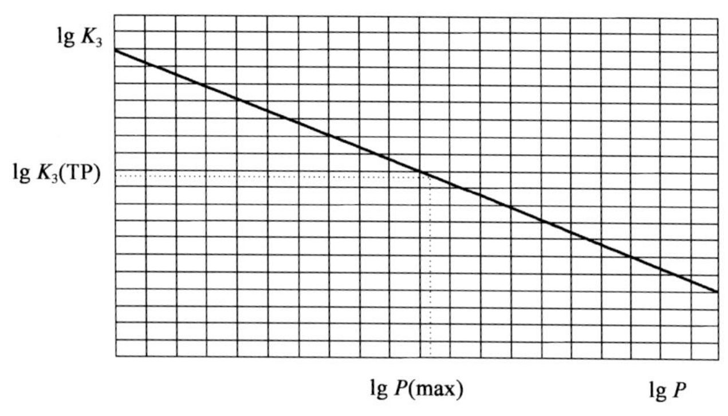

图 3-69　在计算温度为 50℃时的强度储备系数与荷载间的关系

（4）按要求以最低强度储备系数值找出允许的极限轴载水平，并在面层温度超过 50℃时（或空气温度超过 25℃时），必须对其加以限制，即决不允许超载。

4 路面脆性变形原因及消除方法

4.1 路面裂缝的分类与分级

一般情况下，可以把路面层上的脆性变形（裂缝）分为下述类型：

（1）温度裂缝；

（2）强度强力裂缝；

（3）疲劳裂缝；

（4）施工裂缝；

（5）反射裂缝。

温度裂缝分为纵向裂缝和横向裂缝，两条横向裂缝相距 2～50m（图 4-1）。

图 4-1 沥青混凝土面层上的裂缝

面层上形成的裂缝，其产生的基本原因在于低温区沥青混凝土的变形能力不足、沥青混凝土过度老化、沥青混凝土成分中的黏性沥青含有高油分惰性物质等等。

温度裂缝一般横贯于整个面层。

出现温度裂缝是由于材料在冷却时，受到随意性的挤压引起的热应力效应。起初，偶尔会出现一些相距 25～50m 的裂缝。

新建面层一般可正常使用 2～3 年。随后，显露出来的裂缝间的距离逐步缩小，裂缝明显增多。当路面运营 6～8 年后，裂缝的间距会处于 2～6m 范围内，并处于相对平衡的状态。在与白俄罗斯相近的气候条件下，由于热应力效应，材料在发生老化和疲劳过程中，要想避免在标准沥青混凝土面层上出现温度裂缝，实际上几乎是不可能的（按白俄罗斯标准 1033）。

强力裂缝是由于基层或底基层的巨大变形，以及交通荷载过高而导致的温度裂缝，由于进一步受到破坏而引起。强力裂缝甚至会在路表面形成高度超过 1cm 的落差（图 4-2）。

图 4-2　沥青混凝土面层形成的强度裂缝

疲劳裂缝大多是由于抗疲劳变形的性能不足而形成，大多以网状龟裂形式出现，间距为 20～50m（图 4-3）。

疲劳变形是由于交通荷载的反复作用，材料结构中的破损积累加剧及被进一步破坏所致。这种变形为最危险的变形之一，因

图 4-3 沥青混凝土路面发生疲劳变形造成的网状龟裂

为表观不明显，看似不需要处治，但后果却会导致整个路面的毁坏。

工艺裂缝是在加铺新面层时，相邻两幅间结合处的搭接质量不高所致（图 4-4）。当接口质量不高时，接口处会随着时间的推移而裸露，并在气候因素和交通荷载的作用下开裂。

图 4-4 路面层形成的工艺性龟裂

面层上的工艺性裂缝形成原因是：

（1）摊铺面层时，两相邻车道之间混合料的黏结力不够；

（2）摊铺时，沥青混合料发生分层、离析；

（3）摊铺沥青混凝土时两幅搭接处果未经压实，应注意混合料空隙过大、水饱和超标等问题；

（4）摊铺沥青混凝土时，未严格按照工艺规范去做。

施工裂缝是一类危险性较小的变形，该类裂缝较易纠正和消除。

反射裂缝通常为面层中的纵向及横向裂缝，一般发生在下面层或基层已形成裂缝的地方。反射裂缝往往发生在已变形的水泥混凝土基层上，当加铺沥青混凝土面层时，或是在有裂缝的旧面层上加铺新沥青混凝土面层时（中修及大修），较易出现。反射裂缝出现的原因是，由于面层受冷收缩使裂缝区域形成收缩变形而产生了应力集中。

与温度裂缝不同的是，反射裂缝在路面使用的最初一年就会出现，裂缝宽度还相当大，轮廓边缘也较平整（图 4-5）。

图 4-5　面层上的反射性裂缝

面层上的强度裂缝和反射裂缝形成的原因：

（1）由于刚性材料作基层而存在；

（2）基层与面层材料的力学指标差异过大；

（3）面层铺设在有破损的基层之上，而基层本身又会由于某个部位的下沉使面层形成裂缝。

强力裂缝和反射裂缝所具有的特点是，裂缝边沿存在垂直或水平方向上的移位。

反射裂缝也是相当危险的一种变形，因为它们牵涉到路面各层的整个结构并使整个路面的承载能力明显下降。在经过一定使用期后，反射裂缝便会发展到强力裂缝这一类型。

4.2　材料易出现脆性变形的特征及评估方法

沥青混凝土的非连续（颗粒状）系统和复合材料所具备的流变性能也显示在承担发生脆性和疲劳变形的特征上。

矿物成分在很大程度上决定着热物理学和强度性能。有机胶结料具备制约由于温度和加载条件而形成的变形的特点。

材料抵抗出现各类裂缝的能力可由下述综合性能来确定：

（1）热物理性能；

（2）变形性能；

（3）强度性能；

（4）疲劳性能。

热物理性能承担温时场扩散、温度变化、材料外形以及尺寸大小的改变。

属于沥青混凝土性能及类似材料性能的，在文献［3］中还列举有：

由温度传导系数表示路面特征的导热性或导温性。

由比热系数评估的比热。

当温度变化时，材料有保持其表面热量的能力，这就表明材料具有热吸收能力的特点。

热胀系数，对材料抗温度裂缝极其重要。应将线胀系数与体胀系数加以区别。对于评估抗温度裂缝最常用的还是线胀系数。其计算公式如下：

$$\alpha = \frac{\Delta l}{l_0 \Delta T}(1/℃) \tag{4-1}$$

式中：l_0——试件原始长度；

Δl——在加热（或冷却）至 ΔT℃时，试件伸缩长度的变化量。

为了确定温度升高时的线胀系数，一般使用石英膨胀计。

在评估面层材料的应力状态时，温度变化的参数量特别重要。α 值越小，避免出现温度变形的可能性就越大，抑制变形的能力也就越大。假如能出现 α 值为零的情况，那么温度裂缝问题就能彻底解决，但这是不可能的。

也可以参考使用已有的资料数据，沥青混凝土的温度线胀系数平均在 8×10^{-6}～2.5×10^{-5} 范围内变动。

为获取应力变形状态与温度差异及交通荷载作用间的相互关系，必须研究变形性能。采用第 3.2 节所列各项特征作为变形指标是合理的。也就是说，最佳方案应是在各种温度条件下绘制出应力应变曲线，以便在计算应力变形状态时使用。也可采用模拟方式。此时，松弛模量充当主要的变形特征，确定松弛模量应使用式（3-5）～式（3-7）。随后应当考虑到的只是计算温度的变化量。

当然，可以把松弛模量（E_t）视作为主要的变形特征，确定此模量方法的阐述在第 3.2 节。

导致出现裂缝的强度将会各不相同。既然温度变形和疲劳变形都是在破损积累过程中引起的，并且按脆性破坏结构发生，强度将由下式来确定：

$$\Psi_{\Phi} \leqslant [\Psi] \tag{4-2}$$

式中：Ψ_{Φ}——面层材料破损的实际水平；

$[\Psi]$——易损性的极限允许水平。

强度计算可利用式（1-59）和式（1-60）进行。

所以，可认为下述各项是衡量出现脆性裂缝最重要的材料评价指标：

线性温胀系数（α）；

计算用低温条件下的松弛模量（E_t）；

极限结构强度（R_c）；

最大弹性模量（E_c）；

易损性水平（Ψ）。

当确定承担抗裂强度的材料性能时，其复杂性在于，必须考虑由温度造成的性能变化。因为，在温度变化的情况下，材料性能在温度的变化全过程中具有不确定性，即常常会遇到瞬间发生的变化。

一般情况下，松弛模量取决于交通荷载作用的时间及温度。既然冷却时间占据了很大的温时区间，那么要确认松弛模量值就应对准参数的较宽区域。由于对大量试验数据进行了处理，结果取得了松弛模量与时间对温度为 0℃时的最终关系（图 4-6）。引用的系数与温度间的关系示于图 4-7。

此种关系可以确定任一温时段的松弛模量。

例如，为了确定在－20℃时及冷却时间为 10 000s 时的模量，必须按图 4-7 中的 $T-T_0=-20$℃，得以获取 $\lg a_m=1.0$。然后，确定引用时间 tant＝lg10 000－$\lg a_m=+3$。按图 4-6 找出值 $\lg E=2.3$MPa。这种方法可以在进行计算时给出任何松弛模量，利用其温时效应产生变化的通用规律获得任一种材料所对应的应力值。

疲劳性能特征可以用材料破损积累程度来表达。也就是，必

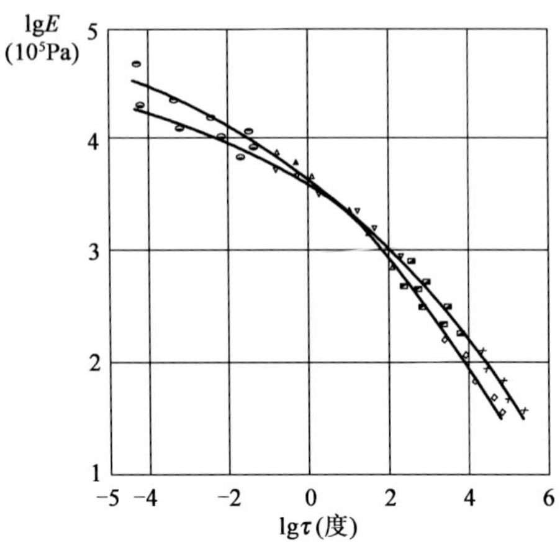

图 4-6　松弛模量在温度为 0℃时与时间的关系
1-改性沥青混凝土；2-基质沥青混凝土

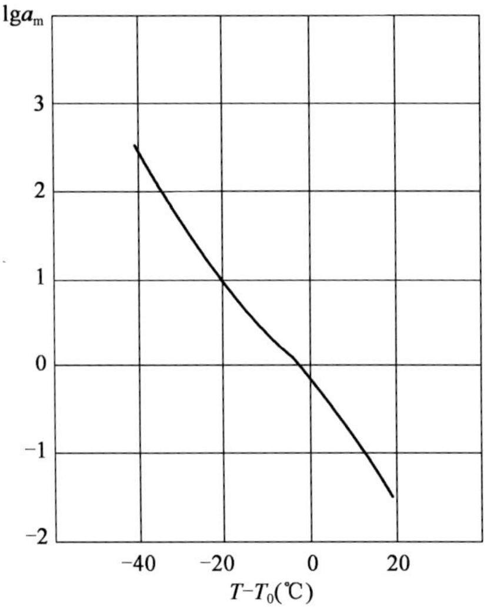

图 4-7　引用相关系数与温度间的关系曲线

须了解并确定易损性水平 Ψ。确定易损性水平 Ψ 的基本原理及方法另陈述于第 1.2 节。

更详细地研究一下实际操作过程。

依靠第 1.2 节中所列破损积累的动力学基本原理，用理论计算方法就能获取正在使用中的路面层材料的易损性水平。

为此，必须评估受到交通荷载和天气气候因素的影响而产生的破损积累水平 Ψ，并且使之与考虑到可与逆转效果相关而形成的统一标准。下面将列举出易损性水平 Ψ 的计算方法。

根据道路标准规范 0219.1.21—2001 中“公路综合检测”所述的易损性水平，可以借助于材料在面层和在实验室中进行试验的基础上，用试验方法予以确定。

面层材料的易损性水平（Ψ）是在确定旧有面层（$P_{运营}$）和改变试件（P_0）沥青混凝土这项指标的基础上，按图 4-8 关系曲线进行计算。可以按照未改变试样进行试验的方法（例如动力压入法，见第 3.2 节）确定水饱和（W）或者是弹性模量（E）作为沥青混凝土（$P_{运营}$ 和 P_0）的各单项指标。

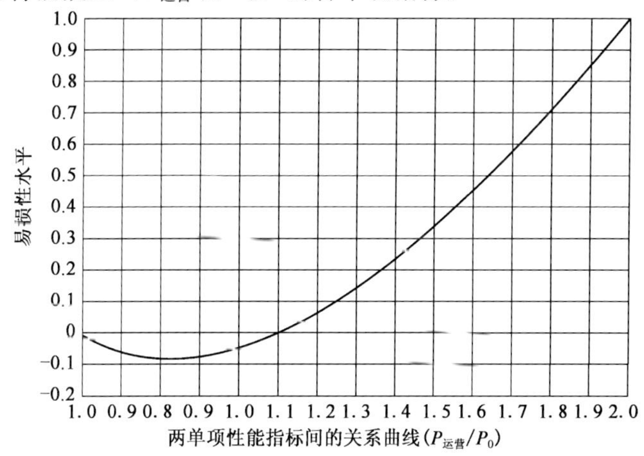

图 4-8 易损性水平与性能指标间的关系曲线

实际易损性水平与交通荷载间的关系按下述方法进行计算：

（1）确定分季节的车辆强度：

$$N_{季节} = N_c \times \alpha \tag{4-3}$$

从季节对应表 4.2.1 中找出与之相应的 α 值。

（2）确定每个季节的极限加载循环量：

$$N^n_{季节} = \left(\beta \frac{R_u}{\sigma}\right)^m \tag{4-4}$$

从季节对应表 4-1 中找出与之相应的 β 、m 值。

季节对应表 表 4-1

	春	夏	秋	冬
α	0.096	0.41	0.22	0.274
β	1	2	0，92	3
m	7.8	8.7	9.4	8.5

（3）确定各季节的工作能力水平。

①春季：

$$F_В = 1 - \frac{N_В}{N^n_В} \tag{4-5}$$

②夏季：

$$F_Л = 1 - \frac{N_Л}{N^n_Л} \tag{4-6}$$

③秋季：

$$F_О = 1 - \frac{N_О}{N^n_О} \tag{4-7}$$

④冬季：

$$F_З = 1 - \frac{N_З}{N^n_З} \tag{4-8}$$

（4）在式（1-58）的基础上，计算出换算成春季时的工作能力水平：

$$F_{\text{o}} = F_{\text{в}} - \left(1 - \frac{0.9 \times R_{\text{u}}}{R_{\text{c}}}\right) \times (1 - F_{\text{л}}) - \left(1 - \frac{0.2 \times R_{\text{u}}}{R_{\text{c}}}\right) \times (1 - F_{\text{o}}) - \left(1 - \frac{0.8 \times R_{\text{u}}}{R_{\text{c}}}\right) \times (1 - F_{\text{з}}) \tag{4-9}$$

（5）确定总的易损性水平：

$$\Psi_{\text{o}} = 1 - F_{\text{o}}^{3.8 \times (1 - F_{\text{o}}) - 0.4} \tag{4-10}$$

能够直接客观地对温度抗裂方法进行实际评估并不存在。把试件放在石英或铁镍合金钢夹具里进行冷却，这属于温度抗裂评估法。不过，要将试件冷却到使用温度（－20～ －30℃），以达到试件破坏的地步，实际上是不会成功的。EЭС（欧洲经济共同体）用的评估方法以诺丁汉仪来测定抗裂强度（图 4-9），它以拉伸法测定变形，以此方法即可确定试件的强度。当然，这还不能将它归于直接法。

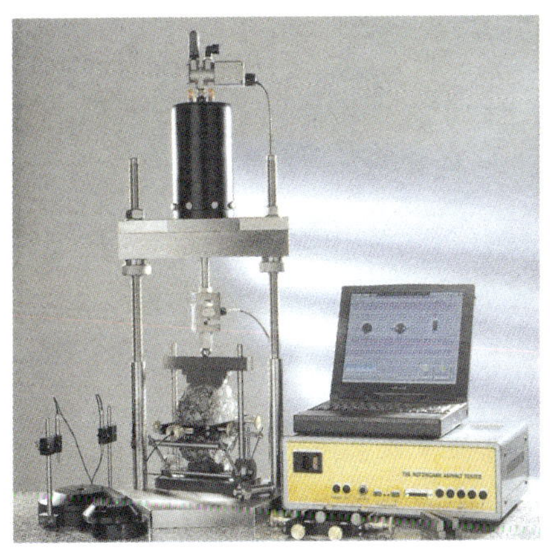

图 4-9　诺丁汉沥青混凝土抗裂检测仪

评估破损程度基本上只有在实验室进行。循环加载时，用仪器记录数据并确定材料的性能（图 4-10）。“舍尔”公司实验室用的仪器（图 4-11）可被认作是上述仪器的原型。夹在铁镍钢质夹具中时，试件以在冷却过程中由于冷缩后断裂产生的响声

(爆裂声)效果来作出判断。

图 4-10　材料循环加载性能检测仪

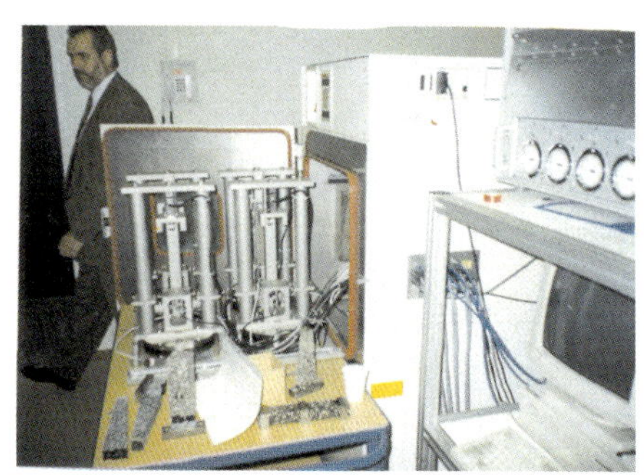

图 4-11　试件冷却效应探测仪

该仪器被认为是记录易损性水平最为成功的仪器。

作者为了评估破损程度，曾经使用过这种射频噪声收集仪，并感受到这种仪器确实有它一定的功效。

最为复杂的是，在荷载和天气气候因素的作用影响下，有步骤地进行材料结构中破损积累动力学的确认工作。为了获取尽可能与实际相符的图像资料，也曾使用过许多别的方法。例如：超声波探伤检查法、强度和变形特征直接测量法及特制的射线定位检测法等等。还有依靠射线对微小裂隙进行定位的方法，其实质如下：微裂隙的发生及发展与其所耗机械能量有关，机械能耗在造成微裂隙的整体表面形成自由能，并在其表面会相对移动产生一点距离。如果微裂隙以某种尺寸增大，那么裂隙的自由能就会升高。由于分子间的结合（共价的、离子的）形成断裂，在微裂隙表面就会形成非代偿性电离层。每个微裂隙都会形成一种相似的电偶极子。裂缝的逐步增加或被消除均会使偶极矩发生改变，并使偶极型式的电磁波，即射频噪声发射出来。这就要设法找到能将这些波形的噪声收集并记录下来，然后对其作进一步判断的科学方法。

实际应用此方法是以一种特殊的装置来完成的（图 4-12）。由设备和被压缩的试件共同造成的射频噪声信号被直接输入到接收器中的 3、4、5 中进行放大并被记录下来。环形天线 3 及初级放大器一起被安置在被试验的试件旁边。直接接收放大器上的装置中配有装入匣子中的模拟信号处理器及独立的辅助供电系统。信号由模拟信号处理器装置 4 再到光谱分析仪 6 的输入端。由光谱输出端传至自动记录仪 7，并同时在示波器 8 上显示出来。

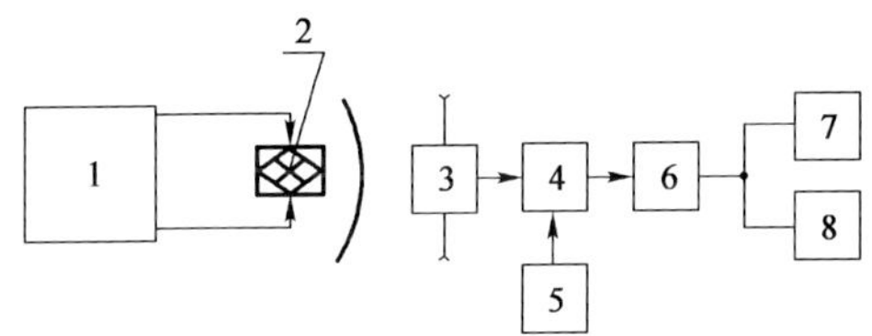

图 4-12 射频噪声收集记录仪示意图

微裂隙可用下述方式被记录下来：

（1）收集记录出的射频噪声波形图［图 4-13a)］。

（2）检测出未被破坏试件结构的射频噪声波形图并将 AB 区段予以确认。该区段与微裂隙形成的射频波电信号是相一致的。

（3）如果试件受到一定作用力并在其结构中形成了微裂隙，那么 AB 区段的长度就将被改变。裂缝越多，区段长度越小［图

4-13b)]，按照 AB 区段长度的比例就可以判断出有机水硬性胶结混凝土材料结构上的破损程度。如果未被破坏和全被破坏，结构试件 AB 区段的长度已知，那么就可能判断出在力学作用的影响下，微小裂隙量的大小。

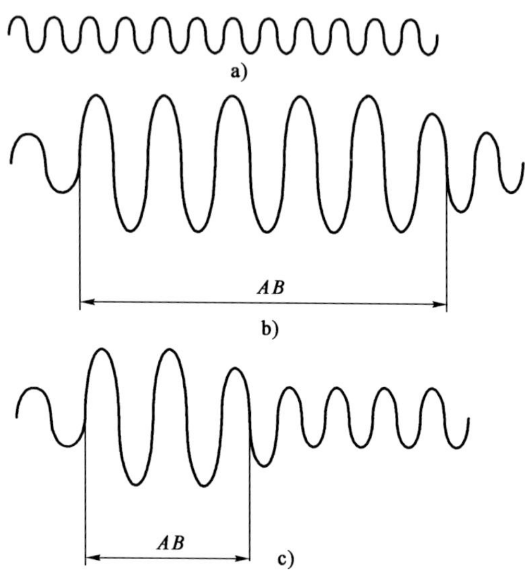

图 4-13　处理射频波形参数的示意图

4.3　路面出现裂缝的原因与标准

4.3.1　裂缝形成的条件与标准

温度裂缝出现的原因在于，当面层材料被冷却时，它会受到一种不可抵抗的自由力的作用。显然，整个面层本身就是一条看似无尽头的带状体，它又不能随着温度的变化产生相应的形变，这必然会在面层结构中产生温度应力，按简化条件它应等于：

$$\sigma_T = \alpha \Delta T E_t \qquad (4\text{-}11)$$

式中：α——材料的线胀系数；

ΔT——计算温度变化的差异；

E_t——计算周期范围内材料的松弛模量。

编制温度抗裂强度和条件标准是一项较为烦锁的工作，它需要考虑到材料的性能特点、结构、温度分布状况等等。可以列举出一些抗裂强度的标准文献[4,5,21,30]。其中一些标准是经验性的。其他也有的是采用理论试验方法[37]。

这里着重根据文献［37］中的建议，按下式来评估路面层中的温度抗裂强度进展状况：

$$C_t = \beta N\left(\frac{\lg C/h}{\sigma}\right) \tag{4-12}$$

式中：C_t——面层产生的温度裂缝数量；

N——合乎标准的正态分布；

h——面层厚度；

β——回归系数；

σ——路面中，裂缝深度对数标准产生的偏差。

所引用的曲线关系是半经验性的，无法让人理解材料中出现裂缝时，裂缝进展过程中的力学含义。

现在普遍认为，如果面层冷却时产生的拉伸应力再加上松弛能力按式（4-11）计算的温度应力，不超过长时间极限强度（$R_{дл}$）的话[5,30]，那么温度抗裂强度就可以得到保证，即：

$$\sigma_T \leqslant R_{дл} \tag{4-13}$$

然而，要确定出材料长时间强度变化的松弛函数和规律性，还存在着很大的难度，这就要求试验中的高精确度和具备高素质的试验人才。必须考虑到，温度在每度范围内的各种变化均会导致式（4-11）和式（4-13）中使用的所有指标发生改变。毫无疑问，使用温时模拟装置（见第 4.2 节）和用数字法进行的计算

(见第 3.3 节)，可以完成相应的计算并得到由于温度差异而使面层发生的应力应变值。但是，为了真正达到选择材料、结构优化的目标，还是较为合理地使用简化方法为好。

综上原因，需要合理地编制出一种标准，既要尽量地简单，同时又能顾及到材料的性能和它所处的工作条件。

影响抗裂性能的基本因素是松弛能力。所以，如果材料在计算条件下具有相近的松弛能力，那么其抗裂能力也将相近。弹性关系量 n_y 可以作为各种材料松弛能力近似值的不变式参数；相同的 n_y 可以保证有相同的松弛能力。

抗裂性能条件可以从 $\sigma_T \leqslant R_c \Psi$ 的形式中得以表达。如果已知松弛模量 E_t，那么：

$$\sigma_m = E_t \varepsilon = E_c n_y \varepsilon \tag{4-14}$$

式中：ε——温度变形量；

E_c——最大模量；

n_y——与计算条件相一致的那部分弹性关系量。

对二种不同性质的材料要分清，具有相同的 n_y，在计算条件下可取 R_{c1}、R_{c2}、E_{c1}、E_{c2} 为特征值。对其中每一种材料都要求出 σ_T：

$$\sigma_{m1} = E_{c1} n_y \varepsilon、\sigma_{m2} = E_{c2} n_y \varepsilon \tag{4-15}$$

需要强调的是 R_c 和模量 E_c 这两者的值是相关联的，随着 E_c 的增长，R_c 增大的可能性就会更大。为了简化分析，取 R_c 与 E_c 间的关系为线性。此时：

$$\frac{R_{c1}}{R_{c2}} = \frac{E_{n1}}{E_{n2}} \tag{4-16}$$

破损水平值 Ψ 取决于散失能量的多少，该数量又与松弛过程中的应力值有关。

既然所研究的材料与同样的松弛能力相关，那么：

$$\Psi_1 = \Psi_2 = \Psi \tag{4-17}$$

如果这两种材料有同样的比例关系 $R_c\Psi/\sigma_T$，那么它们也具有同样的抗裂稳定性。对于其中一种材料：

$$R_c\Psi/\sigma_T=(R_{c1}\Psi)/(\varepsilon E_{c1}n_y) \tag{4-18}$$

对于第二种材料：将其进行提高改进，则

$$\frac{R_c\Psi}{\sigma_m}=\frac{R_{c2}\Psi}{\varepsilon E_{c2}n_n}=\frac{\dfrac{R_{c1}E_{c2}}{E_{c1}\Psi}}{\dfrac{\varepsilon E_{c1}E_{c2}}{E_{c1}n_n}} \tag{4-19}$$

以上两恒等式可进行合并。这就证明了一个原理，n_y相同的两种材料，当其温胀系数相同时，则具有相同的抗裂性能。因而，可以取计算条件下，加入变形过程中引入的弹性关系量 n_y，这部分可以作为任何一种材料抗裂性的不变标准。在此情况下，比如 0℃时的实际结构强度与极限结构强度，即破坏强度也是可以作为标准的。

如果已知抗裂性条件中已有了要求的 n_y值，那么就可采用此种方法。

为解决该问题，曾经制作了各种黏性沥青的 B 型沥青混合料试件。还为每种混合料确定了松弛曲线和长时间强度极限。此外，还计算出了 R_c值并对 0℃时的拉伸强度作了评估。考虑到冷却速度和计算温度，以白俄罗斯条件对典型的抗裂标准（温度应力值与强度极限值进行比较）和进入弹性关系的 n_y值作出了评估。

结果确定，对沥青混凝土中的 R_0/R_c值应不大于 0.3。

所以，对白俄罗斯条件应取由下式确定的某种指数：

$$ИT=0.3R_0/R_c \tag{4-20}$$

抗裂性标准 R_0/R_c与白俄罗斯和独联体国家标准中所用的方法相比，显得非常简单而且比较客观。

（$ИT$）标准即材料学标准，它能反映出路面层材料抵抗出现温度裂缝的性能状况。不过，该标准尚未考虑到交通荷载、温度变化、路面结构特点等产生的影响作用。

为了消除以上所指仍然具有的不足之处，类比抗剪切强度标准（见第3.3节），必须考虑到还应具备可确定的可靠性水平。

对现行路面层的勘察结果及对结果进行处理后，确定了式(4-21)中的储备系数分布曲线的类型。所获数据、指标列于表4-2。

各项指标值的选用 表4-2

抗温度裂缝条件的储备系数(K_2)	平均值	二次均方差值	不对称值	过度值	中　值
	0.89	0.22	0.49	−0.506	0.86

储备系数按更改过的式(4-20)算出：

$$K_{储备}=\frac{0.3R_c}{R_0} \tag{4-21}$$

对于温度抗裂稳定性条件的储备系数，以参数$\alpha=-0.139$、$\sigma=0.235$的对数正态分布假说是可取的。标准统计学抽样值χ^2为0.696，临界值为3.84。

有了曲线分布特征指标就可以进一步作为一种可能性来评估可靠性水平，即依据抗裂条件的储备系数K_i的实际值将会小于要求值。

为了确定抗温度裂缝的可靠性水平(K_2)，使用了下列公式：

$$t_{K2}(P)=e^{\alpha}\times e^{\sigma Up} \tag{4-21a}$$

式中：$U_p=\Phi^{-1}$ (P)，为标准化正态分布的顺序分位点P。

进行计算的结果取得了可靠性水平与图4-14所列储备系数值间的关系曲线。

如果将图4-14和图4-30加以对比就可以发现，抗裂性储备

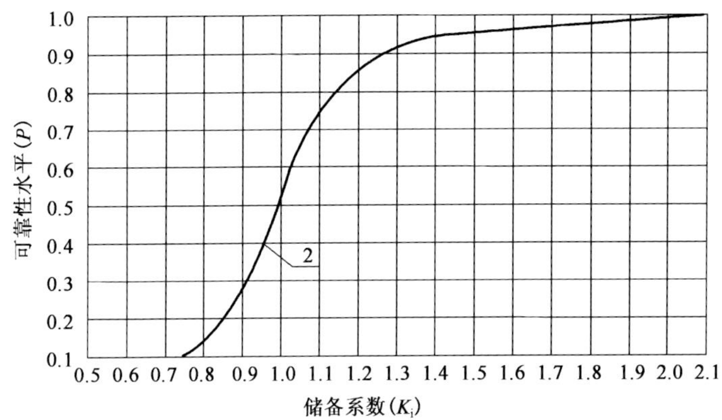

图 4-14　温度抗裂强度储备系数与可靠性水平间的关系曲线

系数的偏差远低于塑性变形稳定性的偏差。这就证明了在按式(4-20)评估抗裂性时应更加全面地考虑到外部作用因素。

疲劳裂缝发展的过程是由于受到了交通荷载和天气气候因素的影响作用，致使材料结构中的破损积累与动力学有某种因果关系。

作为疲劳抗裂性标准是从理论和经验这两种途径来进行的。

根据文献［37］：

$$N = 0.00432C\left\{\frac{1}{\varepsilon}\right\}^{3.291}\left\{\frac{1}{E}\right\}^{0.254} \tag{4-22}$$

$$C = 10^{M} \tag{4-23}$$

$$M = 4.84\left\{\frac{V_b}{V_a - V_u} - 0.69\right\} \tag{4-24}$$

式中：V_a——沥青混凝土的空隙率；

V_b——胶结料的有效含量（%）；

E——材料的弹性模量；

ε——拉伸极限变形量。

依我们看来，使用第 1.2 节和第 4.2 节所阐述的以破损积累过程为基础的方法更为有效。

根据所推荐的道路建筑材料结构破损积累动力学观点，在编制新的材料质量和耐久性方法时可以使用。这种观点需要进一步简化并且更加可靠地进行试验评估。为了使下一步的认识和计算方法能删繁就简，在本节中我们研究了除交通荷载参数（见第4.2节）和天气气候因素外，对破损积累过程的影响作用也作了进一步深入探讨。

考虑到破损水平时的强度条件可用下式表达：

$$\Psi_1 + \Psi_2 + \Psi_3 \leqslant [\Psi] \tag{4-25}$$

式中：Ψ_1——由交通荷载作用产生的破损水平；

Ψ_2——由温度作用产生的破损水平；

Ψ_3——反复冻融造成的破损水平；

$[\Psi]$——与道路等级相关的破损水平极限值。

交通荷载作用产生的破损发展将由材料结构中的应力值、材料性能及荷载作用的重复次数来确定。交通荷载作用产生的破损发展条件可以取下述形式：

$$\Psi_1 = 1 - \left(1 - \frac{N}{N_{np}}\right)^{A \times \frac{N}{N_{np}} - B} \tag{4-26}$$

式中：N——交通流量统计值；

N_{np}——极限交通量；

A、B——与材料类型和交通量相关的函数。

在此情况下，最为重要的是，要确定极限加载量的方法，将不同季节计算车辆作用换算成统一标准。此处应用第4.2节所列方法作为计算的基本条件。

为了计算由于温度变化和反复冻融产生的破损水平，必须知道在一定寿命期内，被散失的能量实际是多少以及可能达到的极限量。

如果知道了材料的散失能量极限值为W_{np}，那么就可按照经验公式，在文献［21］中找出能量散失比值，从而得出易损性参数 Ψ，换算方程式如下：

$$\Psi=\left(1-\frac{W}{W_{np}}\right)^{\frac{KW}{KW_{np}}-A} \tag{4-27}$$

式中：K、A——均为取决于参与弹性过程变形量 n_y 的系数。

所以，为了评估交通荷载和天气气候因素对沥青混凝土结构的影响作用，就必须计算出每种作用产生的破损水平值。

材料工作能力的等效水平可按下式计算：

$$\begin{aligned}F_e&=(1-[(1-F_n)+(1-F_n^{I})])\times K_{azp}\\&=(F_n+F_n^{I}-1)\times K_{azp}\end{aligned} \tag{4-28}$$

式中：F_n——材料在 N 次冻融循环下的工作能力；

F_n^{I}——交通荷载与冻融作用下换算出的工作能力，见式(4-29)；

K_{azp}——考虑到盐类腐蚀作用的系数。

$$F_n^{I}=1-(1-F_{mp})\times[n_{yn}+(1-n_{ymp})] \tag{4-29}$$

式中：F_{mp}——在施加 N 个循环交通荷载作用下，材料的工作能力；

n_{yn}和 n_{ymp}——相应的天气气候因素和交通荷载作用下的弹性关系量。

$$n_{yn}=\frac{R_n}{R_c} \tag{4-30}$$

$$n_{ymp}=\frac{R_{50}}{R_c} \tag{4-31}$$

式中：R_{50}——温度（0℃）、变形速度 50mm/min 时，材料的极限强度。

$[n_{yn}+(1-n_{ymp})]$ 值从试验中取得，平均值为 0.2～0.3。

结构破损水平（抗冻系数）可用下式求出：

$$K_{抗冻}^{理论}=F_e^{(K\times(1-F_e)-A)} \tag{4-32}$$

系数 K、A 值可按下述经验公式求出：

$$K = 1.36587 - 0.564527 \times n_{ymp}^{2} \tag{4-33}$$

$$A = 0.9003 - 0.64984 \times n_{ymp}$$

在进行研究的基础上，取得了理论与试验值间的相互关系，所做研究的实质是对试件在冻融交替并施加不同水平的受力荷载条件下，得出下列经验公式：

$$K_{抗冻} = -0.56146 + 1.412987 \times K_{抗冻}^{理论} \tag{4-34}$$

式中：$K_{抗冻}^{理论}$——按式（4-32）求得的系数。

面层冷却时，由温度变化产生的破损水平可按式（4-25）计算确定。

散失能量可按下列关系式求出：

$$W = 0.5(R_c - \sigma_T) \times \varepsilon_T \tag{4-35}$$

式中：σ_T——面层材料中的温度应力；

ε_T——温度变形；

R_c——极限结构强度。

要从某种简化方式入手，可从下述方法中得以实现。

按式（4-28）确定换算成春季时期的交通荷载影响作用下的工作能力水平。

受温度变化影响确定的工作能力水平：

$$F_T = 1 - k \times T \tag{4-36}$$

式中：T——寿命（年）。

继续计算出受冻融交替影响的工作能力水平：

$$F_M = 1 - k_1 \times T \tag{4-37}$$

k 和 k_1 系数值要依据整个路面各层就材料状况按表 4-3 进行。

由温度变化产生的破损水平按下列关系式确定：

$$\Psi_T = 1 - F_T^{3.8\times(1-F_T)-0.4} \tag{4-38}$$

以下式计算出冻融交替作用产生的破损水平：

系数 k 值和 k_1 值 表 4-3

材料名称	k		k_1	
	上面层	下面层	上面层	下面层
玛蹄脂碎石和浇注沥青	0.014	—	0.019	—
有机水硬性胶结混凝土	0.022	0.010	0.027	0.015
其他类型的沥青混凝土	0.018	0.010	0.023	0.015

$$\Psi_{M}=1-F_{M}^{3.8\times(1-F_{M})-0.4} \tag{4-39}$$

由于温度和冻融因素的影响，换算出总的工作能力水平：

温度因素：

$$F_{T}^{n}=0.3\times F_{T}+(1-\Psi_{T})\times 0.7 \tag{4-40}$$

冻融交替：

$$F_{M}^{n}=0.4\times F_{M}+(1-\Psi_{M})\times 0.6 \tag{4-41}$$

（包含所有相关因素）换算出总的工作能力水平：

$$F_{o}=F_{n}-(1-F_{T}^{n})-(1-F_{M}^{n}) \tag{4-42}$$

确定总的破损水平：

$$\Psi_{o}=1-F_{o}^{3.8\times(1-F_{o})-0.4} \tag{4-43}$$

接着对式（4-25）进行验算。如果该式不能成立，那么就要增加面层（或基层）的厚度或者对结构层所用材料进行更换。

实际上，较为简便的方法是要绘制出破损水平与面层的厚度（基层）的关系图来，并且还须按极限水平求出需要的厚度（图4-15）。

在式（4-25）中，路面工作时材料的抗疲劳变形强度已得到确定。考虑到多种因素的作用，为了获取更加客观的数据，使用该条件式时必须考虑到可靠性水平。

一般情况下储备系数可以这样确定：

$$K_{e}=1-\Psi_{\phi}/1-\Psi_{np} \tag{4-44}$$

式中：Ψ_{ϕ}——实际破损水平；

Ψ_{np}——极限破损水平。

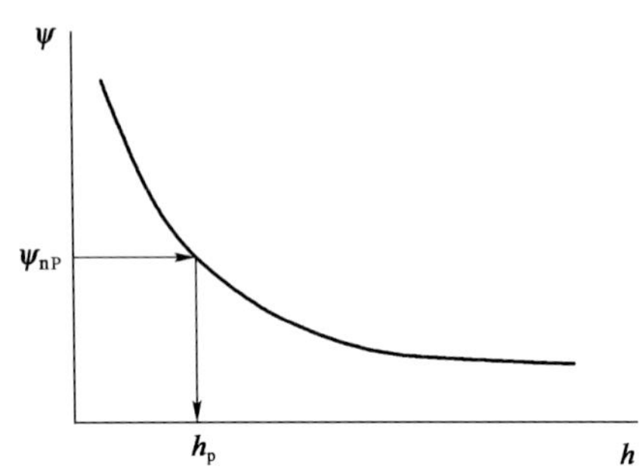

图 4-15　易损性水平 Ψ 与面层厚度 h 的关系图

为了将复合材料进行对比分析，从疲劳耐久性出发，编制了以分析材料的强度和变形性能为基础的简化方法。对这种方法的编制使用了下述设定。在弹性工作阶段（$n_y=1$）的材料强度等于 R_c。既然破坏前的循环次数取决于强度和应力的比例，那么 R_c越高，在弹性工作阶段的疲劳耐久性也就越大。此外，R_c越高，材料中的破损程度也越大，因为实际破损水平取决于强度与应力的比例关系。所以，R_c值可作为弹性工作阶段应力不变时的循环耐久性标准。储备系数可由下式确定：

$$K_e = R_{c\phi}/R_{cmax} \tag{4-45}$$

式中：$R_{c\phi}$——实际极限结构强度；

R_{cmax}——复合材料各部分结构在整个区段内的极限结构强度最大值。

如果加载方式与材料在黏性工作期间是相一致的（$n\to 0$），那么将会散失更多的能量 W_p，直到受破坏材料具有更高的循环耐久性。既然 W_p要与温度和加载速度在大范围内完成的最大变形值进行对照修正，那么就可以用 ε_n作为循环耐久性标准。在松弛过程进行时，材料仍处于黏性阶段。

由于 R_c 量的增加，可能会使弹性工作阶段中耐久性的上升，而 ε_n 的增加也可能会使黏性阶段中耐久性的上升。所以，在总的情况下（$0<n_y<1$），具有 $R_c\times\varepsilon_n$ 最大值的材料也应具备最大的循环耐久性。在对比两种复合材料质量时，对上述乘积考虑到在被破坏的过程中对“比率影响”应予以修正。在此情况下，两种材料疲劳耐久性的对比标准（T）可呈下式：

$$T=\left[\frac{R_{c1}}{R_{c2}}n_y\right]\left[\frac{\varepsilon_{n1}}{\varepsilon_{n2}}(1-n_y)\right] \tag{4-46}$$

式中：R_{c1}、R_{c2} 和 ε_{n1}、ε_{n2}——两种材料的极限强度值和极限变形值；

n_y——弹性关系量。

对照式（4-45）按条件式确定的强度储备系数：

$$K_e=T_\phi/T_{max} \tag{4-47}$$

对疲劳抗裂条件储备系数（K_e）来说，以表 4-4 所列参数和函数作出正态分布的假说是可取的：

表 4-4

抗疲劳裂缝条件下的储备系数	平均值	均方差	不对称	过度	中值
	1.1	0.13	−0.483	0.036	1.12

$$F_{Ke}(x)=\phi\left(\frac{x-a}{\sigma}\right) \tag{4-48}$$

此处参数 $\alpha=1.09$、$\sigma=0.127$。χ^2 标准统计学抽样值为 1.41，临界值为 3.84。

对于抗疲劳裂缝储备系数（K_e）分布的分位点按公式求出：

$$t_{Ke}(p)=a+\sigma U_p \tag{4-49}$$

储备系数和可靠性水平的关系示于图 4-16。

个别情况下，往往会使变形量受到某些干扰（比如不好确定的冻融），这会使疲劳耐久性略有变化。N_{np} 与 n_y 的关系具有极值曲线形式。这是因为在固定变形作用下，应力随着 n_y 的增加而上升，因为变形模量 $n_y - E_c$ 在增大。因此 n_y 越高，其他相关联的因素在破坏前承受的循环次数越少。或者相反，黏塑性关系随着 n_y 增加，承受总的变形这一部分反而较小，其耐久性就会提高。结果在 $n_y = 0.5$ 时可见到最大耐久性。

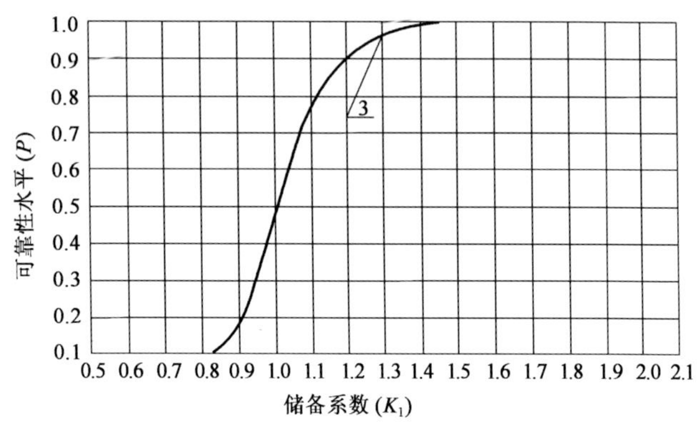

图 4-16　抗疲劳变形强度储备系数与可靠性水平的关系曲线

为防止出现强力裂缝，必须根据要求保证整个结构均具有可靠的基础和抵抗交通荷载强度的能力[39]。

反射裂缝出现的原因是由于各面层冷却时，温度变形产生的裂缝区域形成了应力集中。

反射性裂缝出现的判别标准在于确定裂缝区域的应力并与其持续性强度进行对比。

如果面层上受到的随意性挤压产生的应力与混凝土（沥青混凝土）板状结构材料的松弛能力形成的位移能力不超过固有的持续强度，那么抵抗反射裂缝的稳定性是有保证的。

为了确定应力值，应该编制出相应的计算图。

板块和面层接触点上的应力值可以按下式确定：

$$\sigma_b = \sum_{i=1}^{n} \frac{(\alpha_a - \alpha_b) \times \Delta T_{ib} \times L_b \times E_{ti}}{\Delta l \times (1 - v_i)} \tag{4-50}$$

式中：α_a、α_b——沥青混凝土及混凝土的温胀系数；

ΔT_{ib}——基层有裂缝板块温度的变化量；

E_{ti}——沥青混凝土 i 时段的松弛模量；

v_i——沥青混凝土的泊松系数；

L_b——i 路段长度；

Δl——受到基层裂缝牵连的沥青混凝土面层地段。

式（4-50）只能确定面层和裂缝接触点的应力。在确定整个结构应力时必须另找特殊方法。

确定板体位移产生的应力是边缘性交叉性课题，它应能够明显地反映应力集中现象。因此，为了解决这一课题，应当以更加细致的方法入手，其中也包括有限元法。要采用系统的方法一步一步地去做。

用来进行应力和应变计算的模型展示于图 4-17。

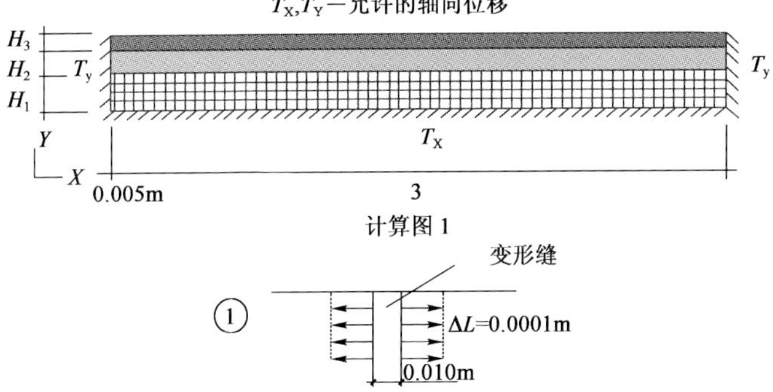

图 4-17　临界（极限）条件计算图（用于计算应力和应变的模型图）

计算面层应从高温 56℃到低温－30℃来进行。以时间间隔为 7 个月的冷却期做好此项工作。整个温时间隔可分为 17～20 个阶段，计算昼夜的间隔时间为 3h。应考虑到面层深度上的温度变化，必须引用相应的修正系数（图 4-18）。

为了考虑有机胶结料的流变性能，将弹性模量变换成与温度有关系的松弛模量。所以，引用了温时模拟原则并使用第 4.2 节中所列举的试验数据。

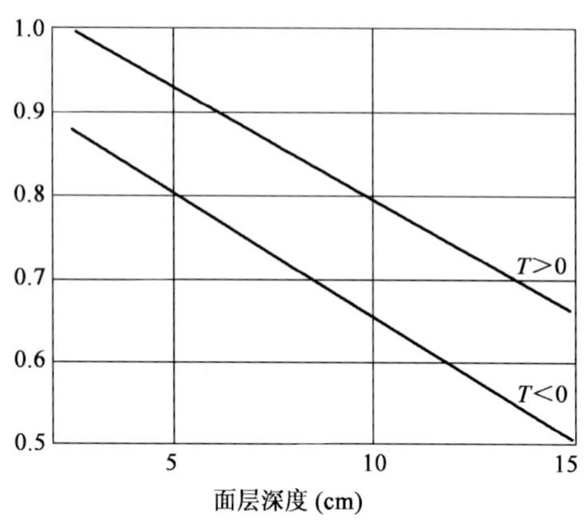

图 4-18 随面层深度形成的温度变化

面层中的允许应力值可在评估计算冷却条件下，考虑到以材料结构中的疲劳形成过程的办法来确定：

$$H_{np}=[R_c(1-\Psi)/\sigma]^m \tag{4-51}$$

式中：R_c——材料的极限结构强度；

σ——材料结构中的温度应力；

m——系数，温度在零下时等于 6.2；

Ψ——最终允许的破损水平；

H_{np}——到破坏时的荷载作用次数。

据白俄罗斯有关施工单位的实践数据，可得出：

$$R_c/\sigma=3.41 \tag{4-52}$$

此时，对平均值 R_c=4.5MPa 及 Ψ=0.75，应取得最大应力值等于 0.4MPa。

根据所述方法再对具体结构和材料进行计算。

例如，为了将面层中的应力最小量化，提出铺装选用成分洁净的碎石（或加有1%～1.5%沥青的黑碎石）。作为夹层，以便于板块及面层实际上被完全隔离。这种结构的优点在于沥青混凝土层中的温度应力可达到最小量化，从而出现裂缝的面积也最小。该结构的计算见图4-19。

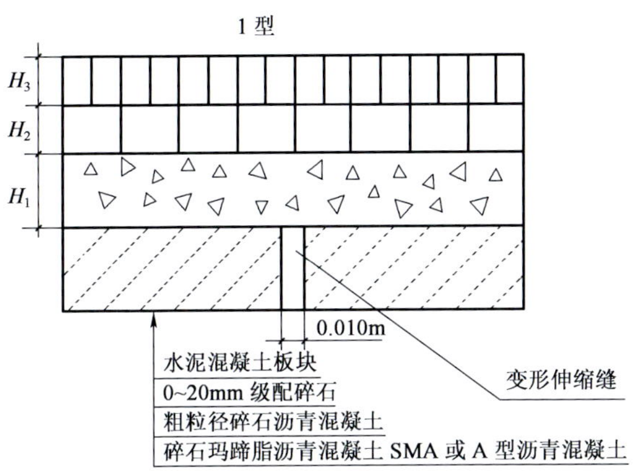

图4-19 加有裂缝阻断夹层填料的面层结构

根据层间厚度和松弛模量（图4-20），为该结构取得了下面层中裂缝阻断层的应力值。

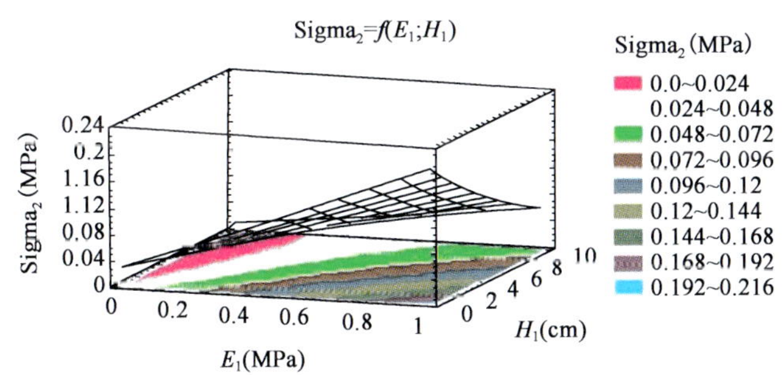

图4-20 应力与碎石抗拉模量及其厚度比

该图中可以看出，当层间厚度在 6cm 以上或模量小于 0.8MPa 时，可保证不会出现温度裂缝（应力不超过 0.4MPa）。

在上述各值的基础上，可以界定出夹层所用材料的实际性能。

还可用其他方法来解决反射性裂缝问题，即面层中不采用裂缝阻断夹层或不额外增加填充料。至于另用何种办法将在下文中分别进行详细探讨（见 4.4 节）。

4.3.2 交通荷载对温度和疲劳抗裂的影响

对明斯克市路面和市郊外的一些长期运营的面层总面积在百万平方米以上的路面进行的勘查表明，被调查路段上的材料组合成分以及交通流量与出现裂缝的多少之间并没有什么太大的关联（图 4-21）。

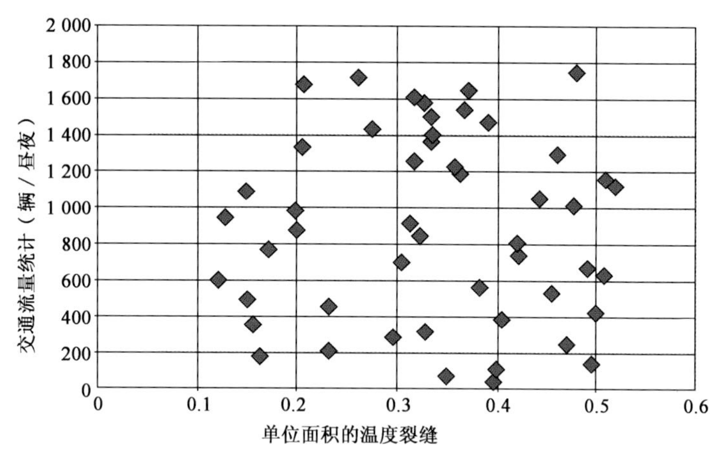

图 4-21 统计出的交通流量与出现温度裂缝的路表面积间的关系

这着实是个令人困惑的问题，两者相加，使难度更加复杂化。在温度裂缝形成的过程中，要想评估出交通荷载作用对其到底有何种影响，那要看交通荷载和温度变化作用所产生的应力与温时系统是不是处在同一种地位上。不过，我们仍可将它们按统一标准以下列公式进行计算：

$$\sigma_1\left(1-\frac{E_{t1}}{E_c}\right)+\sigma_2\left(1-\frac{E_{t2}}{E_c}\right)=R_p \tag{4-53}$$

式中：σ_1、σ_2——交通荷载作用产生的温度应力；

E_{t1}和E_{t2}——相应为冷却和交通荷载作用下，沥青混凝土的松弛模量；

E_c——整个温度变化范围内出现的最大模量；

R_p——与冷却状态相一致的变形条件下的强度。

E_{t1}值平均为200MPa、E_{t2}值为6 000～8 000MPa、E_c值为10 000MPa。

为了完成对关系曲线的分析，研究了不同的交通荷载量对路面状况的影响。

结果编制了下述形式的计算图（图4-22）。

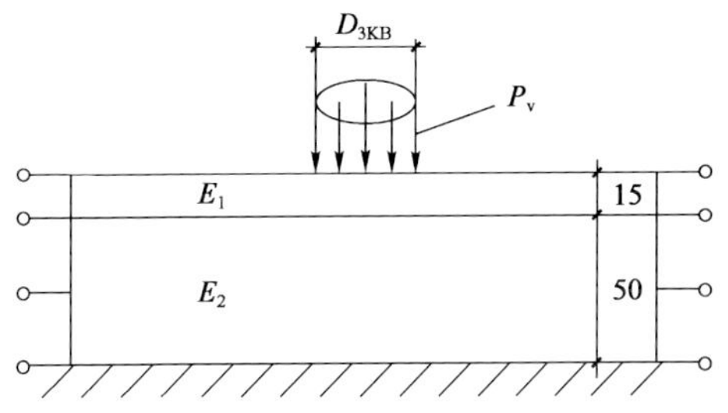

图4-22 确定应力应变状态用的计算图

根据进行研究的结果，获取了在路面层材料上的这一区域中，应力与不同荷载量作用的相互关系（图4-23）。此时，应力是由二个分力以几何图形方式构成的（沿X轴和Y轴作用的拉应力）：

$$\sigma_p^{总和}=\sqrt{\sigma_x^{\ 2}+\sigma_y^{\ 2}} \tag{4-54}$$

式中：$\sigma_p^{总和}$——面层上部分受到的总拉应力。

利用图 4-23 和式（4-53）可以完成交通荷载对温度应力影响作用的分析。

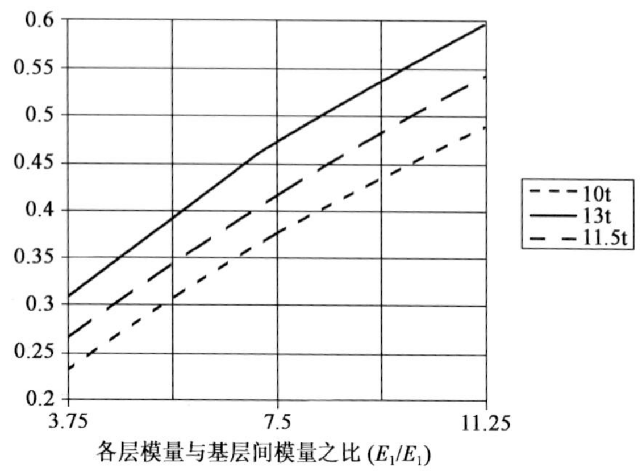

图 4-23 面层上部分拉应力与各层所受荷载作用和刚度间的相互关系

荷载为 10t 时我们可得到：

$$\sigma_1\left(1-\frac{E_{t1}}{E_c}\right)+\sigma_2\left(1-\frac{E_{t2}}{E_c}\right)=0.5\left(1-\frac{100}{10\,000}\right)+0.48\left(1-\frac{7\,000}{10\,000}\right)$$

$$=0.495+0.144=0.64$$

荷载为 13t 时我们可以得到：

$$\sigma_1\left(1-\frac{E_{t1}}{E_c}\right)+\sigma_2\left(1-\frac{E_{t2}}{E_c}\right)=0.5\left(1-\frac{100}{10\,000}\right)+0.6\left(1-\frac{7\,000}{10\,000}\right)$$

$$=0.495+0.18=0.675$$

结果得知，交通荷载对温度应力的“投入”不超过 10%～30%。荷载由 10t 变成 13t 时，才使应力总共增加了 5%，并不显得很大。此种情况说明，温度裂缝的形成与车流强度的大小关系并不是太大。

不过，若是深究一下存在温度裂缝时的应力变形状态，情况可能就会发生变化。更有甚者，实际上带有温度裂缝的路面层，在达到 90%的情况下都仍在使用，见示意图 4-24。

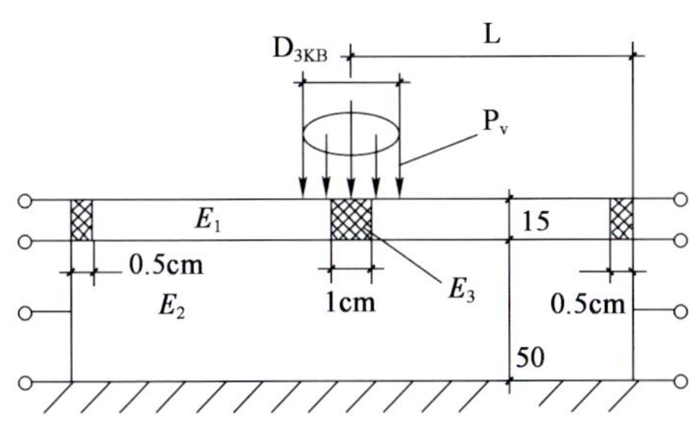

图 4-24 确定温度裂缝存在时的应力应变状态计算图

所进行的计算表明，温度裂缝的存在会使应力状态的方式发生改变（图 4-25、图 4-26），并且应力绝对值也会相应提高。图 4-27中表示面层上部分所受应力与有无裂缝存在的关系图。裂缝的间距和计算荷载对面层上部分的拉应力值有很大影响。

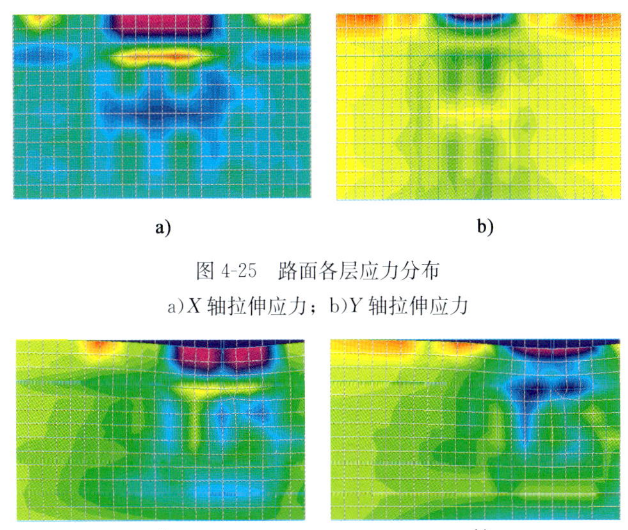

a) b)

图 4-25 路面各层应力分布

a)X 轴拉伸应力；b)Y 轴拉伸应力

a) b)

图 4-26 路面各层温度裂缝应力应变分布

a)X 轴拉伸应力变形总量；b)Y 轴拉伸应力变形总量

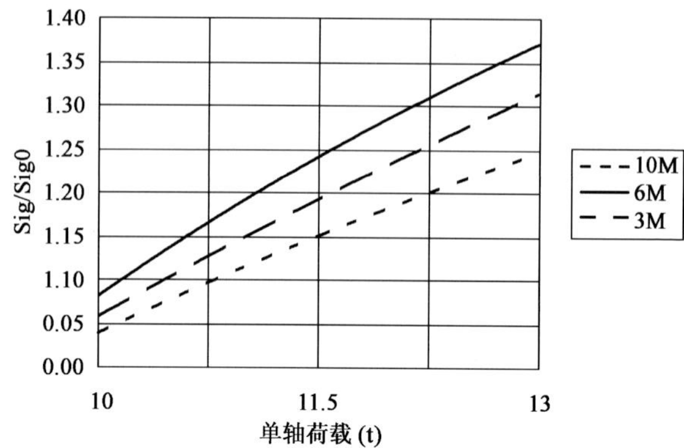

图 4-27 面层上部分拉应力与裂缝存在与否的比例关系图

对温度应力提供的交通荷载作用形成的应力，针对上述情况可作一番分析。

荷载为 10t 时：

$$\sigma_1\left(1-\frac{E_{t1}}{E_c}\right)+\sigma_2\left(1-\frac{E_{t2}}{E_c}\right)=0.5\left(1-\frac{100}{10\ 000}\right)+0.52\left(1-\frac{7\ 000}{10\ 000}\right)$$
$$=0.495+0.16=0.66$$

荷载为 13t 时：

$$\sigma_1\left(1-\frac{E_{t1}}{E_c}\right)+\sigma_2\left(1-\frac{E_{t2}}{E_c}\right)=0.5\left(1-\frac{100}{10\ 000}\right)+0.83\left(1-\frac{7\ 000}{10\ 000}\right)$$
$$=0.495+0.25=0.75$$

结果，当存在温度裂缝时，交通荷载水平的影响显著上升。

利用可靠性理论评估系统，当轴载由 10t 转为 13t 时，要看温度裂缝产生的面积量到底会增加多少。

储备系数可以按下式确定：

$$K_{储备}=\frac{R_p}{\sigma_T} \tag{4-55}$$

式中：R_p——温度下降时，沥青混凝土的抗拉强度等于 1.0MPa；

σ_T——交通荷载作用时的温度应力。

荷载为 10t 时：

$$K_{储备} = \frac{0.8}{0.66} = 1.2$$

荷载为 13t 时：

$$K_{储备} = \frac{0.8}{0.75} = 1.07$$

利用正态分布曲线上的分位点，我们看到的是可靠性水平从 0.9 降到了 0.65。

由此可见，因为形成了裂缝，致使面层的破损面积又增加了 25%。

当轴载由 10t 增到 11.5t 时，裂缝破损的面积也增加了 13%。

为了评估交通荷载参数对疲劳变形积累的影响作用，根据上边所示计算图（见图 4-22），在春、秋两季这一期间，已完成在不同荷载条件下进行的路面应力应变状态的研究。

计算结果认定的事实是，对面层来说，拉应力既可能发生在该层上部，也可能发生在其下部。这要视其层间的厚度，并且还会受限于在它下面各层的状态如何。

确定结构层应力的综合诺模图示于第 4.4.1 节。

对已获得的应力值还要完成各项交通荷载作用条件下的破损水平计算。根据这些计算可获得其关系曲线（图 4-28）。

对图 4-28 的分析表明，过渡到轴载为 11.5t 时，仅依据疲劳变形的发展，路面寿命便会从 18 年降到 11 年，而过渡到轴载为 13t 时，寿命仅剩 7 年。

所以，交通荷载参数对路面层的裂缝形成过程定会产生很大的影响。该情况在设计和运营使用阶段均应引起多方的足够重视。

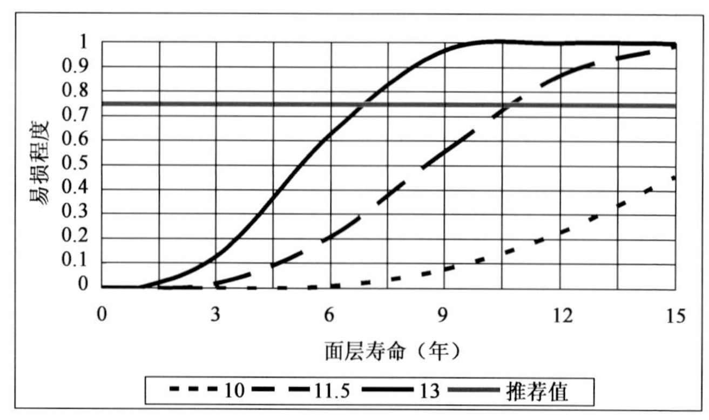

图 4-28 不同轴载下易损程度取值与面层寿命间的关系

4.3.3 路面结构和材料性能对裂缝形成的影响

路面结构对温度抗裂性的研究目前还很少。据有关资料数据显示，增加层间厚度即可提高温度抗裂性。

为了更详细地分析路面结构对温度抗裂性的影响作用，我们完成了对不同结构面层材料在冷却过程中应力应变状态的研究。

解决此类问题的确是一项极其复杂的课题，因为它包含了大量的说法各异的参数。例如，对面层分为三层结构来说，相关参数起码有 15 种之多，如包括各层间材料的松弛模量、各层间厚度、各层间材料的温胀系数、各层间材料的导热系数以及对各层间材料的温度作用值等等。

为了将上述指标和温度应力值联系起来，以模型的形式得以表达，最有效的方法仍要使用有限元法，此方法能够涉及结构层材料的全部性能，并且可以在较短的时间内使问题得到较为准确的解答。

为了在温度作用下对路面层各层所受到的应力变形状态进行计算，我们提出了由 1 200～3 600 个有限元素组成的模型；路面层和有限元素之间曾作过严谨的排列组合（图 4-29）。课题最终仍以线性方式解决为妥。

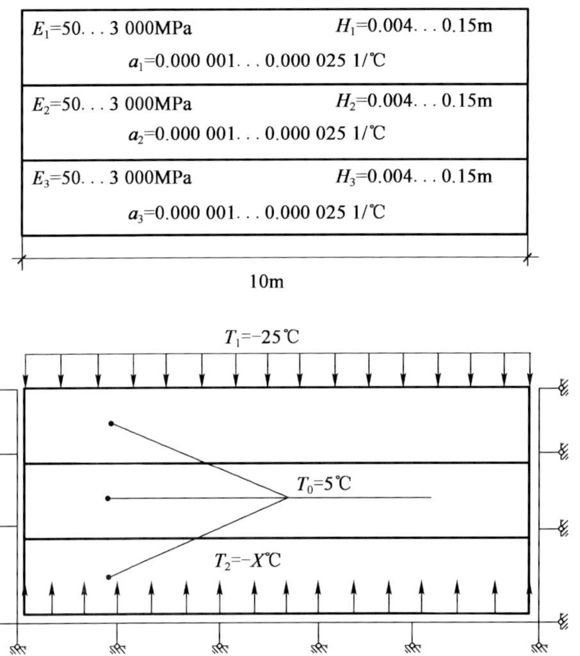

图 4-29 确定道路各面层中温度作用产生的温度拉伸应力用计算图

上面层厚度的变动范围为 4～15cm，中间层为 4～15cm，下面层为 4～15cm。结构层材料松弛模量值的变动范围为 50～3 000MPa、温胀系数值为 0.000 001～0.000 03℃$^{-1}$、导热系数值为 0.5～2.5w/mk℃。可应用弹性理论法给出与弹性模量或松弛模量的相应值来计算应力变形状态。这将简化课题的求解过程，并且还能同时考虑到整个结构的流变性能。

材料的松弛模量值是根据第 3.3.1 节中所列流变模型参数，以多种不同时间和温度组合方式获取的。

为进行应力变形状态的计算，也曾采用过具有不同结构的计算指标、物理力学及物理热力学性能比例关系的实施方案。

根据其中的试验结果，得出结论是将温度分为一定的梯度 dT，因为温度作用产生的应力是结构层材料中的最大拉应力。作为例子，图 4-30、图 4-31 上列举了层间刚度各异时的温度分布拉伸应力关系。

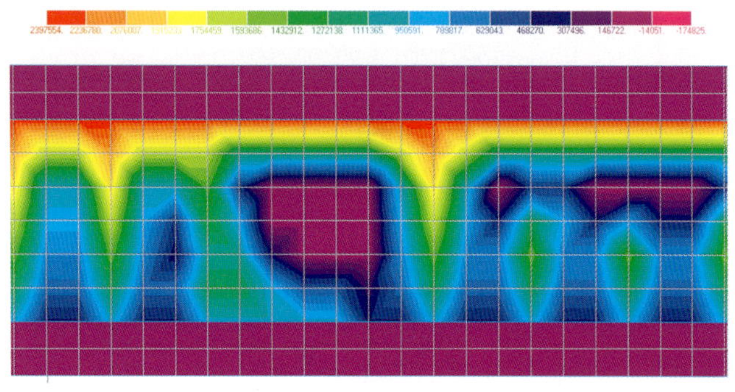

图 4-30　下面层高耐温刚性应力分布 σ_t（Pa）

（松弛模量及温胀系数）

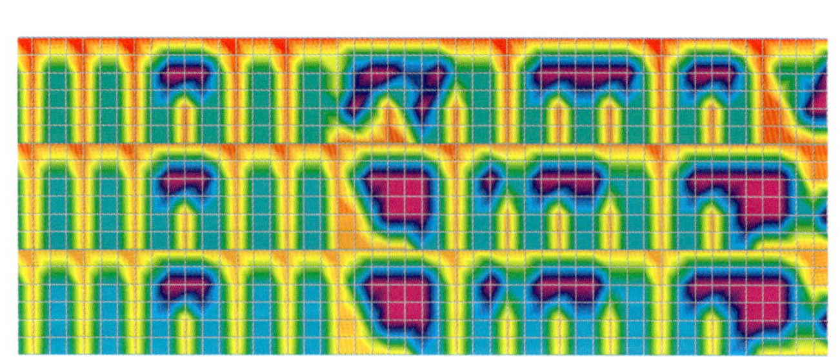

图 4-31　上面层高温刚性应力分布 σ_t（Pa）

（松弛模量及温胀系数）

所取得数据经应用附加统计绘图软件“Statgraphics Plus”，根据资料数据获取统计学处理结果，这样才能得到最大温度应力值与路面层结构的指标、结构层材料热力学和力学指标间的关系。

确定上面层中产生的温度拉应力用的公式：

$$\sigma_{t1}=0.99\times(\alpha_1\times E_{t1}\times(T_0-T_1))-52\,795\times h_1+0.014\times(\alpha_2\times E_{t2}\times(T_0-T_2))-3.138\times10^{-8}\times(\alpha_2\times E_{t2}\times(T_0-T_2))^2+1.075\times10^{-14}\times(\alpha_2\times E_{t2}\times(T_0-T_2))^3 \quad (4\text{-}56)$$

式中：σ_{t1}——上面层中的最大温度拉应力（Pa）；

α_1——上面层材料温胀系数（1/℃）；

E_{t1}——上面层材料松弛模量（Pa）；

T_0——各面层间材料初始温度（℃）；

T_1——上面层材料最终温度（℃）；

h_1——上面层厚度（m）；

α_2——中面层材料温胀系数（1/℃）；

E_{t2}——中面层材料松弛模量（Pa）；

T_2——中面层材料最终温度（℃）。

求出中面层产生的拉伸温度应力采用以下关系式：

$$\sigma_{t2}=0.159\times(\alpha_1\times E_{t1}\times(T_0-T_1))+3.86\times10^6\times h_1+0.788\times(\alpha_2\times E_{t2}\times(T_0-T_2))-5.652E6\times h_2-0.043\times(\alpha_3\times E_{t3}\times(T_0-T_3))+4.916E-8\times(\alpha_2\times E_{t2}\times(T_0-T_2))^2+3.855E7\times h_2{}^2+2.175\times10^{-8}\times(\alpha_3\times E_{t3}\times(T_0-T_3))^2 \quad (4\text{-}57)$$

式中：σ_{t2}——中面层最大温度拉应力（Pa）；

h_2——中面层厚度（m）；

α_3——下面层温胀系数（1/℃）；

E_{t3}——下面层材料松弛模量（Pa）；

T_3——下面层材料最终温度（℃）。

根据式（4-56），对上面层拉伸应力值产生很大影响的温度刚性标准为 $\alpha_1 \times E_{t1} \times (T_0 - T_1)$ 和 $\alpha_2 \times E_{t2} \times (T_0 - T_2)$ 的各相乘积。

根据式（4-57），对下面层拉应力值产生很大影响的温度刚性标准为 $\alpha_1 \times E_{t1} \times (T_0 - T_1)$，$\alpha_2 \times E_{t2} \times (T_0 - T_2)$ 和 $\alpha_3 \times E_{t3} \times (T_0 - T_3)$ 的各相乘积，以及上面层厚度 h_1 和下面层本身厚度 h_2。

为了更详细地研究所分析各层结构和材料在温度作用条件下，对路面层应力应变状态的影响作用，还编制出了考虑到以力学和温度为核心的设计原则，制定了专用图表和诺模图，其中有些已示于附录图 4-32、图 4-33 中。

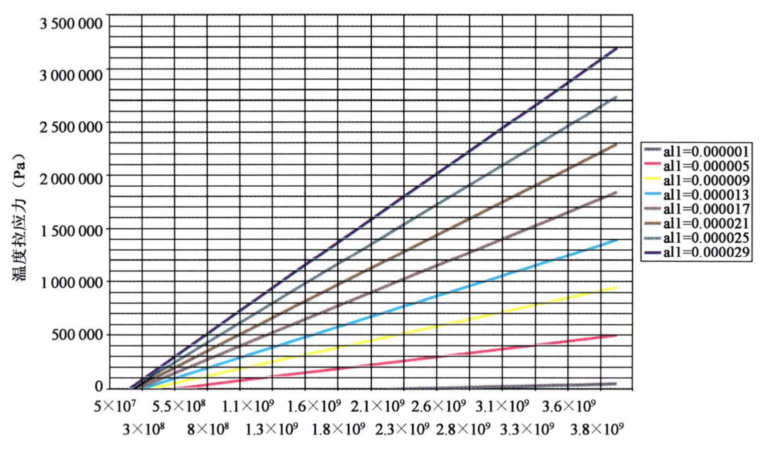

图 4-32　上面层材料特征松弛模量及温胀系数对温度应力取值的影响

根据对所得模量的分析可确定，对拉伸应力的影响不仅有层间材料的物理力学性能，而且还包括其热物理学性能及对其所受影响的程度。

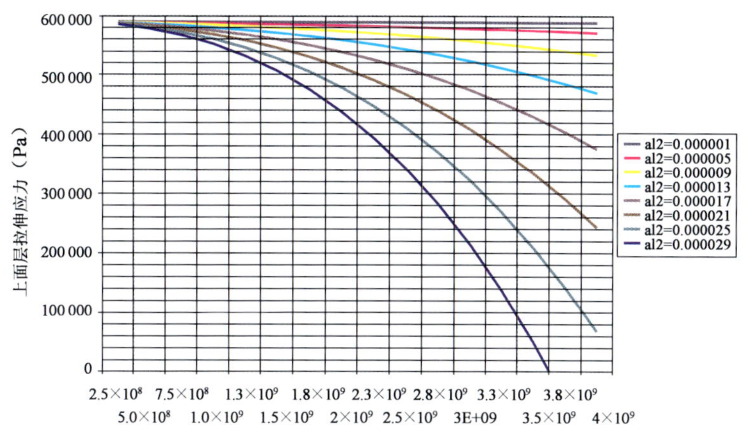

图 4-33 下面层材料特征松弛模量及温胀系数对温度应力取值的影响

可依据上面层和下面层以温度为核心指标的最佳比例关系（松弛模量和温胀系数的乘积），当然也包括其厚度，即用结构材料学方法来降低出现裂缝的可能性。

如果作为下面层材料，一定要使用高模量、高强度和高密实度的沥青混凝土（例如，取代传统的而使用多空隙沥青混凝土），上面层（作为处于最差温度条件下的那一层）中的应力会下降约15％～30％。或许还有别的最佳结构，此类结构将来设计时，要与抗剪切性计算（并考虑到热物理性能）相结合。

应当指出，由于沥青的老化和疲劳破损的积累，就在白俄罗斯的气候条件，要想运营5～6年后不出现温度裂缝也是不可能的。因此，应采取合理的解决方法，即使用3～4年后，在沥青混凝土面层中也开一变形伸缩缝（像对待水泥混凝土路面那样）。缝与缝之间的距离取决于面层材料的性能及其厚度和基层结构。本节尚未对计算方法作出详细分析。

正如 4.3.1 节中所表明的那样，破损积累如同出现疲劳裂缝产生的效应那样，主要侧重于材料形成的结构，以及交通荷载作用下产生的拉应力水平。从结构上降低这些应力，可以用增大层间厚度或者是增大铺装在其下面基层的厚度与刚度的方法。最终还是要在经济技术方面进行论证（TЭO）的基础上得以解决。

结构抗疲劳裂缝的计算方法在下节中将会更详细地作介绍。

提高温度抗裂性和疲劳抗裂性，也可用材料学方法。

这里首先必须调整沥青的黏度、用量、松弛模量及其他一些能够影响到温度抗裂性的参数（见第 4.2 节）。

胶结料黏度的上升主要表现在可使温度抗裂性下降（图4-34）。不过，仍可对胶结料的用量进行调整，特别要使沥青黏度合适（见图 4-34）。

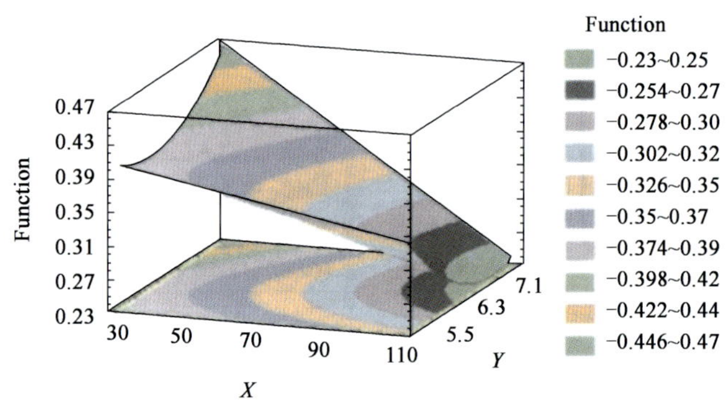

图 4-34　多砂沥青混凝土温度抗裂指数与沥青用量及黏度的关系
（0℃时，强度与极限结构强度的关系）

抗疲劳变形的强度取决于极值曲线中胶结料的黏度（图 4-35）。此时，黏度在 50～70P（泊）范围内为最佳。胶结料用量的增大可促使材料抗疲劳变形强度进一步上升。

聚合物添加剂和其他改性剂均能有效地提高抗裂强度，其主要资料数据在第 3.3.3 节中可以找到。

从结构选择和对其影响评估来看，基本问题还是要防止反射裂缝。

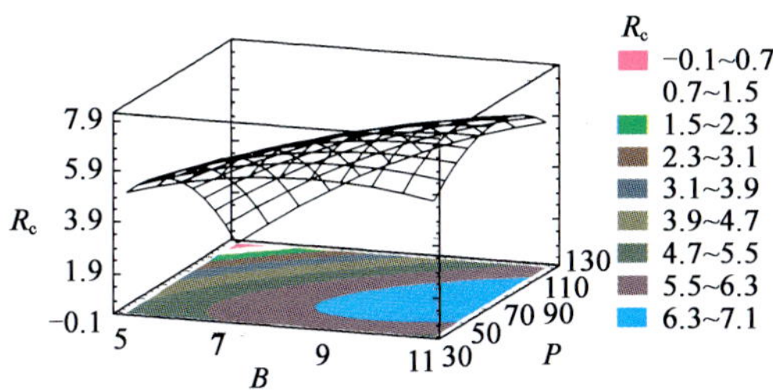

图 4-35 多砂沥青混凝土极限结构强度与沥青用量及黏度的关系

为了防止反射裂缝，从结构上还需要采取一些措施：

(1) 用聚合物沥青胶结料、碎石和黑色碎石在沥青混凝土上加铺裂缝阻断夹层；

(2) 加铺土工布和土工格栅层；

(3) 部分或整个将旧有面层破除掉后加铺新层；

(4) 局部加铺裂缝阻断夹层或用其他的办法。

在水泥混凝土板块上，分段开出伸缩缝。在此基础上，以加铺一层沥青混凝土层为例，让我们看看裂缝阻断夹层是怎样的一个结构。

在冷却过程中，如果基层出现裂缝并形成板块位移时，那么就会出现复杂的应力状态（见 4.3.1 节）。

最大拉应力可直接见于伸缩缝（或裂缝）与平整层或上面层与下面的承重层的层间连接处。当应力值达到 0.7MPa 时，与允许值相比竟然高出 6 倍。所以，路面投入使用的当年裂缝就可能已经发生。

根据其厚度和性能，面层中的最大应力区域会从偏离伸缩缝的方向位移。这就证明了反射裂缝有可能偏离伸缩缝（见图 4-36）。

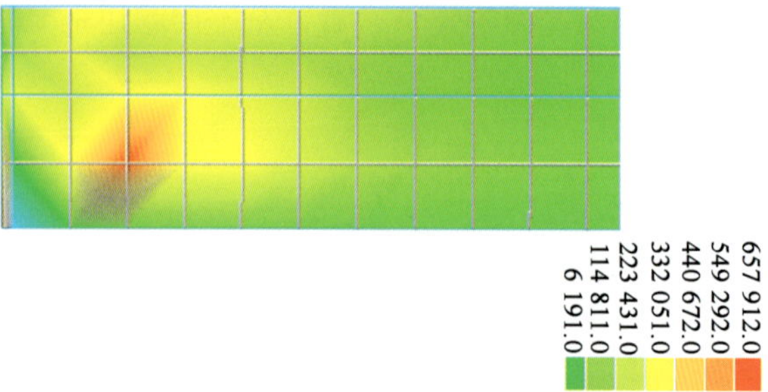

图 4-36　拉伸应力的分布状态

曾研究过 6 种防止反射裂缝形成的方案和相应的 6 种类型的施工设计方案。

第一种类型（图 4-37），首先选定整个都是由碎石或拌有 1%～1.5%沥青黑色碎石形成的混凝土板块。这种结构的优点在于沥青混凝土层的温度应力最小，出现反射裂缝的可能性也最小。同时该结构要求的面层厚度也大，不过碎石层可能会积水，从而导致额外的空隙应力。

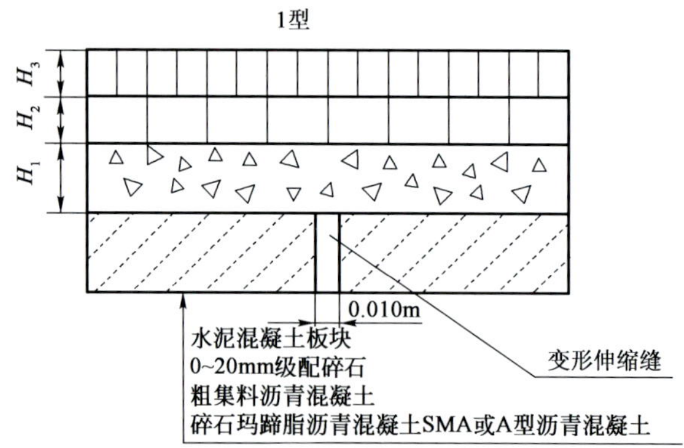

图 4-37　有碎石夹层的示意图

第二种类型的工艺性能会更好些。在此，排除了结冰和与此相关的应力。预定在面层中使用沥青玛蹄脂碎石混凝土

(SMA)，以保证较高的使用指标。计划使用选定的聚合物胶结碎石混合料，用聚合物含量为5%的混合料作成裂缝阻断层和平整层（图4-38）。但是选用此结构的造价过高。

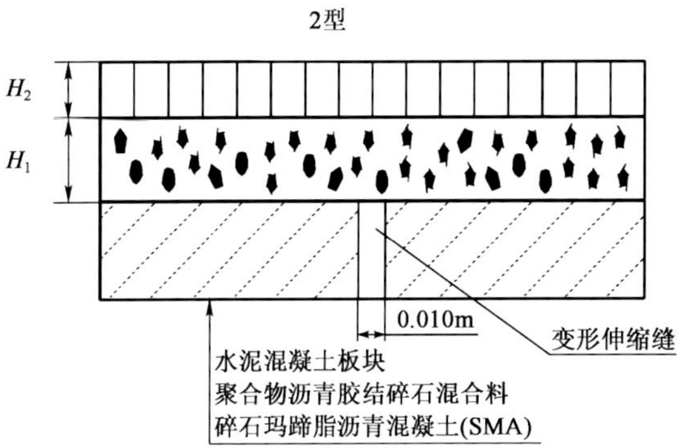

图4-38　含有聚合物胶结料的沥青混凝土铺装裂缝阻断夹层的路面结构

第三种类型见图4-39，计划在平整层面上以及各面层所用沥青玛蹄脂碎石混凝土（SMA）层之间再加铺土工布夹层。这种结构在欧洲颇为流行，但它的使用效果仍需从理论与实践方面来加以验证。

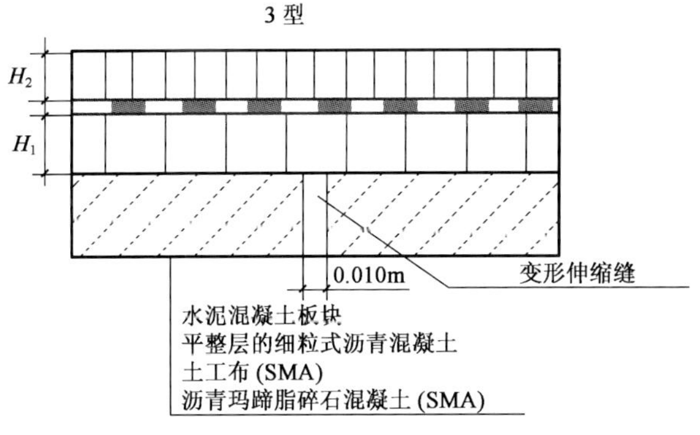

图4-39　土工布夹层设计示意图

第四种类型见图 4-40，计划所用方法被称之为薄膜工艺。在平整层与各面层之间加铺厚 1cm 左右的沥青聚合物薄膜。这种方法的不足之处在于铺装后，当对薄膜和各面层的状况进行检测时，就显得较为复杂。除此之外，由于厚度不太够，防止出现裂缝的可能性仅为 2～3 年。

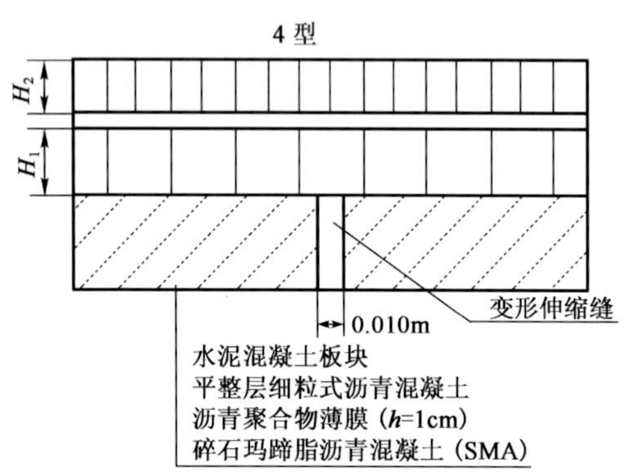

图 4-40　加铺有沥青聚合物薄膜的路面结构

第五种类型设想将变形伸缩缝加宽到 10cm。依靠加宽伸缩缝间距离的方法，以降低在 1～2 年内变形伸缩缝旁出现裂缝的可能性。路面中的变形伸缩缝也不单是用玛蹄脂，也可用玛蹄脂与碎石形成的混合料来填充。

第六种类型见图 4-41，计划对一般的平整层和各面层结构仍使用 A 型或 B 型沥青混凝土，开出宽度为 0.8～1.0cm 的传统变形伸缩缝即可。

以下研究的是所推荐的结构和设计方案。

第一种设计方案

对该方案来说，重要的是防止在下面层中形成过高的应力。此类应力取决于各层厚度（特别是碎石层）、各层材料的性能及其相互比例关系。

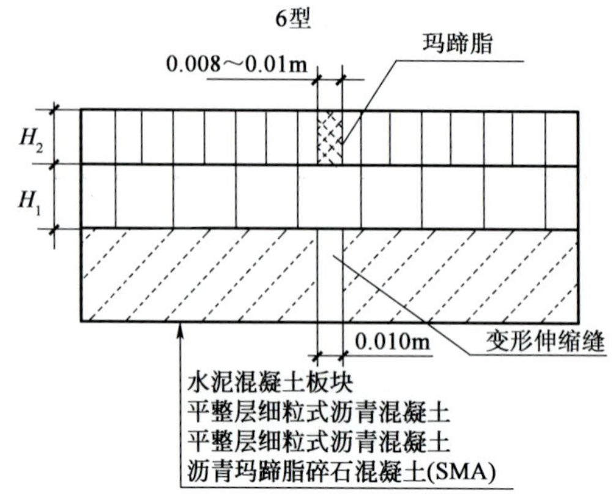

图 4-41 在沥青混凝土面层上开出变形伸缩缝的结构示意图

应力与碎石的抗拉伸弹性模量及其厚度的关系示于图 4-42。

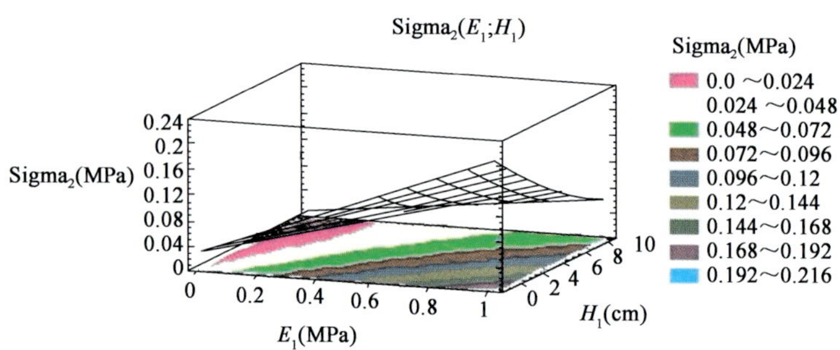

图 4-42 应力与碎石弹性模量及其厚度的关系

取碎石模量值等于极限抗剪切强度，该极限取决于各层的厚度、内摩擦角和单位附着力系数。

设计方案中对下面层的弹性模量所形成应力值的影响作用不大（图 4-43）。

从所采用的数据可以看出，当面层厚度为 11～12cm 时（碎石模量 0.5～0.7），可取碎石层厚度 4～6cm。不过，考虑到施

工条件，层间厚度应取 8～10cm 为宜。然而在此情况下，反射裂缝出现的同时，面层中的温度裂缝还是难以避免。

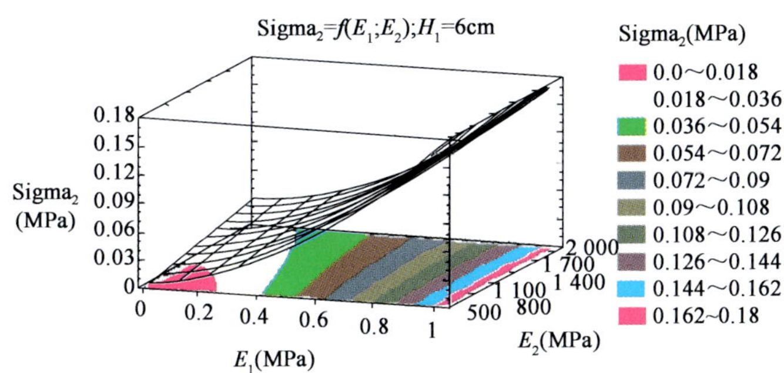

图 4-43　基层应力与下面层弹性模量的关系

第二种结构类型

碎石玛蹄脂沥青混凝土各面层中应力之间的相互关系示于附录图 4-44。

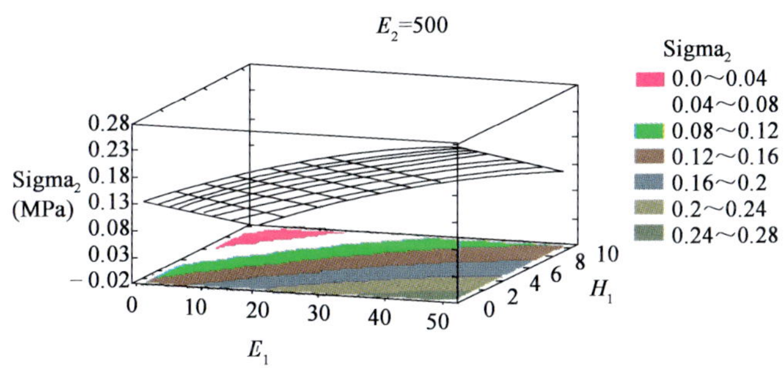

图 4-44　碎石玛蹄脂路面层各层中的应力值

根据以上设计方案来看，碎石玛蹄脂能够起到的影响作用已相当大。如果碎石玛蹄脂的松弛模量确实能够达到 500MPa 以上的话，但是夹层的松弛模量不会超过 20MPa（零下 20℃时），那么夹层的厚度可以控制在 2～3cm 厚为佳。

然而，从所用材料的现存数据来看（碎石玛蹄脂模量 800～1 000MPa，夹层模量 20～30MPa），夹层厚度应取保持在 5～6cm 范围内较为合适。

这样，经综合考虑，最终还是将碎石玛蹄脂夹层填充混合料的厚度降至 2～3cm。

图 4-45 中表明，当夹层填料的厚度为 2cm 时，要想得到低于 0.4MPa 的应力实际上是不可能的。所以，依照薄层摊铺施工工艺结构进行处治，出现裂缝的可能大概要维持在 2～3 年的光景。

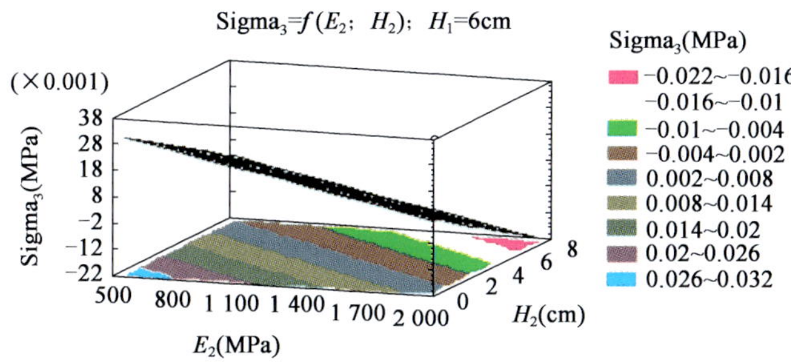

图 4-45　面层应力与夹层厚度弹性模量比

在切出变形缝时，距离切缝 10～15cm 处会产生相当大的应力，它会随着切缝宽度和深度的加大而变小。因此，建议采用第五种结构类型，缝宽保持在 10cm 即可。用传统方法切缝时，建议切缝的深度能达到整个层间的厚度。

根据这种需要而进行的设计，仍推荐使用第一种和第二种结构类型。2005 年在 M 1/E-30 公路上完成了试验路段的施工。使用的就是 I 型和 II 型结构。

通过两年的实践经验表明，第一种结构类型完全符合规定要求，至今尚未出现反射裂缝（图 4-46）。而以第二种结构类型施工的试验路段仅出现了个别裂缝（图 4-47）。这与未按规定要求整体加铺相同厚度的薄层有关，因为水泥混凝土面层的平整度一般难以符合要求。此外，与沥青聚合物胶结料以及沥青混凝土的松弛模量高于设计模量也有关。

图 4-46　按 I 型夹层填料施工后的面层状况

图 4-47　按 II 型夹层填料处治面层后的概貌

仍需单独对采用土工布的夹层填料进行研究。

解决反射裂缝问题的措施之一就是使用合成土工布铺装的薄层，这项工艺在国外已使用了 30 多年。

德国的一家公司生产的土工布为世界各地的筑路专家们实现了他们的设想，当然也解决了许多交通干线建设及运营方面的问题，其中包括：

——及时防止面层中的裂缝形成；

——提高道路施工中土质基层的承载能力；

——在软土路基上进行施工时，促使所用填土以及斜坡的加固力度。

使用柔性加固网格同样具有一定的阻断作用，在某些情况下可预先防止沥青混凝土面层出现的反射裂缝。

柔性加固网格是上述这家德国公司用聚酯纤维生产的，这种聚酯纤维经加工成型，形成了大网眼结构。聚酯具有较好的力学特性和弹性模量，其特征与沥青混凝土相类似。为了更好地与沥青混凝土黏着在一起，网格上预先涂覆了一层沥青，从而改善了与沥青混凝土结合后对拉伸应力重新分配的性能。

以下是这种网格所具有的一些特点。

网格材料每平方米质量为 330g。拉伸时所能承受的极限强度：纵向 50kN/m、横向 50kN/m。最大断裂伸长率：纵向 12%、横向 14%。伸长率 3%时的强度比：纵向 12%、横向 12%。

可以用土工格栅代替土工格网。Fortrac 土工格栅是以高模量聚酯纤维加覆一层聚氯乙烯保护层后经特殊工艺编织出来的结构状材料。此材料具有较高防化学侵蚀及抗降解稳定性，而聚氯乙烯覆盖层可防止其受到紫外线的辐射和机械损伤。

所作计算表明，仅增加铺装土工布，其结构产生的效果尚显不足（方案 3）。在夹层填料的上下两接触面的应力值实际上并无太大变化（图 4-48）。

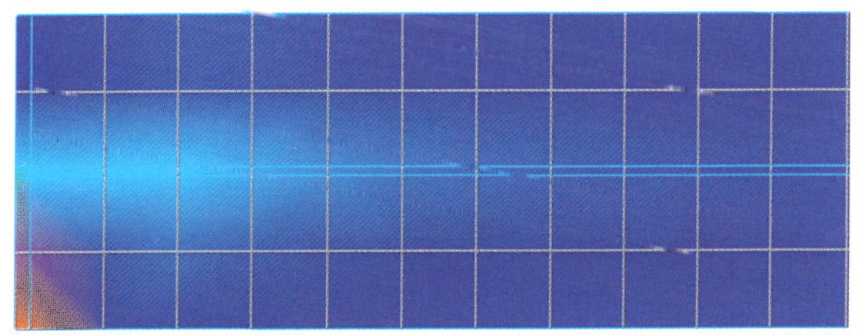

图 4-48　有夹层填料时，层与层间接触面上的应力分布

这种情况在对 M-1 号公路进行大修时就已得到了证明。相类似的是，土工布和土工格网确能阻滞反射裂缝的发展，但并不能避免它们的发生。更准确地说，土工格网很可能起到了提高材料承载能力和抗疲劳强度的作用。

毫无疑问，该问题需要进一步的理论和实践经验来证实。

在研究上述防止反射裂缝的方法时，必须清楚地认识到该方法在路面强度相当高的土路基处于稳定状态时才有使用价值。因为交通荷载引起的垂直位移会导致出现很大的剪切应力，同时也避免不了裂缝的进一步扩展。尤其对水泥混凝土面层来说，其板块在路基强度或受到损坏时会“摇摆”不定。理论分析表明，为了使有裂缝的路面仍能长期使用，裂缝区域的位移量不应超过 0.15～0.2mm。考虑到以上所述和实际数据显示，相比之下所提的措施只是临时方法，虽能把形成反射裂缝的时间延缓到3～4年，但并不能解决根本问题（变形伸缩缝除外）。同时，也不应放松对试验路段施工的监督以及适时进行跟踪检测。

考虑到加铺夹层的效果不够充足，越来越多的是采用根治反射裂缝的方法。对水泥混凝土面层来说，要把水泥混凝土板块打碎毁掉，用所得材料就地压实作为基层。对沥青混凝土面层来说，则要将面层进行部分或全部铣刨掉。

为了防止反射裂缝，采用的还有不是整体而是在部分路段采用宽 10～15cm 厚的抗裂缝阻断夹层的方法来解决。

关于该方法及工艺将在下节中作更详尽的说明。

4.4 防止路面脆性变形的基本措施

4.4.1 设计阶段出现脆性变形的预防措施

目前尚未进行面层材料和路面结构温度抗裂强度的计算。但在选择路面结构和结构层材料时，应当考虑到第 4.3.3 节中所提出的建议。特别建议在加铺下面层时，要选用比上面层刚度更高更为密实的材料。

至于疲劳变形定额文件已对类似计算作了规定[39]。

在进行路面设计、路面结构计算以及选择结构层材料时，为保证路面的抗疲劳强度，必须做到：

(1) 选定计算车辆及其参数；

(2) 规定从抗疲劳变形的观点选用最佳路面结构；

(3) 选择材料并确定或规定其计算指标；

(4) 进行应力变形状态的计算并检验疲劳抗裂条件；

(5) 与所处条件不相符时，对路面结构材料或计算指标进行修正。

计算车辆应根据所推荐的标准规范[39]和第 3.4.1 节中的要求选择。

路面结构在标准设计、设计图册和现有经验基础上作出选择。

加强刚性基层（有机水硬性胶结混凝土、贫混凝土等）的结构是抗疲劳变形最稳定的结构。

希望按第 4.3.3 节中给出的建议来选用材料。

为了验算抗脆性变形强度，必须按标准规范确定或规定其计算指标，属于这方面的有：

(1) 计算温度为 0℃时的弹性模量；

(2) 极限结构强度；

(3) 0℃时的弯沉值；

(4) 材料的水饱和状态。

当通过试验确定指标时，应使用第 3.2 和 4.2 节中所阐述的方法。

选定材料并规定所用路面层结构之后再开始对其进行计算。

计算目的为检查材料性能是否符合路面中的抗裂强度条件。

下边引用的计算集中了第 1.1、1.2、4.3.1 和 4.3.2 节资料中的数据。在确定设计方法时，要考虑到交通荷载时的温度变化（间接考虑温度抗裂强度）和冻融循环产生的破损积累过程。该方法在文献［39］中得到了应用。

面层材料在交通荷载和天气气候因素的共同作用下，抗疲劳变形条件呈下式：

$$\Psi \leqslant [\Psi] \tag{4-58}$$

式中：Ψ——交通荷载和天气气候的共同作用下，面层材料实际产生的破损水平；

$[\Psi]$——允许的极限破损水平。

为确定面层材料的实际破损水平，必须准备下述原始资料：

（1）整个运营期间的总交通流量，见文献［39］；

（2）各面层中的拉应力 σ_p（MPa）；

（3）材料的抗弯拉强度 R_u（MPa）；

（4）材料的极限结构强度 R_c（MPa）；

（5）计算寿命 T（年）。

为计算出路面各层中的拉应力，使用了图 4-49～图 4-51 中的一些诺模图。计算温度设定为 0℃。

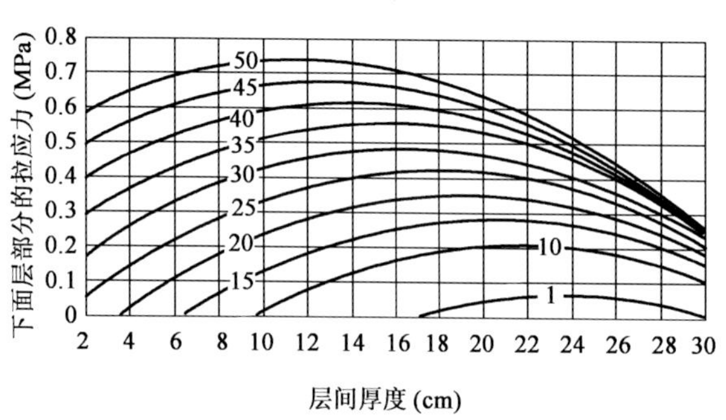

图 4-49　当确定整个路面各层施以下封黏结层后，面层与其下层黏结所具有的拉应力诺模图

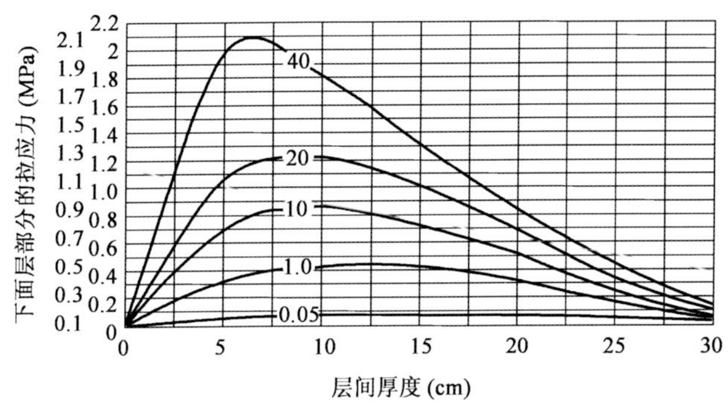

图 4-50　当确定路面各层未施以下封黏结层时，各层间的拉应力诺模图

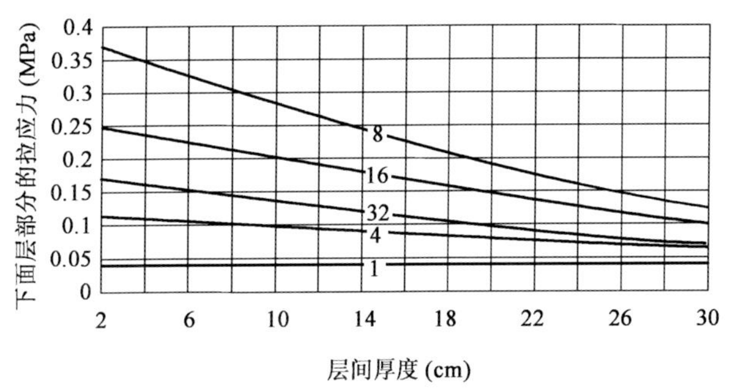

图 4-51　确定路面各层中上面层的拉应力诺模图

图 4-49 所示诺模图为确定在保证与位于其下面层具备符合要求的黏结力时，铺装下面层时的拉应力。

图 4-50 所示诺模图用于确定不能保证层间具备合乎要求的黏结力时，下面层部分的拉应力。

图 4-51 所示诺模图用于确定在保证计算面层与下面层具备符合要求的黏结力时（以上面层为主）下面层部分的拉应力。

为便于计算，采用弹性模量：上面层用加权平均模量，下面层用等值模量。

对下一步的计算则采用更大的拉应力值。

实际破损程度的计算以下述顺序进行：

（1）按季节确定交通流量的强度：

$$N_{季}=\left[\sum N_{p}P_{p(n)}\right]\times\alpha \tag{4-59}$$

系数 α 依据不同季节按表 4.4.1 取用。

（2）对每一季节都要确定极限加载循环次数：

$$N_{季}^{n}=\left(\beta\frac{R_{u}}{\sigma}\right)^{m} \tag{4-60}$$

系数 β 和 m 值根据不同季节取自表 4-5。

系数不同季节取值表 表 4-5

系　数	春	夏	秋	冬
α	0.1	0.41	0.22	0.27
β	1	1.4	0.9	1.6
m	6（7）	6（7）	6（7）	6（7）

注：系数 m 值一行中带括号的指标值是用于计算路面下封层与未洒黏结剂基层间相互作用量。

（3）按季节确定的工作能力水平：

$$F_{季}=1-\frac{N_{季}}{N_{季}^{n}} \tag{4-61}$$

（4）计算出用于春季的工作能力水平：

$$F_{n}=F_{春}-\left(1-\frac{1.2\times R_{\mu}}{R_{c}}\right)\times(1-F_{夏})-\left(1-\frac{R_{\mu}}{R_{c}}\right)\times(1-F_{秋})-\left(1-\frac{1.5\times R_{\mu}}{R_{c}}\right)\times(1-F_{冬}) \tag{4-62}$$

式中：R_{μ}——计算抗弯拉强度。

（5）确定温度变化的工作能力水平：

$$F_{T}=1-k_{vl}\times T \tag{4-63}$$

$$k_{vl}=\left(\frac{R_{u}\times p_{vl}}{R_{c}}\right)^{6} \tag{4-64}$$

式中：p_{vl}——系数，取 0.75，用于上面层；取 0.74 用于中面层；取 0.73 用于以下各层。

（6）确定冻融交替下的工作能力水平：

$$F_M = 1 - k_{vl1} \times T \quad (4-65)$$

$$k_{vl1} = \frac{R_u \times W \times p_{vl1}}{R_c} \quad (4-66)$$

式中：W——路面各层材料的水饱和状态（%）。

P_{vl1}的值取自表 4-6。

表 4-6

计算单轴荷载 (kN)	P_{vl1}取决于$\sum N_p P_p$（n）		
	小于 10 万轴次	由 10 万到 300 万轴次	超过 300 万轴次
100	0.013	0.012	0.014
115	0.014	0.013	0.016
130	0.016	0.015	0.020

（7）确定由温度产生的破损水平：

$$\Psi_T = 1 - F_T^{3.8\times(1-F_T)-0.4} \quad (4-67)$$

（8）确定由冻融循环产生的破损水平：

$$\Psi_M = 1 - F_M^{3.8\times(1-F_M)-0.4} \quad (4-68)$$

（9）确定工作能力的总换算水平：

来自温度因素的：

$$F_T^n = 0.3 \times F_T + (1 - \Psi_T) \times 0.7 \quad (4-69)$$

来自冻融循环的：

$$F_M^n = 0.4 \times F_M + (1 - \Psi_M) \times 0.6 \quad (4-70)$$

（10）确定工作能力的总换算水平：

$$F_o = F_n - (1 - F_T^n) - (1 - F_M^n) \quad (4-71)$$

（11）确定总的破损水平：

$$\Psi_o = 1 - F_o^{3.8\times(1-F_o)-0.4} \quad (4-72)$$

(12) 对式（4-58）进行验算。若该式得不到满足，则加大面层（或基层）的厚度直至该算式成立为止。

如果强度条件式不能成立，就要设法用提高强度的方案来解决。可能的方法有二种：

(1) 材料学方法；

(2) 结构方法。

材料学方法的基础是根据第 4.3.3 节中的建议，提高对所选材料指标的设计水平。其中包括：可使胶结料黏度适中、提高内聚力（黏附力、黏结力）、使改性效果更趋于合理、使用矿料更为合理、加入掺有添加剂的水泥浆等。采用从结构上对各层间厚度改变的方法，对整个路面进行加强。考虑增减基层厚度可以改变对各层弹性模量间的关系。

防止沥青混凝土面层反射裂缝的措施，除第 4.3.3 节提出的以外，还可以有：

——部分或全部除掉（铣刨）旧有面层（整个面层以至基层）；

——修整出（切割）宽 5～50cm、深 2～5cm 的裂口并用聚合物沥青胶结矿料进行填充。

切割深度可依照图 4-52 和图 4-53 上所指来确定，这两个图表是用裂缝结构有限元设计方法获取的，结构设计则依据旧有路面整个层间厚度（h_p）及在温度为－15℃时的加权平均弹性模量进行。拉伸时的极限应力 σ 对沥青混凝土的新加铺装层来说，考虑到材料结构中的疲劳过程应严格制止超限运输车辆。

$$\sigma_p^{npeo} = \frac{\sigma_p^p}{K_3} \tag{4-73}$$

式中：σ_p^p——在新加铺装层的下面层部分起作用而设计的拉应力，应等于（ΨR_c），部分中值为 0.7～1MPa。

K_3——按图由设计寿命和可靠性水平确定的强度储备系数。

可以一定宽度（b），加铺层厚为 2～5cm 的裂缝阻断层对裂缝进行处治，以便降低拉应力。修整宽度可按图 4-53 所示，根据降低拉应力系数（K_{cr}）来确定。该系数为新加铺装层的以下部分产生的拉应力（σ_p^{ϕ}）与极限应力（σ_p^{npeo}）之比。

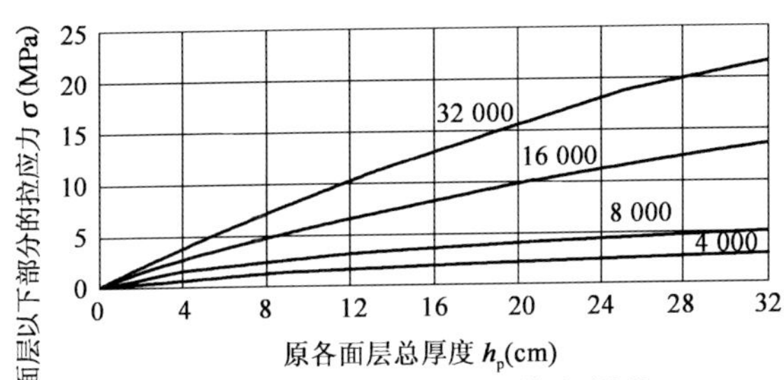

图 4-52 —15℃时，沥青混凝土面层以下部分的拉应力与原面层厚度间的平均弹性模量关系

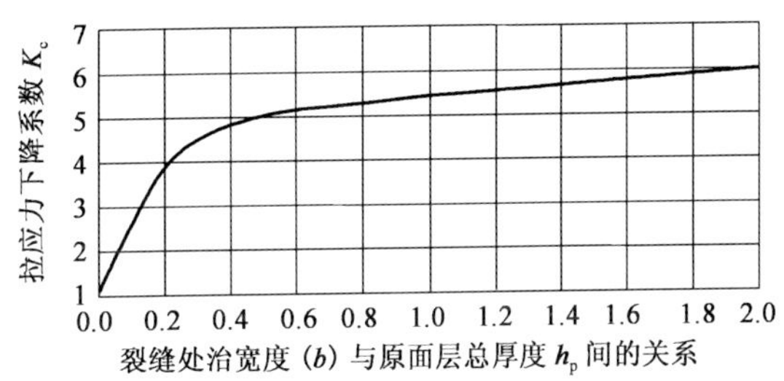

图 4-53 降低拉应力系数与裂缝处治宽度间的关系

如果处治的设计宽度（图 4-53）不超过 2cm，则无必要采用特别措施来减缓反射裂缝的出现。在其他情况下，一旦把维修措施确定下来，就应遵循或最小切割深度或最小修整宽度的原则进行。

平均切割深度对设计深度的允许误差为±30%（一定要保证纵横两个方向的齐整），这些路段的面积不应超过总面积的 25%。

处治裂缝所用的填充混合料推荐以下级配方案：

最佳粒径的砂子—71.5%；

沥青玛蹄脂聚合物—20%；

长 2～2.5cm 的玻璃纤维或石棉纤维—0.5%；

矿粉—8%。

可以用浇注式改性沥青胶结料作为裂缝的填充料。

铺装土工布夹层可根据工艺图进行。

为保持面层的高抗裂性和防止出现不规则裂缝，建议路面使用 6～20 年后，在沥青混凝土面层上再加切变形伸缩缝，两缝相距可在 10～20m 范围并采用玛蹄脂对其填充的办法。

在水泥混凝土面层上可用加铺两种不同类型的结构方式：

第一种类型，计划通过加铺选定的级配碎石（或 1%～1.5%的沥青黑色碎石）此夹层实际上是为了把整个混凝土板完全隔离开。这种结构的优点是，能使沥青混凝土层中的温度应力最小量化，也即出现反射裂缝的可能性最小。同时这种要求也是为了将结构层间的厚度加大。碎石层可能会积存一些水，从而导致额外的空隙应力。

第二种类型就比较工艺化。排除了出现结冰及与结冰相关应力的可能性。计划在面层中使用沥青玛蹄脂碎石混凝土(SMA)，以便保持较高的应用性能指标。建议使用选定好的聚合物沥青胶结碎石混合料，聚合物含量大约在 5%左右，以便作裂缝阻断层和平整层用。但是此类结构造价较高。

在设计的基础上，制定了下述对结构层的要求，这些要求可用作编制此类养护设计时的规范要求：

I 型

对夹层填充材料的要求：

——总的抗剪切强度不小于 0.13MPa；

——内摩擦角 40～50°；

——内黏结力值 0.05～0.07MPa；

——渗透系数不小于 3m/昼夜。

II 型

对夹层填充材料的要求：

——总的抗剪切强度不小于 0.5MPa；

——内摩擦角不小于 40°；

——内黏结力值不小于 0.27MPa；

——在－20℃及荷载作用时间为 1 小时的条件下，松弛模量不应大于 20MPa。

该类型夹层要在设计中体现出来，因为所有能够按照强度标准进行道路结构设计的计算指标都是必须有的。

在进行大修和改建设计时，建议按下述方法对面层及路面各层材料的抗裂强度进行计算。

（1）原始资料

温度为 0℃时，原路面各整体结构层材料设计的弹性模量（E_i^0），原路面各整体结构层材料的极限结构强度值（R_c），抗弯拉强度极限值（R_u）和水饱和状态（W）；

原路面各整体结构层材料的易损性水平值（Ψ_i），按道路标准规范 0219.1.21—2001 中的《通用公路检测》确定的，原路面结构层的厚度（h_1）；

根据三个单项可靠性指标确定的涉及有一定破损程度的可靠性总水平（$P_{2,3,4}^{\Psi}$），即温度抗裂稳定性（P_2）、疲劳抗裂稳定性（P_3）、抗腐蚀稳定性（P_4）；按道路标准规范 0219.1.21—2001 中的“通用公路检测”确定总可靠性水平 $P_{总}$，将 $P_{总}=\sqrt[3]{P_2\times P_3\times P_4}$求出的值由 P_o^{Ψ} 来替代。

（2）按照以上研究过的新路面设计方法，对所有路面结构（所有路面各层）进行计算。对原有各层材料来说，优点在于使用的设计指标（0℃时的模量 E_i^0、抗弯沉强度极限 R_u、极限结

构强度 R_c）均是依据有破损的可靠性水平值 $P^{\Psi}_{2、3、4}$ 校正出来的。图 4-54 为道路结构用计算图。

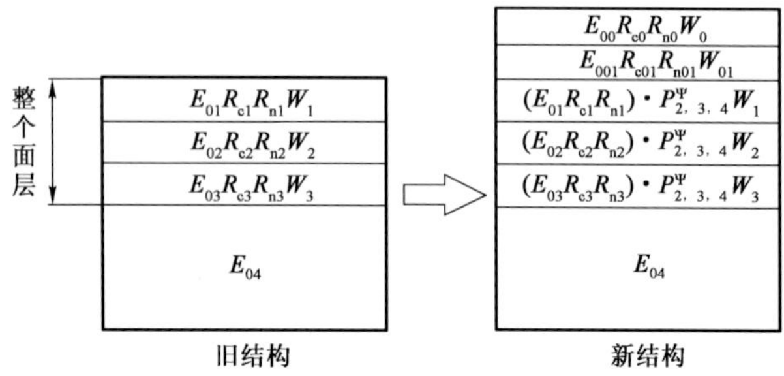

图 4-54　交通荷载及气候因素综合作用的结构设计图

（3）当不符合强度条件时，也可使用其他材料来修筑新层，加大新层的厚度，还可附带将原路面拆除（铣刨）一层或数层，然后必须按弹性弯沉和抗剪切强度对道路结构进行一番验算。对原有整个路面强度进行检测，要在易损性水平极限值（Ψ）的条件下进行，这等于极限值（Ψ）与被检测层所允许的易损性水平值（Ψ_i）间的差。

为了解决水泥混凝土面层的反射裂缝问题，可以采用一项基本的解决方案，即干脆把水泥混凝土板块彻底毁掉，然后铺上三层沥青混凝土面层。破毁水泥板块时使用了专用设备，其上部工作机构要保证能产生一定频率及一定振幅的振动源（图 4-55）。形成的结果是整体板块变成了 10～100cm 大小的碎块(图 4-56)。

当 M-1/E-30 号公路进行大修时，在沥青混凝土面层直接对着水泥混凝土中的变形伸缩缝上方冲开一条缝（图 4-57）。

也可在以原水泥混凝土面层为基础上加铺薄层沥青混凝土面层，以便降低沥青混凝土面层的厚度、进一步改善旧路面外观并降低施工成本。

图 4-55　水泥混凝土路面振动破毁设备

图 4-56　被振动破碎后的水泥混凝土面层

图 4-57　沥青混凝土面层上的变形伸缩缝

4.4.2 运营期间消除脆性变形的方法

面层上的各类裂缝都会对车辆通行的舒适性产生不良影响，主要体现在路面的寿命和可靠性上。水经裂缝进入地表和基层中，结果导致整体结构失去原有的承载能力、平整度和结构强度。因此，要及时养护维修以便尽快消除裂缝，这就成了运营期间的首要任务。

（1）温度裂缝

温度裂缝是最常见的缺陷之一。虽有裂缝，但在路面相当坚固的状况下，却并不会出现什么危险。只要及时使路面得以养护维修，将大大提高其正常使用年限。

如果裂缝开口不大（0.5～0.7cm 以下），将裂缝充分清理干净并用密封胶（乳化沥青、稀释沥青等配制）将其填充，然后再撒上耐磨粉料（图 4-58）。

原始状态

裂缝口的净化及密封

图 4-58　裂缝开口不大的维修

裂缝开口宽度较大时，在其裂口处切磨出一小坡口（图 4-59），尺寸大小如下：

$$B=（100\times L\times \alpha\times \Delta）：\varepsilon_z$$

基本尺寸和比例：

若 $B<25$mm，则 $B:h=1:1$；

若 $B>25$mm，则 $B:h=2:1$。

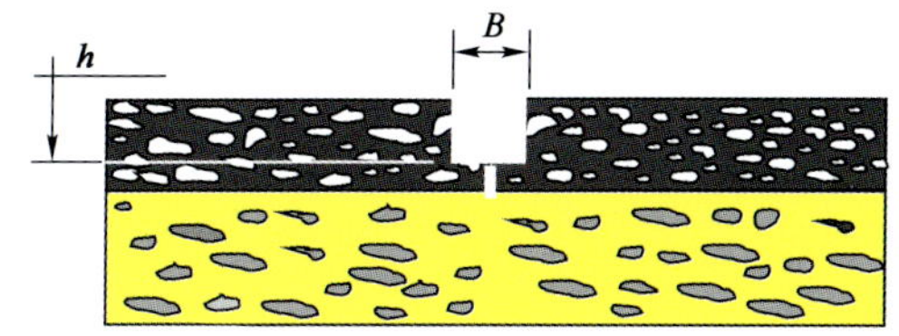

图 4-59 充填密封胶用的小口

最终，将小口用沥青聚合物密封胶填充平整。处治后的裂缝外貌展示在图 4-60。

图 4-60 修整好的温度裂缝

(2) 强度及反射裂缝的处治。

可用两种方案对这种裂缝进行修整，以便下一步用密封胶进行填充（图 4-61）。

开口的宽度和深度将取决于面层的厚度、基层类型和裂缝宽度等。开口的大小及所用密封胶的性能均应保证密封胶不会出现断裂并保持完好无损，同时还应确保密封胶与面层衔接紧密，避免出现微小裂隙。这些尺寸的大小应由第 4.4.1 节中介绍的方法来确定。

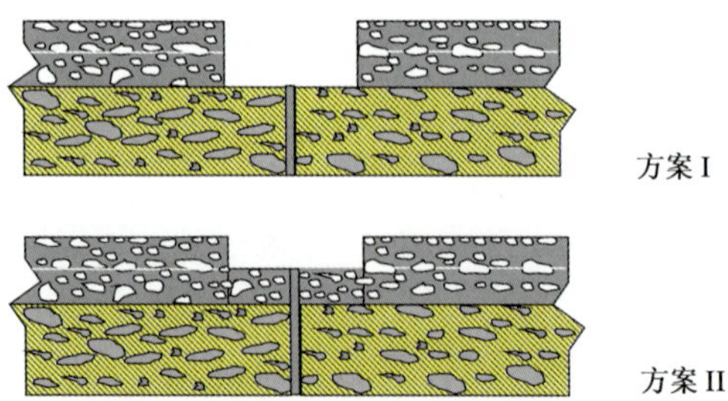

图 4-61　强度裂缝和反射裂缝填充前开口的状况

开口应及时用密封胶填充（图 4-62）。

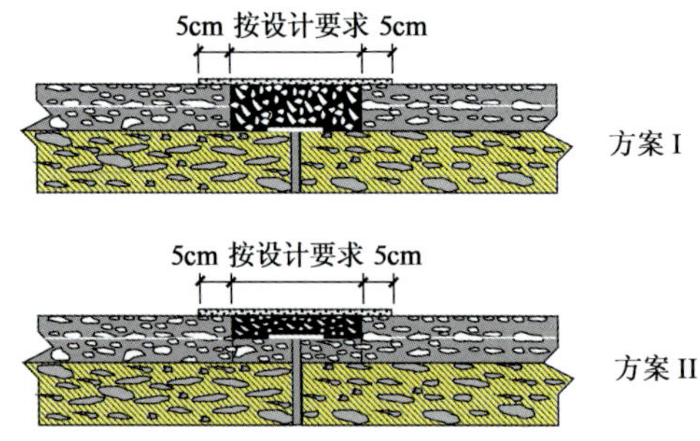

图 4-62　用密封胶将切口填充好

用作密封胶的原材料：

（1）玛蹄脂碎石混合料；

（2）改性胶结料浇注式沥青混凝土。

为改善裂缝边缘与密封胶的黏结性能，应采用具有高强黏结力的填充料。

密封胶上面再加铺一层土工合成纤维或耐磨细料。

图 4-63 为修复妥当的强度裂缝。

（3）施工裂缝。

施工裂缝用浇注式密封胶的方法进行处治，通常是以沥青（图-64）粘贴土工合成纤维（图 4-65）或撒上一层耐磨材料。

图 4-63 强度裂缝修复后的状况

图 4-64 胶结料的浇注

图 4-65 粘铺土工合成纤维

（4）疲劳裂缝。

一旦发现疲劳裂缝，就足可证明路面的整体强度已经丧失。因此，必须预先对路面进行检测。如果路面强度不致影响正常使用，就要将已被破坏的面层上类似坑槽的部分破除掉，进而以密封类材料填充。如果路面的强度无从谈起，那就只好进行大修设计或根据第 4.4.1 节中所建议的方案进行加固。

5　路面腐蚀变形破坏原因与消除方法

5.1　路面腐蚀变形破坏类型与分级

路面沥青混凝土和其他材料最重要的性能是形成结构后的稳定性，结构会随着温度的变化而常常出现一种周期性的规律。在冻融时，处于水饱和状态的沥青混凝土会受到极为严重的破坏。吸附在表层的水会使层间的表面能量降低，同时也会削弱混凝土变形时的内部重构层面的结构形成[47]。

沥青混凝土在春、秋季节（译者注：白俄罗斯气候条件）会处于脆性状态，材料开放性空隙中的水会改变相态，转化成冰而膨胀，这会促使微小裂隙的形成。在表面活性介质的作用下，微裂隙加重。这是由于初始微小裂隙的端头处形成相当大的劈裂力，活性介质引起的初始微裂隙被强迫劈裂。这种反复多次的温热敏感作用导致了残余变形的积累[48]。因此，水膜为劈裂作用提供了便利，从而引起沥青膜从矿物材料颗粒表面一层层地被剥落下来。这一破坏过程因交通荷载的交替作用而被进一步加深。在填充料与胶结料的分界面上，无论大、小裂缝均使胶结料与填充料间的黏结面缩小，随后沥青混凝土结构便受此影响而产生破坏。

由于气候因素和交通荷载的共同作用，破坏程度在一定时间段会处于剧变状态，路面上就会出现由于重复侵害而造成的永久变形和破坏。

被侵蚀而造成的变形和破坏可以总结为以下四种类型：

（1）面层剥离；

（2）材料分层和脱落；

（3）坑槽和塌陷；

（4）特殊形式的腐蚀变形（白色斑块）。

面层剥离是由于水在温度变化的作用下，形成冻害作用而产生的沥青与其他胶结料表层薄膜分离的破坏（图 5-1）。

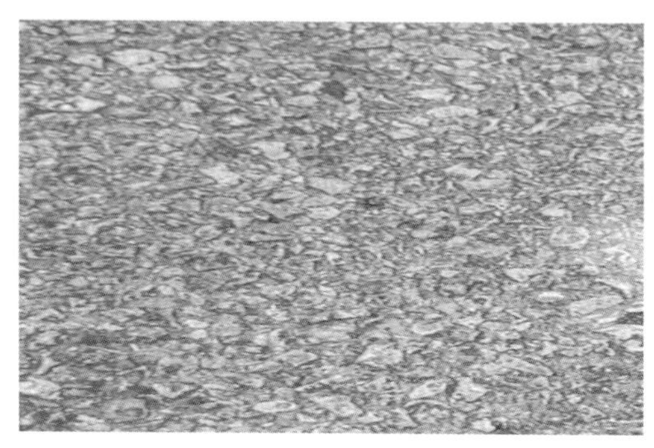

图 5-1 路面材料剥离

出现面层剥落现象也证明了路面强度的受侵蚀过程。此时的破损程度尚未突破临界值，必须及时采取有效措施来消除此类破坏。

剥落是由于大颗粒骨料或细小固结材料失去了聚集黏结能力，路面遭受破坏（图 5-2）。剥落一般仅是面层剥离的初级阶段，发展下去就会形成坑槽。

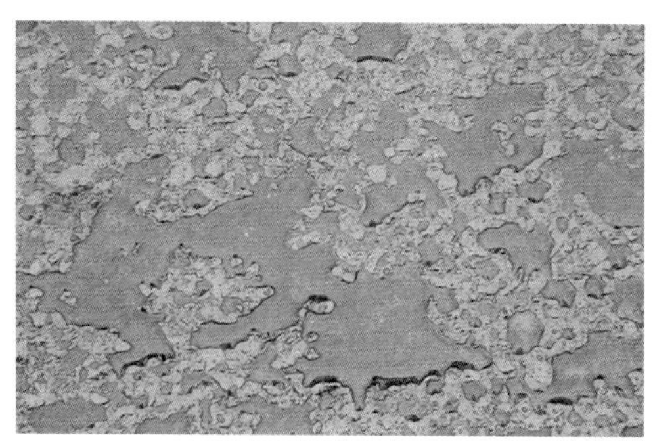

图 5-2 路面材料形成剥落

坑槽是路面的局部破坏，其形状为边缘清晰的坑洞，是由于面层材料受到一定程度的破坏而形成（图 5-3）。坑槽是腐蚀变形的极端类型，应及时消除。

图 5-3 路面表面突显的坑槽

材料分层即路面（纵向面）由于水的聚积，一旦遇到结冰形成冻胀作用就会产生挤压变形。材料分层后的结果就会迅速导致出现坑槽。

特殊腐蚀变形主要是指由于水分在材料内部大的空隙中游走而产生的变形，它会促使面层材料在气温较高时遭到破坏。此时水分子具有很高的活性，会冲刷沥青导致出现“白斑”，使面层很快坏掉（图 5-4、图 5-5）。

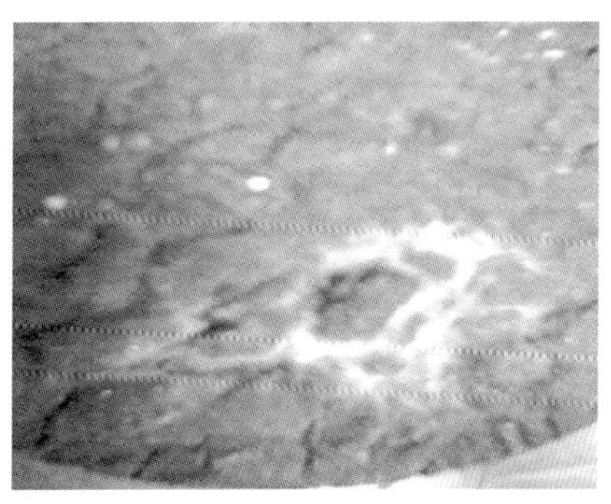

图 5-4 因动水冲刷，沥青面层出现“白污斑”

目前我们对特殊腐蚀变形破坏研究得较少。其危害很大，新铺面层、桥面铺装和其他重要结构均会受到它的困扰。关于此类变形的原因，将在第 5.3.3 节作有详细分析。

图 5-5　面层因出现“白污斑”而遭到破坏

5.2　承担腐蚀变形的材料性能

路面材料抗腐蚀性变形是由材料的整体综合性能来确定的，其中主要有：

（1）热物理性能；

（2）环境和化学性能；

（3）流变性能、变形性能和强度性能；

（4）结构性能。

如此大量的性能各异，表明了路面材料要保持本身的腐蚀稳定性是一项极其复杂而困难的事情。

对路面材料所有的性能都去进行一番研究也不太现实。我们的着眼点仅在于确定对材料进一步研究所必需的主要性能。

对沥青混凝土路面腐蚀稳定性影响较大的有：密度、结构均匀性、透水性、空隙率、沥青对骨料表面的黏结性能、所用矿料的抗水抗冻强度以及沥青混凝土老化过程中仍保持的强度[2]。

在路面材料所有性能中，空隙率最具有代表性。空隙的大小、总量及形状都在水的冻融、水分和空气活动过程中扮演着重要的角色。总之，这些对在面层使用过程中的腐蚀现象都会产生重要的影响作用。目前一般采用积分指标，即以真空状态下材料的水饱和状态来评估空隙率。尽管水饱和指标不能完全反映出空隙结构的特点，但它仍可用于路面腐蚀稳定性的预测计算。

由于在材料空隙中，水的冻融对路面腐蚀稳定性影响作用很大，故积分指标即抗冻系数仍可作为评估路面腐蚀稳定性的常用指标。

含有有机胶结料的沥青混凝土及混凝土的抗冻系数可采用以下方法确定。

(1) 制备 6 个圆柱体试件。

作抗冻试验前，先将 3 个试件以 5%的食盐水溶液浸泡透。其余 3 个仅在恒温下保存，以便于检测对比。

(2) 将经过水浸泡的试件放入冷冻室，间隔距离不小于 50mm。如果放置完毕后冷冻室内温度有所升高，则要等温度变化到−18℃时作为初始时间。根据规定的室内冷冻温度，每次冷冻时间不得少于 4h。试件从冷冻室取出后，放入 5%的食盐溶液槽中，再以 (18±2)℃的温度持续解冻，保持时间为 4h。

冻融循环次数一昼夜应不少于一次。在进行冷冻试验中，由于某种原因或技术要求需暂停时，试件应处于冷冻状态。

(3) 完成规定的冻融循环次数（50 次或 25 次）后，再进行真空处理，将试件放在温度为 50℃的水中进行 24h 养生，并在此温度条件下，对试件进行检测确定其抗压强度。

(4) 抗冻系数按下列公式计算，并准确到小数点后两位数。

$$K = \frac{R_M}{R} \tag{5-1}$$

式中：R——检测试件受压（温度 50℃）时，极限抗压强度的平均算术值（MPa）；

R_M——试件经过规定的冻融循环次数后进行抗压试验（温度 50℃）时，获取的极限抗压强度计算平均值（MPa）。

研究表明，抗冻系数与水饱和状态极限结构强度指标存在以下关系：

$$K_M = 0.7595325 - 0.062753475w - 0.052590975R_0 + 0.0214656R_c \tag{5-2}$$

式中：w——材料的水饱和状态；

R_0——0℃时材料的抗压强度；

R_c——材料的极限结构强度。

对式（5-2）分析表明，抗冻系数 K 随着 R_c 的增大和 w 的减小而增大。

参数 w、R_c 能确定抗冻系数，因此需要确定它们的取值，特别是在级配选择和结构优化阶段更为需要。

在材料选择及对材料质量进行比较时，从抗冻性来看，可以使用破损积累（见第 1.2 节）和疲劳变形稳定性（见第 4.2 节）中的动力学方法。

至于路面材料的腐蚀稳定性（类似塑性变形稳定性和抗裂稳定性），目前尚无相应的仪器和方法，可直接进行评估。

间接涉及空隙结构和材料的抗腐蚀性，可以按试件的透水性数值来作进一步讨论。

5.3 造成腐蚀变形的原因和标准

5.3.1 路面材料的腐蚀变形稳定性及抗破坏标准

路面材料出现腐蚀变形的基本原因是由于交通荷载和天气气候因素作用，促使材料结构中产生了破损积累。对破损发展产生影响作用的是整个路面系统的综合作用和结构经受的流逝过程。

材料腐蚀变形稳定性标准可用前述第 4.3.1 节中所引用的疲劳破坏条件见下式：

$$\Psi_1 + \Psi_2 + \Psi_3 \leqslant [\Psi] \tag{5-3}$$

式中：Ψ_1——交通荷载作用产生的破损程度；

Ψ_2——温度作用产生的破损程度；

Ψ_3——冻融交替循环作用产生的破损程度；

$[\Psi]$——与公路等级相关的破损程度极限值。

该标准的详细计算示于第 4.3.1、4.4.1 节中。

破损标准非常客观。但是，当计算时又不得不使用许多假设和简化。不过，一方面这会降低计算结果的准确度；另一方面，又使得在设计选用级配阶段使材料的优化组合更趋于复杂化。

从材料学观点来看，冻融过程中的腐蚀性破坏可认为是不断变形状况下的疲劳性破坏。正如 4.3.1 节中已表明的那样，在进入变形过程中，弹性关系单位量（n_y）在 0.5 左右内的材料有着最大的疲劳耐久性。

弹性关系量应由与材料空隙中形成冰冻的整个过程相适应的温度及变形速度来确定。此时：

$$n_y = R_n / R_c \tag{5-4}$$

式中：R_n——与结冰条件相一致的温度和变形速度下的材料强度。

在此情况下，可靠性系数应为：

$$K_{0.3} = 1 - | 0.5 - n_y^n | \tag{5-5}$$

从实际观点来看，重要的是要以尽量少的试验去取得数据来确定抗冻强度 R_n。这就有必要先弄清楚能够符合结冰条件的变形速度。为此，对沥青和水泥进行复合材料的试件进行干湿试验，以不同速度进行冷胀测量研究。当测绘水饱和试件的线胀曲线时，冷冻形成的初始阶段会出现一个峰值，该峰值特有的温度范围取决于冷却速度，并具有随速度减缓而降低的趋势。在白俄罗斯，当路面温度从0℃往下降时，同M. Я. 库杰尔科的数据对比，与3.5℃到-4℃开始结冰时观察到的现象是相一致的，这与文献［2］中所述并不矛盾。考虑到水在结冰时其体积会扩大10%[49]，那么冷冻后产生变形的相对速度应为3.2×10^{-5}/s。

如果温度为0℃，变形速度为3mm/min，同时再考虑到低温时的塑性系数接近参与变形过程的黏性关系量（$1-n_y$），以这种条件下的材料强度为基础，那么就可以写出下式：

$$R = KR_3^0 (V/V_3)^{(1-R_3^0/R_c)} \tag{5-6}$$

式中：K——考虑了冷冻温度为-3℃时与试验温度条件间相差的系数值，可取1.20；

V_3——以70mm试件为基准，相对变形速度为77.1×10^{-4}/s。

将以上各值代入式（5-6），得出：

$$R_n = 1.2R_3^0(0.045)^{(1-R_3^0/R_c)} \tag{5-7}$$

按式（5-7）的方式就可以找出n_y^n。用选择法进行的计算表明，为满足$R_n/R_c=0.5$这一条件，比例关系R_3^0/R_c应为0.75～0.8。

此时抗冻条件的储备系数可按下式确定：

$$K_4 = (1-|0.8-R_0/R_c|)^{\phi}/(1-|0.8-R_0/R_c|)^{\min} \tag{5-8}$$

式中：$(1-|0.8-R_0/R_c|)^{\phi}$——具体成分的储备系数实际值；

$(1-|0.8-R_0/R_c|)^{\min}$——被研究成分这部分系数的最小值。

在0℃和R_c条件下，建议按拉伸示意图确定强度值，这更接近于材料的实际工作条件。

应当指出，材料在等温条件下的弹性工作关系最佳值为0.5。在此情况下，材料以相等程度显示出弹性（硬度、抗磨损、强度等）和黏塑性能（变形能力、荷载抗冲击等）。此外，在变形水平不变的情况下，将出现抗循环荷载及结构的重新组合。前面曾指出过，当$n_y=0.5$时材料的被破坏程度是最大的。

除了基本标准外，在材料选择阶段，还可以使用经优化的附加标准。当受到短暂荷载和冻融综合作用后，原因便可找到，最大耐久性和重组能力标准便可确立。当然，若文献［21］中的公式成立，则认为此种情况的最合适条件为：

$$\Delta n = n_y^{\mathrm{I}} - n_y^{\mathrm{II}} \rightarrow \max \tag{5-9}$$

式中：n_y^{I}——与交通荷载作用机制相一致的弹性关系量；

n_y^{II}——冻融条件下的弹性关系量。

实际上为了确定 Δn，必须绘制出修正温度为 0～ −5℃下的强度坐标曲线（强度—变形速度），这也符合路面材料中对交通荷载和天气气候因素作用时的计算条件。然后再求出变形速度 10^{-2}/s（因交通荷载）和 3.2×10^{-5}/s（因冻融）所用的 n_y值。

引用上述方法从材料腐蚀稳定性观点来看，要在具体材料进行结构优化时才可使用。

至于对路面层材料腐蚀变形稳定性和可靠性的评估，现阶段仍建议使用抗冻系数方面的数据。

为了顾及材料腐蚀稳定性，曾对储备系数和可靠性水平的相互关系进行了研究。

储备系数按下述方法确定：

$$K_{\phi} = \frac{K_{\phi}}{K_{mp}} \tag{5-10}$$

式中：K_{ϕ}——50 次冻融循环后材料的实际抗冻系数；

K_{mp}——所要求的系数，在白俄罗斯此系数值等于 0.75。

对试验数据进行统计处理并按第 1.3 节方法完成对运营路面层进行了分析，并提出了下述统计参数，见表 5-1。

选 用 指 标 值　　　　表 5-1

腐蚀稳定性条件储备系数（K_4）	平均值	二次均方差	不对称	过度	中值
	1.2	0.07	−1.48	0.99	1.25

对泊松标准 χ^2 的分布假说进行了检验。结果确定：

对腐蚀稳定性储备系数（K_4），可从正态分布的右侧获取函数，这种分布假说是可取的：

$$F_{K4}(x)=\begin{cases}1, X>X_0\\ \frac{1}{\tau}\Phi\left(\frac{x-a}{\sigma}\right), X\leqslant X_0\end{cases}\tag{5-11}$$

此时，截短率（τ）为 0.88、参数 $X_0=1.323$、$a=1.224$、$\sigma=0.084$。标准统计抽样值 χ^2 为 4.29、临界值为 5.02。

可以按图 5-6 来确定可靠性水平。

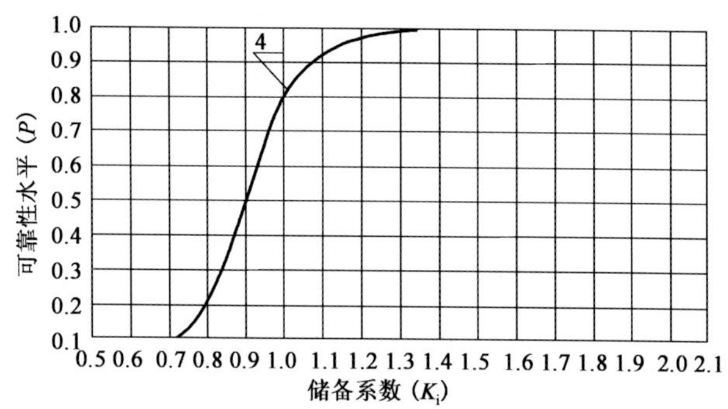

图 5-6　强度储备系数与腐蚀稳定性条件可靠性水平间的相互关系

实践中，为了评估可靠性水平，大家都是依照第 5.2 节中的方法来确定实际抗冻系数的。

按式（5-10）算出储备系数，按图 5-6 计算出可靠性水平，该水平应不低于设计水平[36]。

可以在式（5-2）的基础上确定腐蚀稳定性储备系数。

$$K_4=1.01271-0.0836713w-0.0701213R_0+0.0286208R_c\tag{5-12}$$

式中：w——水饱和状态；

R_0——0℃时材料的抗压强度；

R_c——极限结构强度。

这样就大大简化了成分选择阶段的工作难度，且可方向明确地从腐蚀稳定性观点对结构进行调整。

对公式（5-12）的分析表明，腐蚀稳定性随着水饱和状态的下降和 R_c 的上升而呈直线升高。

5.3.2 腐蚀变形积累对交通荷载参数的影响

交通荷载参数在腐蚀过程中已形成的影响，通过对计算车流量的作用形成的腐蚀变形面积所做出的考查也得到证实（图 5-7）。

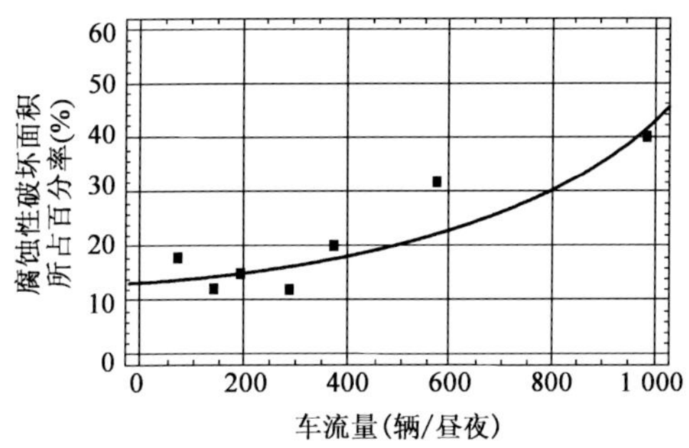

图 5-7 腐蚀性破坏面积所占百分率与统计出的每昼夜车流量间的关系曲线

为了评估交通荷载和天气气候因素对沥青混凝土结构的影响，必须计算出每一作用所产生的破损水平。

现在我们用加给材料的功与取决于材料及其结构性能的极限功之比（A/A_{np}）置换式（1-48）中（见第 1.2 节）W/W_{np} 的比值。

当我们研究单趟行车时，在产生交通荷载作用功之前，先设定空隙中的水处于充满状态（未对液体进行挤压）。此时，单趟行车的荷载量产生的功可以下述方式确定：

$$A_1^{mp} = \frac{F_{mp} \times L_{mp}}{2} \tag{5-13}$$

式中：F_{mp}——因车流通过量产生的假设材料空隙中受到的干扰值（N）[按式（5-14）确定出交通荷载形成的反作用力]；

L_{mp}——按式（5-19）确定的因车流通过量而假设材料空隙中发生的最大变形量（m）。

$$F_{mp} = G_{mp} \times F_{\text{пов}} \tag{5-14}$$

式中：G_{mp}——假设因交通荷载移动时材料空隙中产生的应力（Pa），计算方法见式（5-18）；

$F_{\text{пов}}$——假设材料空隙内的表面面积，取为球形表面积（m^2），计算方法见式（5-15）。

$$F_{\text{пов}} = 4 \times \Pi_u \times R_n^2 \tag{5-15}$$

式中：R_n——假设为材料空隙的半径（m），计算方法见式（5-16）。

依靠对沥青混凝土抗水性结构的研究分析表明，根据沥青混凝土容积中空隙量的分布状况[50,51]，得出了关于按水饱和与沥青混凝土类型确定空隙平均半径的可能性结论。

$$R_n = \sqrt{\frac{3 \times V_n \times m}{4 \times \pi}} \tag{5-16}$$

式中：V_n——空隙的占空容积量（m^3），计算见式（5-17）；

m——由沥青混凝土决定的参数。

$$V_n = \frac{V_m \times w}{100} \tag{5-17}$$

式中：V_m——面层材料的体积（m^3）；

w——沥青混凝土的水饱和状态（%）。

$$G_{mp} = P_{mp} \times k_{mp} \tag{5-18}$$

式中：P_{mp}——交通荷载压力值（MPa）；

k_{mp}——将交通荷载压力转化为假设空隙内部压力的换算系数。

$$L_{mp} = 2 \times \varepsilon \times R_n \tag{5-19}$$

式中：ε——相对变形量，见式（5-20）。

$$\varepsilon = \frac{G_{mp}}{E} \tag{5-20}$$

式中：E——材料的弹性模量（Pa），见式（5-21）。

$$E = 1\,000 \times R_c \tag{5-21}$$

式中：R_c——材料的最大结构强度（Pa），见式（5-22）。

$$R_c = \frac{\overline{R}}{1 + 1.92 \times \lg\left(\frac{R_1}{R_2}\right)} \tag{5-22}$$

式中：R_1、R_2——温度为－18℃速度相应为 3mm/min 和 10mm/min 时的抗拉强度（Pa）。

$$\overline{R} = \frac{R_1 + R_2}{2} \tag{5-23}$$

冻融交替循环作用下的功按下述方式确定：

$$A_{冰}^{循环} = \frac{G_n \times L}{2} \tag{5-24}$$

式中：G_n——空隙中冰冻时产生的应力（Pa），冰冻时空隙中单位体积的增大量为 10%，见式（5-26）；

L——水相转化为冰时假设为空隙容积的变形量（m^3），见式（5-25）。

$$L_{体积} = 1.1 \times V_n \times m \tag{5-25}$$

$$G = 1.03 \times E_0 \tag{5-26}$$

式中：E_0——温度为0℃时材料的弹性模量（Pa），见式（5-27）。

$$E_0 = R_л \times q \tag{5-27}$$

式中：$R_л$——与结冰条件相一致的温度和变形速度下的材料强度（Pa）[21]，见式（5-28）；

q——转换成适用于沥青混凝土的力学模型（比尤尔格尔斯模型）的松弛模量系数。取荷载作用时间

（当空隙中的水全部结成冰时所用时间）为2～4h。

为进行对比计算，q 可取为1.5。

$$R_{л} = 1.2 \times R_0 (0.045)^{(1-R_0/R_c)} \tag{5-28}$$

式中：R_0——当温度为0℃和变形速度为3mm/min，沥青混凝土的抗拉强度（Pa）。

材料的极限做功值 A_{np} 从试验中获得，平均为：

交通荷载作用下：25J；

冻融交替循环作用下：1.2J。

在制定模型时的根本复杂性在于，交通荷载和冻融作用时，对材料破坏所用功不能以线性求和的方式换算成统一标准。

依靠公式（5-30），可以得出由交通荷载及天气气候因素的影响作用而形成工作能力的线性水平。

此时，可按条件式确定工作能力的等值水平：

$$\begin{aligned} F_e &= (1-[(1-F_n)+(1-F_n^{\mathrm{I}})]) \times K_{盐} \\ &= (F_n + F_n^{\mathrm{I}} - 1) \times K_{盐} \end{aligned} \tag{5-29}$$

式中：F_n——材料经N次冻融循环后的工作能力；

F_n^{I}——按冻融状态导致由于交通荷载表现出来的工作能力，见式（5-30）；

$K_{盐}$——考虑到附带的盐类浸蚀系数。

$$F_n^{\mathrm{I}} = 1-(1-F_{mp}) \times [n_{yn} + (1-n_{ymp})] \tag{5-30}$$

式中：F_{mp}——材料 N 次循环加载下的工作能力；

n_{yn} 和 n_{ymp}——在天气气候因素和交通荷载分别作用下的弹性关系量。

$$n_{yn} = \frac{R_n}{R_c} \tag{5-31}$$

$$n_{ymp} = \frac{R_{50}}{R_c} \tag{5-32}$$

式中：R_{50}——温度为0℃和变形速度为50mm/min时的材料

强度。

$[n_{yn}+(1-n_{ymp})]$ 值经试验取得，平均为 0.2～0.3。

结构的破损程度（抗冻系数）按关系式确定：

$$K_{冻}^{理论}=F_{e}^{(K\times(1-F_{e})-A)} \tag{5-33}$$

式中：K、A——取决于参与变形过程中 n_y 的系数。

K 和 A 的系数值可按下述公式求得：

$$K=1.36587-0.564527\times n_{ymp}^{2} \tag{5-34}$$

$$A=0.9003-0.64984\times n_{ymp} \tag{5-35}$$

交通荷载和天气气候因素作用时的极限工作能力水平可以按下列关系式确定：

$$A_{极限}^{冰}=\frac{1.03\times R_{л}\times d_{空隙}}{4} \tag{5-36}$$

$$A_{极限}^{要求}=\frac{R_{50}\times L_{50}}{2}$$

式中：R_{50}——温度 0℃和变形速度为 50mm/min 时，材料的极限强度（kN）；

L_{50}——速度为 50mm/min 时的变形值（m）。

为了对所获结果进行试验检测，制备了一批沥青混凝土试件，对试件进行了冻融及循环后的力学检测。

对沥青混凝土的性能研究是以直径和高度均为 71.4min 的圆柱体试件进行的，标准力学性能根据白俄罗斯标准 1033—04 确定。

每经过 5 次冻融循环就要施加一次机械力的影响作用。为此在振动平台上配备几种结构件，装上空调机，以便能保持常温 20℃。对试件来说，要按时间进行强烈的机械振动，即最大限度地模拟出天气气候及交通荷载形成的那种影响作用。

荷载作用产生的机械力作功值按下式计算：

$$A_{1}^{в}=\frac{F_{в}\times L_{в}\times K_{в}}{2} \tag{5-37}$$

式中：$A_1^{в}$——一次振动影响作用产生的作功值（J）；

$F_{в}$——材料被施加同一力的影响作用，材料空隙中发生的被扰动值（N），见式（5-38）；

$L_{в}$——施加单一机械力影响作用时，材料产生的位移量（m）；

$K_{в}$——将单一机械力的影响作用（试验时）换算成单一交通荷载影响作用的系数，$K_{в}=40$。

$$F_{в} = G_{в} \times F_{пов} \times K_{压力} \tag{5-38}$$

式中：$G_{в}$——在机械力的影响作用下，材料空隙中产生的应力（Pa），见式（5-39）；

$F_{пов}$——材料空隙的内表面积（m^2），见式（5-15）；

$K_{压力}$——对材料空隙中压力变化的统计系数。

$$G_{в} = P_{в} \times K_{в} = \frac{F_{м}}{S_{nk}} \times K_{в} \tag{5-39}$$

式中：$P_{в}$——机械荷载作用形成的压力值（MPa）；

$K_{в}$——机械荷载作用换算成的系数；

$F_{м}$——机械荷载作用值（N），见式（5-40）；

S_{nk}——重物与材料的接触面积（m^2）。

$$F_{м} = f \times g \times K_{hn} \times K_{ycn} \tag{5-40}$$

式中：f——重物重量（kg）；

g——自由落体加速度（m/s^2）；

K_{hn}——动态系数；

K_{ycn}——重物与材料接触时的条件系数。当施加单一机械作用时，材料中产生的位移量，可与交通工具一次通过产生位移的相同方法来确定，见式（5-18）～式（5-23）。

冻融作用产生的做功值按式（5-24）计算。

结果计算出了抗冻系数的理论值和试验值。这得以对式

(5-33)～式（5-36）进行了修正，最后取下列形式：

$$K_{冻} = -0.56146 + 1.412987 \times K_{冻}^{理论} \quad (5-41)$$

式中：$K_{冻}^{理论}$ ——按公式（5-33）算出的抗冻理论系数值。

利用关系式（5-33）、式（5-41）获得了交通荷载不同作用次数和类型相同的抗冻系数值 $K_{冻}$（图 5-8、图 5-9）。正如所进行的计算所表明，抗冻系数值在很大程度上取决于交通荷载作用强度及其性能指标。

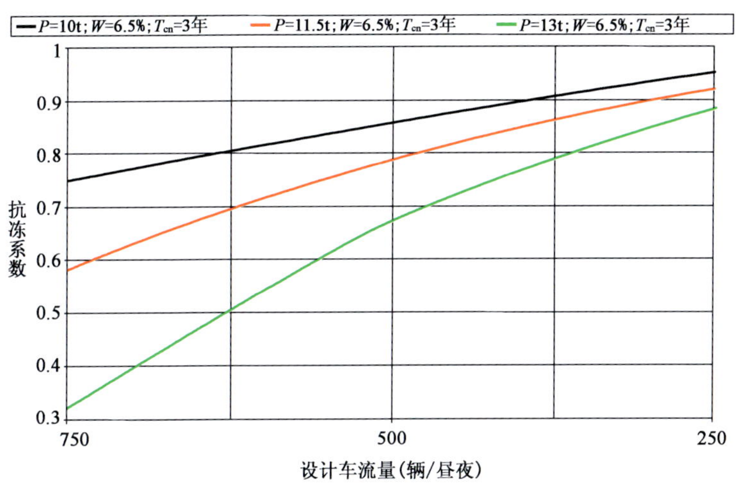

图 5-8 6.5%水饱和沥青混凝土抗冻系数与寿命 3 年中平均交通荷载作用强度的关系

当单轴荷载由 10t 增至 13t 时，抗冻系数会相应下降：

寿命为 3 年时：

水饱和度 6.5%、车流强度250 辆/d：从 0.94 到 0.88；

750 辆/d：从 0.75 到 0.32。

寿命为 15 年时：

水饱和度 2.5%、车流强度250 辆/d：从 0.93 到 0.86；

750 辆/d：从 0.68 到 0.11。

从引用数据中可以看出，交通荷载对面层中的沥青混凝土腐

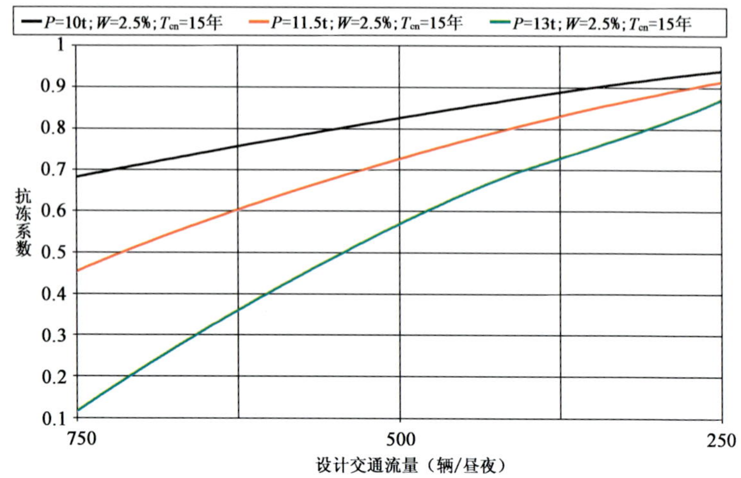

图 5-9　2.5%水饱和沥青混凝土抗冻系数与寿命 15 年中平均交通荷载作用强度的关系

蚀稳定性有着明显的影响。当单轴荷载从 10t 提升至 13t 时，根据沥青混凝土的性能，腐蚀稳定性系数值会下降 6%～90%。当车流量超过 500 辆/d 时，面层受到的影响会更大。

对上述交通条件，沥青混凝土水饱和状态不应超过 2.5%～3%。

结论如下：

（1）路面层材料在交通荷载和天气气候因素的共同作用下，因破损积累在面层中最终被显露出来。由于交通荷载和气候因素作用施加于材料的能量并不是等值的，不能直线求和，这与进入变形过程中的各关系量各异有关。从破损积累发展的观点看，一般交通荷载附加产生的能量相当于天气气候因素产生能量的 30%。

（2）为了计算出交通荷载和天气气候因素的共同作用量，以产生的破损程度而设计出了可将各作用因素换算成等值标准的力学数字模型。此模型源于能量可通过工作能力水平换算成的等效值，并将材料作为依次相类似的弹性、黏性与塑性关系的综合构造形式。

（3）统计表明，交通荷载对天气气候因素作用下的沥青混凝土结构破坏过程具有影响。例如，如果材料受到400次冻融循环就会被破坏掉，那么10万次交通荷载作用并经250次循环也必定会发生破坏。当其他条件相同时，受腐蚀面积会增加40％以上。

（4）单轴荷载的增加同样会使腐蚀破坏加大。例如：当单轴承重量增至11.5t时，腐蚀变形面积会增加12％；当单轴承重量为13t时，在路面层设计寿命期内，同10t轴载相比就会增加40％（交通流量为500辆/d）。

（5）已被认定为合理的事情就要在检测时纳入考虑范围。特别是要依据车流量及单轴承重量对在检测过程中发现的腐蚀破坏作用进行区别对待。

（6）交通荷载对腐蚀变形的影响取决于沥青混凝土集料级配和不同结构类型，材料中的空隙率越高情况就会越严重，交通荷载的影响作用就越大。在交通荷载和冻融条件作用下，材料的破坏能量和松弛模量的差异越大，交通荷载的影响会越小。在此情况下，运输车辆以较低的速度运行时，在很大程度上会严重影响到腐蚀变形的破坏程度。

5.3.3 路面结构和材料性能对腐蚀变形过程的影响

路面结构可以影响到水的流动性，积水产生的冻融，其后果当然会影响到腐蚀过程。

关于路面结构对腐蚀过程的影响，这方面的统计数据尚不多见。

我们认为合理的是要划分出两种情况：

（1）保护层即磨耗层的存在着对面层材料腐蚀稳定性的影响

作用；

(2) 按路面厚度对各层正确布局以确定各层空隙率的必要性。

保护层一般使可靠性水平可提高 40%～60%，具体数值取决于保护层的质量、加铺时间、面层材料的性能。任何情况下，为获得好的效果，就必须在加铺保护层的同时，再加铺覆盖层并予以定期更新。保护层的作用机理和材料成分将在第 6 章中作更详细分析。

在设计路面结构时，不允许在两个密实层之间设置大空隙多碎石层（图 5-10）。

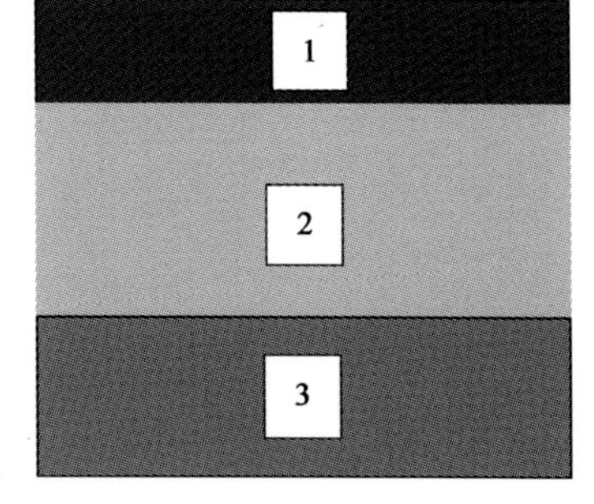

图 5-10　无腐蚀变形稳定性的路面结构

此种现象发生在路面大修加固、桥面铺装层以及水泥混凝土为基层再加铺沥青混凝土等。

在密实层和以密实层材料加固路边形成的“封闭”层上设置排水孔及大排水口，这会导致雨水顺着大排水孔流动而产生相关的特种类型腐蚀变形和材料破坏（见 5.1 节）。

实际上，在 M1/E30 公路干线进行大修时，曾不得不遇到与此种现象。

1997 年夏（白俄罗斯气候条件），莫斯科至布列斯特公路干线（E30）上的沥青混凝土面层就曾出现了白色“盐渍”（见图 5-4）。这种现象在其他路段上（布列斯特方向 690～694km 处、莫斯科方向 771～773km 处）表现得尤其明显。

在钻取芯样处及许多路段的面层表面均发现有明显的水渍痕迹。

例如，在照片（图 5-11）上可以看出，水已充满了取样坑洞并且有的地方甚至有水溢出地表。

出现水渍斑痕以及导致面层材料解体的根本原因之一是，下部高密度的多空隙层间已完全形成水饱和状态，该层铺装在不透水的水泥混凝土基层上，个别质地不均匀的地段和下面层已经水饱和的空隙容积与面层结合部均应设有通往面层表面的出水口。

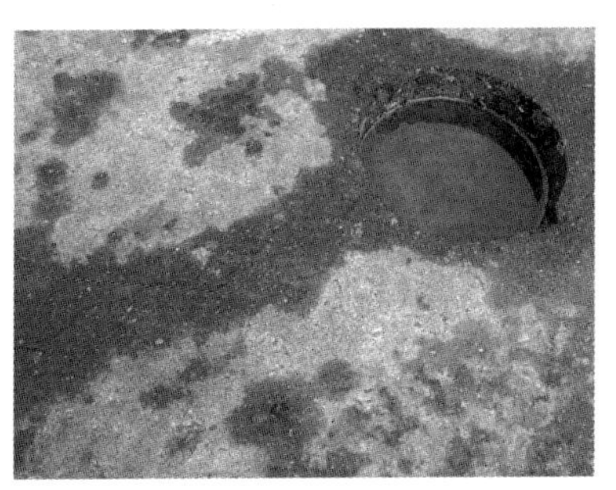

图 5-11　在腐蚀变形严重地段水已流满了取样坑

为了消除上述腐蚀变形，也曾作过下述建议：

（1）在面层边缘和路肩上，按照所铺装层的厚度开出渗水沟，以便及时排除掉面层以下的积水。

（2）水被排完后，经过 1～2d，待空气温度不低于 22℃时，趁晴天用轮胎压路机把该路段压实。

（3）改变下面层材料的级配，将碎石粒径限定为 6.3mm。

（4）将上面层碎石的用量减少 50％。

提高腐蚀稳定性的基本点还在于所需材料自身的质量。

式（5-12）表明，可以靠采用高密实度和空隙最少（降低水饱和）的同时，提高极限结构强度以便提升腐蚀稳定性。实践中，主要以采用沥青和沥青胶结料含量高的混凝土这一措施来实现。此处沥青的黏度应在 40～70P 范围内，从而保证极限结构强度处于高水平。

具有类似性能的有浇筑、半浇筑式和碎石玛蹄脂沥青混凝土 SMA，其集料级配与施工工艺阐述于第 6 章。

毫无疑问，材料的腐蚀稳定性还可由其他一些因素来决定。其中可以肯定的是，在很大程度上能决定腐蚀稳定性的还有：

（1）碎石表面洁净程度、形状及大小；

（2）沥青混凝土的微观结构、细集料能够聚集到何种程度以及复合料的强度；

（3）沥青的质量及其黏度；

（4）制备混合料的工艺特性。

沥青混凝土中的细集料比表面积应占到80%以上。因此，沥青混凝土的腐蚀稳定性在很大程度上还是取决于它自身的质量。

目前，在沥青混凝土混合料的集料中使用了花岗岩筛余物和白云石粉末。为了研究这些集料的配合比对腐蚀稳定性的影响程度，曾对这些集料的抗腐蚀稳定性 P_4 进行了分析。试验结果按“stutgrafic”程序进行处理，所得该结果见图5-12。

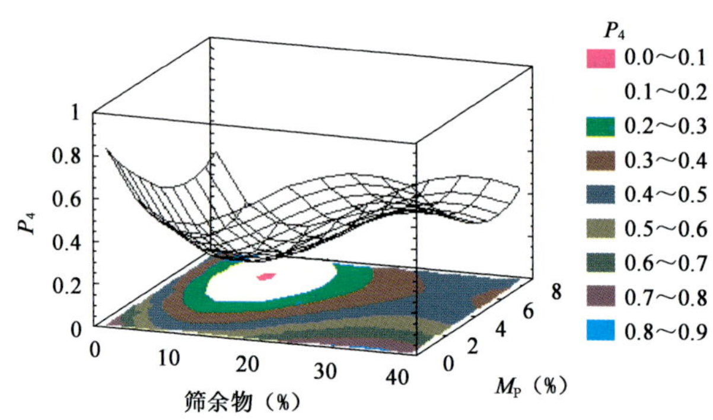

图 5-12　抗腐蚀强度可靠性水平与细集料用量关系

正如图5-12上所看到的，使用含矿粉料将会导致腐蚀稳定性强度的下降。特别是当矿粉的含量为4%～5%、筛余物占到10%～20%时，其强度下降得更为剧烈，这与白俄罗斯最常用的集料倒是一致的。

原因在于颗粒状微粒参与了组合。当矿粉用量的增长超过整个集料中的最佳极限，矿粉胶结体形成的气相空隙度就会增大，沥青不足以裹覆住骨料表面，会形成与角质表面直接碰撞的现象出现。所有这些都会使其强度急剧下降。

由于矿粉粒子被视作为活性结构形成的中心，这种粉尘粒子周围形成了与沥青质焦油的先行缔结，对于不同种类和型号的沥青矿粉结构来说，它们集聚合并形成的状态也不尽相同。而就饱含沥青质的沥青来说，这种集聚合并应向降低矿粉含量部分倾斜；相反，对含沥青质不太高的沥青结构形成的集聚合并，其极限值就应当再提高些。

沥青混凝土的强度还取决于骨料粒径的大小。将粒径大于 0.071mm 的细颗粒料加入沥青胶结料中会使整个集料系统的强度下降，这可用颗粒上的沥青膜厚度过大来解释，部分游离态沥青厚膜会处于骨料颗粒间的表面张力作用范围之外。此外，掺加的花岗岩筛余物同时也加大了混合料的不均匀性。在往沥青胶浆中加入粒径超过 1.25mm 的颗粒时，结果会发生新的质量变化。整个集料系统中也就形成了新的结构组合。弹性和变形模量值会上升，因为此时矿料骨架承受了部分载荷。进一步往沥青混凝土胶浆中掺加筛余物就更加降低了结构中的弹性模量和变形模量值。

只要掺入的筛余物一但达到结构形成的最佳聚积状态，强度指标值就会上升。

只要有“+”白云石和“－”花岗岩矿粉的混合存在，就会导致这两种不同表面性质的材料产生聚积作用。

为了消除这种负面现象的发生，较合适的消除方法可用水泥来替代白云石矿粉。

研究表明，不论筛余物的使用量如何，一旦有了水泥的参与，就能提高腐蚀稳定性（图 5-13）。

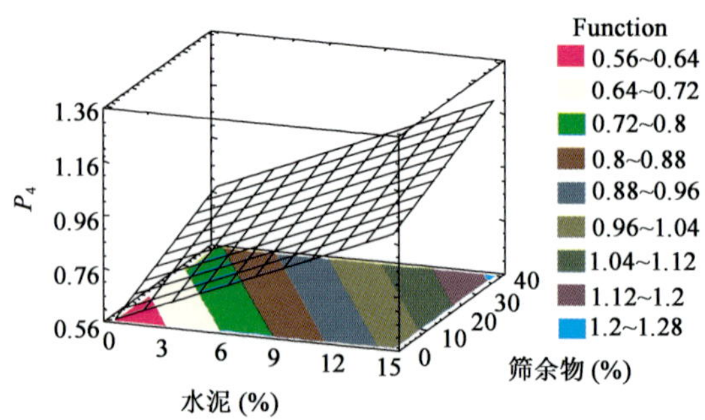

图 5-13　抗腐蚀强度可靠性水平与水泥用量关系

这是因为，有了水泥的存在，就会形成水化作用过程，此过程使沥青膜中形成一种像太阳谱斑状的放射式复壮现象，长出与沥青共生的晶状体，从而提高了沥青的韧性及黏结能力（图 5-14）。此过程会伴随着矿粉缓慢地进行。

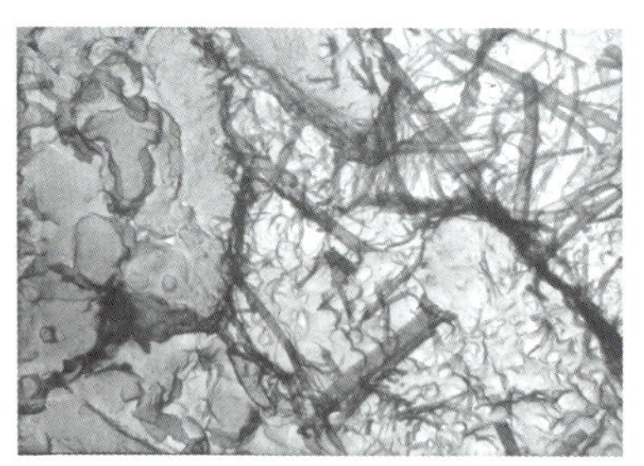

图 5-14　加入水泥的沥青混凝土中形成的微细结构

结果，用水泥替代白云石矿粉得以使腐蚀稳定性大幅度提高。

根据传统工艺，生产沥青混凝土混合料时，将加热至 $T=180\sim220$℃的脱水矿粉通过干燥筒再输送到搅拌机中，同时加入冷矿料和热沥青进行强力搅拌。但是，这种沥青混凝土混合料的拌制工艺仍不够完善，既会导致大粒径骨料表面裹覆含有粉尘杂质的薄膜，又极易造成微小颗粒粉尘的聚集，从而使沥青与集料中的矿料部分表面间的黏结能力下降，相应地使沥青混凝土的质量也下降了。

还应指出的是，在使用外形较为光滑（滚磨过的）碎石时，含有粉尘杂质的薄膜在颗粒表面分布得比较均匀，要是碰到粗糙面较大的碎石时，小颗粒组分就会落入碎石的微小沟坑中，从而使沥青不能完整地将碎石表面覆盖。

只有接触各相（沥青—矿料）在接触点形成化学吸附作用后，沥青—矿料的界面部分才会出现强度最大的黏结。物理吸附时，沥青与矿物细粒表面的相互作用仅靠相对弱的万—杰尔—瓦阿里索夫力，沥青膜可轻易地使水滑过，正如许多研究人员指出的那样，这种现象会形成强度下降，这是迫使沥青混凝土遭受破坏的基本原因之一。

为了改善沥青与矿料部分的黏合质量，推出了以两级沥青来作保证的工艺[52]，并建议使用各种表面活性物质[文献2]，以活化沥青混凝土组分中的活性[28]。

在进行的这项工作中，曾把按标准工艺与改进工艺或矿料部分表面施加憎水剂后制备出的沥青混凝土性能作了对比。改进工艺的主要目的是，将粗集料表面的含粉尘膜清洗掉，不让它在拌和时受到矿粉的污染，用矿粉加热混合的办法来破坏其细颗粒的聚合，即预先进行碎石表面的憎水处理。

用作憎水剂的分子是由二个主要部分构成的化合物：一个是含 10 个以上碳原子的原子团；另一个是功能团。分子靠原子集群趋向矿料表面，而烃类化合物的长链则趋向周围介质。因此，矿粒表面的结合便会逐渐形成憎水性能。

为了找出所制备的沥青混凝土混合料的各种性能所产生出的影响，对各种试验进行了研究。为了使矿料表面形成憎水作用，对花岗岩碎石表面进行了预处理。采用具有下列矿料成分的 A 型沥青混凝土：

粒径 10～20mm 的碎石：30%；

粒径 5～10mm 的碎石：30%；

花岗岩筛余物：22%；

天然砂：10%；

矿粉：8%。

胶结料中所用沥青为路用石油沥青 90/130。沥青用量为 5.4%～5.5%（超出 100）。

曾以各种方法制备了 5 个系列的圆柱形试件：

第一种方法：将碎石、花岗岩筛余物、砂子、矿粉在 $T=160℃$时与沥青搅拌混合（参考不同方案）；

第二种方法：分两步进行 T=160℃时，搅拌混合取得混合料：

（1）在 $T=160℃$时，用沥青对洗净干燥后的碎石进行处理，碎石表面必须完全被沥青裹覆。

（2）在 $T=150℃$时，将花岗岩筛余物、砂子、矿粉掺入搅拌器中与多余的沥青混合。

以沥青膜能够完全裹覆碎石表面所需作为沥青耗用量，用试验方法来确定。通过试验，沥青膜完全覆盖碎石表面时，需要沥青的量为 1.3%～1.5%。

第三种方法：与以上两种方法类似，即将两种方法混在一起制取混合料：

（1）将洗净尚未干燥的碎石在 $T=20℃$时，用 ЭБК-Б-60 乳化沥青进行拌和处治；沥青用量以沥青膜能全部裹覆所有碎石表面为准；

（2）在 $T=160℃$时，将混合后的花岗岩筛余物、砂子、矿粉与沥青混合，沥青用量通过计算确定。

以沥青膜能全部裹覆所有碎石表面所需的 ЭБК-Б-60 乳化沥青用量，与前述相同的方法来确定使用量。进行试验中，为使沥青膜能全部裹覆碎石表面，所用 ЭБК-Б-60 乳化沥青用量为 2.7%。

用于制备第二部分混合料的沥青用量为制造全部混合料所需沥青总量再减去处理碎石所用乳化沥青中所含的沥青量。

第四种方法：在 $T=20℃$时，将洗净尚未干燥的碎石以碎石总量 2.0%～2.5%的硅酸盐水泥进行处治，先干燥加热至 $T=160℃$。在 $T=160℃$的条件下，将花岗岩筛余物、砂子、矿粉

（可以硅酸盐水泥代替，减少矿粉用量）进行混合，当温度达到160℃时与沥青搅拌形成混合料。

第五种方法：混合料在 $T=160℃$下，将两个步骤合并在一起：

（1）洗净尚未干燥的碎石，在 $T=20℃$条件下，用憎水剂溶液冲洗后烘干（该碎石干燥后其表面用肉眼可见到白色斑点），最终加热至160℃，沥青用量以沥青膜能裹覆所有碎石表面来定。

（2）在 $T=160℃$时，将花岗岩筛余物、砂子、矿粉搅拌均匀后再与剩余沥青混合。

以沥青膜能将碎石表面完全裹覆来确定沥青用量，与以上两种方法相同，也以试验的方法予以确定。通过试验，沥青含量应为1.2%～1.3%。

对这一组圆柱体状试件的密实度、水饱和度、20℃时的长期抗水系数（28d）、腐蚀稳定性（腐蚀性环境 $T=0℃$、70次冻融循环）进行试验并取得如下结果（表5-2）。

不同方式获得沥青混凝土的性能 表5-2

序号	密度（g/cm³）	水饱和状态（%）	20℃			0℃		
			20℃轴向抗压强度（MPa）	28d水饱和后的轴向抗压强度（MPa）	长期抗水系数	0℃抗拉强度（MPa）	腐蚀性环境、70次冻融循环后的抗拉强度（MPa）	腐蚀稳定性系数
1	2.48	1.54	3.87	3.47	0.90	1.47	1.02	0.69
2	2.47	1.78	4.00	3.65	0.91	1.60	1.13	0.71
3	2.47	1.52	3.97	3.72	0.94	1.46	1.22	0.84
4	2.47	2.31	4.57	4.16	0.91	1.76	1.22	0.69
5	2.49	0.93	3.92	3.81	0.97	1.52	1.41	0.93

从表 5-2 中可得出结论，虽然混合形式不同，然而对沥青混凝土的密度却并未显示出实质性的影响作用。

洗净碎石并将表面干燥后再用沥青进行预拌处理，水饱和状态会稍有好转，这看来与沥青混凝土的整体比表面积有关；碎石经乳化沥青处理后，用湿碎石比干碎石处理表面所产生的效果要好些，显然是乳化沥青更方便于使碎石湿润，相应地沥青对矿料表面的黏结力也更大些。这就使混凝土的整体强度得到了提高，也可解释为是矿料颗粒表面上的沥青膜厚度得以变薄所致。

掺加硅酸盐水泥能使碎石表面活化，使整体强度得以提高，这可用水泥的水化作用过程来解释，即类似太阳谱斑那样形成的晶状体已分布于沥青膜中。

用憎水化合物对碎石表面进行预拌处理后，经 20～50℃时的沥青混凝土抗压强度进行对比，结果表明对提高抗压强度并不明显，但可明显地使水饱和状态下降、长时间抗水系数及腐蚀稳定性系数均得以提高。这可以解释为沥青对碎石表面的黏结力（与其他方法相比）有了较大幅度的提高。

从最终产生的效果表明，将大小不同粒径的材料分别加入搅拌机是有好处的。这可以靠采用干燥滚筒搅拌机，例如“安曼”公司生产的搅拌机来完成（图 5-15）。

图 5-15　重复干燥滚筒沥青搅拌机全貌

5.4 腐蚀变形的消除方法

5.4.1 设计阶段腐蚀变形的消除方法

在进行路面设计时，要防止出现少量的腐蚀变形和破损，这就有必要采用第 5.3.3 节中提出的建议。

腐蚀变形量的大小会随着材料空隙中的水饱和状态的提高而上升，并随着极限结构强度的增长而下降。

因此，建议在铺装路面层时，用沥青耗量大的密集配沥青混凝土。首选的是浇筑、半浇筑式和 SMA。这种混合料的级配以及面层摊铺工艺将在第 6 章中作更详细的分析。

设计时应考虑到利用保护层，以便产生更好的效果。

使用 A、B 两种类型的沥青混凝土时，为达到更好的效果，当面层施工结束后，应立即加铺保护层。这道工序应在设计阶段就要规定下来。新的标准规范[39]中已指出，尽早利用保护层可使路面寿命提高 5～6 年。文献［39］中还列举了这种保护层的具体结构要求（图 5-16）。

需要指出的是，腐蚀稳定性的设计部分在进行抗疲劳裂缝计算时就要把握好，此计算方法在第 4.4.1 节中可找到。此处的某些细节方面也要引起注意，在采用相应对策时对我们的设计人员也是很有利的。

对材料的冻融交替作用时的工作能力水平应按下列条件式确定：

$$F_{M} = 1 - k_{vl1} \times T \tag{5-42}$$

$$k_{vl1} = \frac{R_{u} \times W \times p_{vl1}}{R_{c}} \tag{5-43}$$

式中：W——路面各层材料的水饱和状态（%）。

p_{vl1}——考虑到承重强度和荷载水平的参数；

R_c——极限结构强度；

T——设计寿命；

R_u——抗弯拉强度，由试验确定或依据规范文件而定。

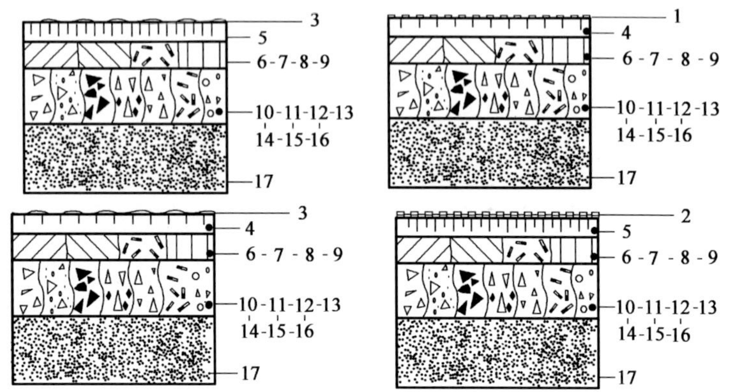

图 5-16　加有保护层的路面腐蚀稳定性结构

1-表面处治；2-双层表面处治；3-稀浆封层；4-A 型细粒式沥青混凝土；5-多空隙粗粒式和细粒式沥青混凝土；6-多空隙细粒式沥青混凝土；7-多空隙粗粒式沥青混凝土；8-有机水硬性胶结混凝土；9-A 型粗粒式沥青混凝土；10-粒径 0～40mm(0～70mm)的最佳级配碎石；11-粒径 20～40mm(40～70mm)加水泥砂浆混合料浸渍的碎石；12-粒径 20～40mm(40～70mm)以乳化沥青浸渍的碎石；13-粒径 20～40mm(40～70mm)的级配碎石颗粒嵌入沥青的处治；14-粒径 20～40mm(40～70mm)级配碎石的嵌入处治；15-有机水硬性胶结混凝土；16-碎石、砾石、砂的混合料；17-天然砂

冻融交替作用产生的破损程度应依据下列方程式得到：

$$\Psi_{M} = 1 - F_{M}^{3.8\times(1-F_{M})-0.4} \tag{5-44}$$

对所提供的关系式进行分析表明，形成的水饱和状态在破损积累过程中能起到很重要的作用。传统惯例对路面设计方法来说，下层若铺装多空隙或大空隙混凝土，会产生不好的后果，因为这会造成应有的强度条件难以得到保证。

总之，在编制设计时，对抗疲劳裂缝的计算见第 4.4.1 节，必须注意到材料的水饱和状态，应将被允许的最低水平在设计中标明。采用这种方法能够保证路面各层整体材料的腐蚀稳定性强度得以提高。

5.4.2 运营阶段腐蚀变形的消除措施

预防腐蚀性变形在运营使用期间占有极其重要的地位。可以毫无疑问地说，每经过 2～3 年就要定期以表面处治的形式对面层进行养护，或用乳化沥青矿料冷拌混合在面层上加铺保护层(稀浆封层)。但这种方法也并不认为是很合理的，因为它所需资金投入太大。

腐蚀变形和破坏是局部性质的，它并没有涵盖整个面层。这与混合料运输及摊铺时的工艺性离析、层间厚度的误差、压实不均匀等有关。因此，防止腐蚀变形的第一步就要在面层摊铺时进行严格准确的技术监督。这里着重要注意到的是面层的最小厚度。当碎石含量超过 45%时，最小层间厚度应为：

$$h_{\min} = 2.5d \tag{5-45}$$

式中：d——碎石粒径。

当然，施工中要完全排除路面层结构中的不一致性也是不可能的。然而也正是结构中混合料的不均质性才是留给腐蚀变形的潜在病灶。因此，重要的是要特别注意遭受变形和破坏的一些薄弱地段。

简单可行的办法是先查清水饱和路段，以此来锁定面层的不均质性。只要在雨后锁定面层的深色斑痕处（图 5-17）就足以查清潜在的易腐蚀变形地段。该地段被锁定后再及时进行养护。

为了查清薄弱地段，也可使用以确定材料密度及其在检测诊断过程中的破损状况，以此为基础，采用更加现代化和更为有效的措施。

这方面，中国高远公司的实践经验很令人感兴趣。

图 5-17　面层水饱和路段（潜在的腐蚀病灶）

以中国高远公司研制的专用移动检测车（图 5-18）可以准确快捷地判定面层的水饱和程度。移动车装载有快速红外线辐射探头，将面层表面的温度差异快速记录，经计算机绘制出与面层相应对接的红外线辐射变化图，在将该图处理后所得出数据的基础上，便可分辨出受腐蚀较重的面层路段。对每一路段都要选择出相应的养护方法、施工工艺及材料用量。

图 5-18　确定路面层非均质性的移动式红外检测车

根据被检测诊断出某一路段上的状况后，依据相对应的检测图谱数据就可确定相应的养护措施，见图 5-19。

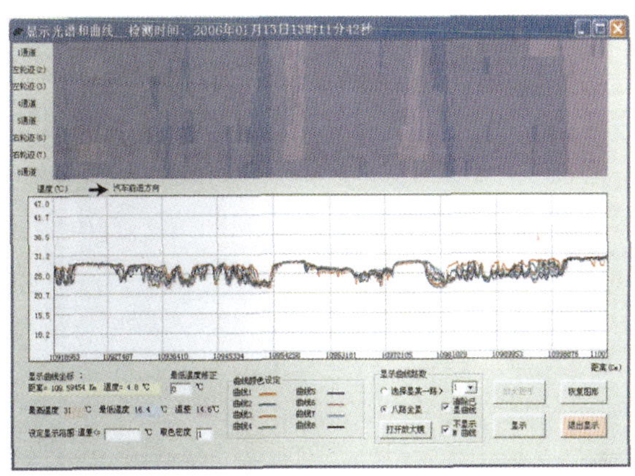

图 5-19 某路段上的非均质性分布图

具体方法是，使用预防性养护方面的材料撒布于路表面，例如用“喷雾”的形式，以 0.1～0.2L/m^2 的专用乳化沥青对路表面进行喷洒（图 5-20）。

图 5-20 路面层正在喷洒乳化沥青

对无明显腐蚀性变形破坏的面层，采用这种“喷雾”的方法也能起到改善作用。

当破损程度达到相当高水平时，微裂缝就会出现，而受损的这一层结构已到了破坏的程度，仍用乳化沥青来处治就显得效果不大。此时，可使用特殊的浸润渗透剂来补救，例如“MAГ-01”，这是一种最新研制的溶解橡胶悬浮液。

此种浸渗材料不仅能起到对路表面的保护作用，而且也可较好地浸入面层的深部。

“MAГ-01”为人工选配精制的路用石油沥青混合物，由一定比例的聚合树脂、硅烷、聚合物添加剂及溶剂经改性制成。

面层防护材料“MAГ-01”适用于根据现行建筑定额铺装在公路、机场、城市道路、广场、工矿企业的公路面层上，也可用于基质沥青屋顶防水材料中，见白俄罗斯标准 1033-2004。总之，这种特殊溶剂能使沥青混凝土及路用石油沥青，在用于面层材料时的理化特性得以快速恢复。

对浸润渗透材料的技术要求列于表 5-3。

浸润渗透材料技术要求 表 5-3

指标名称	型号标准		制造方法
	I	II	
1. 外观（颜色）	黑色均质液体		目测
2. 黏度（Pa·s）	18～30	30～40	图标 8420
3. 不挥发物质（%），不少于	50±3	55±3	图标 17537
4. 温度 20°C 时的干燥时间（h），不超过	2	2	国标 19007
5. 毛细提升（mm），不低于	25	20	п. 7. 5.
6. 沥青混凝土试件水饱和度下降（%），不低于	50	40	п. 7. 6.
7. 沥青混凝土抗冻强度相当于提高（%），不低于	25	15	п. 7. 7.

续上表

指 标 名 称	型号标准		制造方法
	I	II	
8. 长时间抗水提高（%），不低于	15	10	п. 7. 8.
9. 弯沉回拉弹性恢复量（mm），不低于	3	3	国标 6806

使用聚合物渗透剂可降低沥青混凝土面层的水饱和状态、阻止表面剥离、提高面层坚固度、恢复矿料表面裹覆的沥青膜。

使用前就应考虑到在冷态下，如何使渗透剂更深地渗透到面层的毛细孔或空隙中，以防止紫外线的照射破坏，使其热稳定性得以保持。

这种致密的薄膜形式将整个面层覆盖，以阻止水的侵入，从而起到了降低水饱和状态及提高行车安全性的作用(图 5-21)。

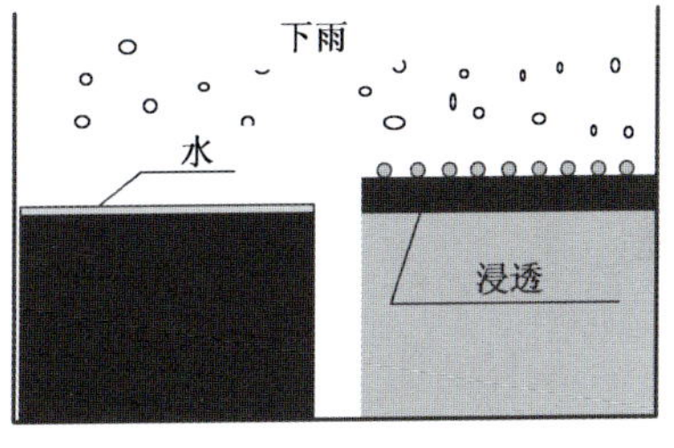

图 5-21 用保护剂处治后，水被覆盖层阻止在外的沥青混凝土面层示意图

这种保护剂不会改变车轮与路表面原有的附着力。材料的耗用量为 200～350g/m^2。30～40min 后再以 100～200g/m^{2}的用量对路表面重新喷洒一次。

图 5-22 用浸渍剂处治过的面层表观

图 5-22 所示为经保护剂处治和未经保护剂处治的面层取样。可以明显地看出两片区域的差别。

《白俄罗斯道路管理中心》为国家单一制企业，其公路研究所已编制出《沥青混凝土面层恢复用阳离子浸渍乳化液渗透工艺建议书》。该工艺所用材料成分是以稀释沥青为基础的。此类材料对预防性养护比在路面表层进行“喷雾”时的效果更好。现在正进行获取以改性稀释胶结料为基础，效果更胜一筹的浸渍剂进行研究。

当表面层功能恢复后，就可在上面作进一步表面处治或直接加铺稀浆封层。

修复诸如剥落和坑槽之类的病害还须采用相应的工艺和材料。

下面介绍的是一种喷注工艺。根据该工艺生产出了养护用材料和喷洒这种材料的专用机械设备（图 5-23），可直接在工地现场进行施工作业。

图 5-23　用喷注工艺对小坑槽进行维修的设备场景

该工艺所用胶结料主要是乳化沥青，不过也可以使用稀释沥青。全部工艺过程为将缺陷处吹净，用碎石和经预先处理过的胶结料将缺陷处填补平整，加铺一层覆盖材料并压实，按顺序有条不紊地在施工作业区域完成。

秋冬季节，突遇坑槽维修问题时，这种设备就显得力不从心，因为天气太冷，乳化沥青已派不上用场。

公路施工中要尽量降低能耗以及给足施工用的时间，以保证施工能有条不紊地顺利进行。办法之一就是用冷拌沥青混凝土进行小修保养。冷拌沥青混凝土可以在固定场所生产，而冷拌制备的混合料使用范围却可以覆盖一个州甚至于全国。它可以把维修保养与施工季节延长到气温在 0～－5℃范围内。当然也可以减少施工队伍对能源及机械设备的需求量。不过独联体各国对冷拌沥青混凝土的实际应用从 20 世纪 50 年代以来就未曾见过。实际上，对材料的选择和材料的制备工艺还未引起大家的重视。近些年来西欧、美国、加拿大各国都在以当代最为先进的工艺生产出优质冷拌沥青混凝土混合料，从而大大提高了这种材料的实用性。

典型的冷拌沥青混凝土混合料只是热拌冷铺沥青混凝土的一个变种（铺装温度不可低于 5℃）。前苏联在 20 世纪 50 年代曾使用过此类沥青混凝土混合料。制造这种沥青混凝土混合料依据的是国家标准 11955—82，标号为 CГ 70/130 或 MГ 70/130 的中速与慢速稀释沥青。曾经以柴油、煤油或别的油类使黏稠沥青经稀释而获取此类沥青为主要方法。为了防此制成的混合料过快地黏合在一起，所用沥青含量应比最佳沥青含量再低 20%，而为了提高混合料制成品的强度，还格外增加了矿粉的用量（比最佳矿料用量高出 15%～20%）。

结果这一切使获得的混合料能堆放 6 个月之久，但堆高要避免超过 1.5m。冷拌混合料被摊铺在面层后，任由过往车辆碾压，经过一到一个半月通行车辆的碾压（夯实）便会自由成形。类似混凝土的密度较低，沥青用量也小，这当然也会导致面层的耐久性不足，特别是在过于潮湿地区。此类混合料不宜在秋冬季节（温度低于＋5℃）使用。实际上碰到这种季节是不允许使用冷拌混合料的。

可以用稠化较快的沥青替代稠化慢的沥青，这种方法可加快冷拌沥青混凝土混合料的成形期并可进一步提高其质量。首先获得快速稠化沥青冷拌沥青混凝土的是美国。用作沥青稀释剂的是占混合料总量 0.2%～1.5%的轻质汽油，其中沥青的用量为 4.5%～7%。矿料中应含有 0.5%～1%的熟石灰。混合料经数昼夜后可成定形。然而，此类沥青混凝土也并未得到推广应用，原因是堆放时间不宜太长，这是由于所含稀释剂较易被蒸发掉，沥青混凝土混合料也就会失去它的工艺流动性（和易性）。

该问题于 1990 年被相当独特的方法解决了，采用的办法就是将这种含有易挥发稀释溶剂的冷拌沥青混凝土混合料用聚乙烯或内衬防透气的纸袋包装。这就有了较长期存放的可能性并且简化了供应用户时的不少麻烦。快速稠化沥青混合料，其不足之处在于用的是价格昂贵的稀释溶剂，一旦挥发后不能还原。必须在这种溶剂挥发不多时及时用掉，这样才可获得足够黏结力的沥青混凝土。不过至今在人们的实践中，这个问题还未找到更好的解决办法。

目前已广泛被采用的是以乳化沥青来获取冷拌沥青混凝土。此种混凝土在法国、德国和波兰均已得到推广应用。例如法国的“斯克雷特”和“科拉斯”，这两家公司生产的冷拌沥青混合料，用的就是阳离子型乳化沥青。为了提高混凝土的质量，制备乳化液时使用了对沥青稀释较容易的溶剂，另外还可在乳化液中掺入 2%～3%的天然胶乳。为了提高储备期间的质量保证，制备好的混合料也要用聚乙烯袋子包装。阴、阳离子乳化沥青冷拌的混合料均含有 0～14mm 的连续级配骨料及合成纤维填料（0.05%～0.5%）以及可调整成形时间长短的添加剂（水泥或胺类水溶液），这项工艺已取得专利权。在波兰，为了降低水的结冰温度，他们还在乳化液中添加了氟化钙。这种乳化液混合料被用于冬季时的面层坑槽修复较为合适。

德国“Romex”公司也同样从事冷拌沥青混凝土的生产项

目。该公司已研制出“Repasphaltkoncentrat”乳化液。为了制备出性能优良的冷拌沥青混合料，可选择使用下述级配矿料：

粒径2～5mm的筛后碎石65%；

粒径0.2～2mm的粉碎砂24%；

其余为矿粉屑填充料。

浓缩精品料用量为每吨混合料投入65g。

精品料是一种含有沥青、优质表面活性剂、稀释溶剂和聚合物的水溶性乳液。这其中粒径大小及成分起着重要作用。上述粒径大小及所含成分具有两种功能：

(1) 当胶结料的黏结力实际为零时可防止塑性变形。

(2) 由于不存在细集料，这就可以有效地防止混合与储备阶段乳化液的离析。

尽管用乳化沥青制备冷拌沥青混凝土在西方国家已得到广泛应用，但在俄罗斯条件下使用，特别是进行秋冬季节的维修保养，仍应持慎重态度。乳化沥青制备的冷拌沥青混凝土只有在水被蒸发后才能定形，因为进行坑槽维修时没有别的排出途径。其中含有的水一旦冷冻结冰就会使沥青混凝土的结构遭致毁坏，要关注到它的耐久性问题。尽管现在造价过高，但随着市场竞争和技术改造仍有逐渐降低的趋势。

为了制备出既高效又方便施工的冷拌沥青混凝土，还必须从理论上解决根本问题。

用什么办法来消除稀释沥青或乳化沥青混凝土的固有不足之处呢?

我们采取以下两种方法：

(1) 使矿料表面形成双层裹覆包膜。

(2) 在溶剂散失量不大的情况下，尽量完善沥青在混合料中的自身构形。

从经验及制备工艺两方面来看，第一种方法较为合适。但是，这样的沥青混凝土的质量却较低，完成定形的时间也较长。不过可满足对二至四级公路的施工需求。

如果用沥青（最好掺入能改善黏结力的添加剂）来处理矿料，这会在矿料表面附着一层压实后具有高黏结力和强度的薄层。

这种薄层的黏度应该处于可夯实范围内，在0～－10℃时为10～100Pa·s，即比以普通方式处理的要高出9倍。这种黏度可保证沥青具有高于150（0.1mm）的针入度。加入添加剂后，针入度可能由于可夯实性的提高而有所下降。

首次进行处治的层间厚度应通过试验来确定。

这种一次性处治层可避免保护剂不被水接触，当摊铺成形后经压实，一旦形成固化状态，就可尽量地避免它的不足之处。

为保证混合料的施工和易性且不致于形成板结，应在矿料表面裹覆第二层胶结料。第二层胶结料在混凝土的混合与储备阶段应在热动力性能上与第一层是互不相容的，待到结构定形后才能相互融合在一起。

含水乳化液中所需的轻质稀释溶剂及沥青质量均应符合规范要求。水的存在有助于防止成品混合料的黏合板结。轻质稀释溶剂可使表面覆盖层具有可塑性，并于蒸发后使沥青混凝土结构很快定形。乳化液的黏度在0～10℃时应为2～4Pa·s。

另一获取优质沥青混凝土的方法就是以复合溶剂稀释沥青玛蹄脂胶结料（SMA）的手段来完成。当然，聚合物用量和沥青含量均应在掺加5%～10%的低沸点溶剂散失后，才能保证结构成形。溶剂本身应从获得混合料的最终黏度2～4Pa·s来配制。

个别问题还涉及了冷拌沥青混凝土的级配和密度。

西欧一些地区用的冷拌沥青混凝土实际上完全由粒径2～5mm的碎石组成（其原因前边曾指出过）。残余空隙率大约控制在10%左右。这种级配方式既降低了胶结料的耗用量，也由于水分或溶剂的迅速蒸发而加快结构形成。

应该注意的是，空隙率每提高1%，结构成形速度便会提高20%～30%。碎石混合料的黏结指标比密实混合料低2～3倍。因此，最佳级配方式可参照以下方案：

2～5mm碎石　66%；

0.14～2mm砂子　21.5%；

矿粉　3.5%。

对于白俄罗斯条件，建议用下述级配的碎石混凝土：

5～10mm碎石　50%～77%；

2～5mm碎石　15%～30%；

0.14～2mm砂子　5%～15%；

矿粉　3%～5%。

类似级配方案对以优质沥青和添加料为基础的混凝土是较为合理的（这是获取沥青混凝土的第二种方法）。

考虑到上述办法，设计出了全年中的不同季节对坑槽维修的冷拌沥青混凝土，以“新法利特”这个品牌为商用冷拌沥青混凝土的级配方案及施工工艺已被大家认可。

至于对冷拌沥青混凝土混合料及其沥青混凝土来说，根据所用级配方案，可分为以下几种类型：

新法利特—5、粒径在5mm以下；

新法利特—10、粒径在10mm以下；

新法利特—15、粒径在15mm以下；

新法利特—20、粒径在20mm以下。

根据加铺面层的最低适应温度来区分，冷拌混合料及其混凝土所用标号为：

标号У，用于环境平均气温不低于+5℃时可实施摊铺；

标号УХ，用于环境平均气温偏低到4℃～−5℃之间可实施摊铺；

标号 X，用于环境气温低于－6℃～－20℃之间可实施摊铺；冷拌沥青混凝土的理化指标应与表 5-4 中所列一致。

冷拌沥青混凝土技术规范要求 表 5-4

指 标 名 称	各种分类值					
	密实型			多孔型		
	У	УХ	Х	У	УХ	Х
加 热 前						
1. 温度为 0°C 时的抗塑性变形指数，不低于	1.0	1.0	1.0	0.7	0.7	0.7
2. 抗水系数，不低于	—	—	—	077	0.7	0.65
3. 长时间水饱和下的抗水系数，不低于	0.8	0.8	0.75	—	—	—
加 热 后						
4. 温度为 20℃时的抗塑性变形指数，不低于	1.0	1.0	1.0	0.7	0.7	0.7
5. 抗水系数，不低于	—	—	—	0.8	0.8	0.7
6. 长时间水饱和下的抗水系数，不低于	0.85	0.85	0.8	—	—	—

表 5-4 中所列指标是按照标准方法确定的，评估抗塑性变形则要用到另一种新的方法。

该方法的实质是，对影响塑性变形的冷拌沥青混凝土指标进行评估，并用设计抗塑性变形指标的方法将其与交通荷载作用下的沥青混凝土中所产生的应力值进行对比。抗可塑变形指数（$И_{пл}$）按下式计算：

$$И_{пл}=\frac{CK}{(\sigma_{p}-m\times\tan\varphi\times\sigma_{CK})} \tag{5-46}$$

式中：σ_{p}——面层在交通荷载作用下的拉伸应力（MPa），取值等于 0.5MPa；

σ_{CK}——面层在交通荷载作用下的压应力（MPa），取值等于 1.0MPa；

K——考虑到长期模量与实际模量的对比关系，黏结力与塑性极限不相符的系数（$K=0.8$）；

m——系数，等于 0.4；

$\tan\varphi$——冷拌沥青混凝土的内摩擦系数。

对一年四季都能进行维修养护施工的浇注式沥青混凝土来说，确实显示出了它的良好效果。

白俄罗斯生产了一种不太大的，供维修养护施工中运送混合料用的保温罐（图 5-24）。

图 5-24　运送和摊铺浇筑式混合料的专用设备

浇注式沥青混凝土混合料及其沥青混凝土具有许多优点，这些优点在于：

（1）由于这种混合料的和易性较高，没有必要再去压实。只要把混合料摊铺均匀即可，一旦混合料冷却后即可开放交通。

（2）进行维修养护施工时，不必对路表面先行喷洒黏结剂，摊铺混合料还可在－15～－20℃的低温状态下进行。

（3）沥青混凝土的水饱和状态接近于零，从而保证了其较高的耐久性。

当然，浇筑式沥青混凝土尚有其不足之处，这些也对它的推广应用产生阻力，其主要缺点是：

（1）施工工艺较为繁杂，因为必须保持较高的施工温度，还要防止材料的脱落。

（2）容易滑动和脱落，抗塑性变形强度仍较低。

（3）重新摊铺时仍需将原有铺层的浇筑式沥青混凝土铲除掉。

若以此种工艺完成维修养护施工，以上暴露出的不便并不突显。一旦对表面层重新加铺，则可以最佳级配方案实施，从而避免以上缺陷并进一步完善施工工艺（见第6章）。

6 提高路面材料可靠性和耐久性的方法

6.1 提高路面可靠性和耐久性的一般原则

前几章已经指出，路面层材料要经受与天气气候因素和运输车辆运行相关的各种外在因素的综合影响。产生影响作用的还有与路面结构相关的“内在因素”，路面整个结构决定着水分渗透过程、温度梯度、交通荷载所产生应力及应变的分布状态。

所有这一切都会导致面层的变形与破坏，其基本原因可分为三类，前边已进行了详细研究。

要保证路面材料可靠长久地工作，其复杂性在于，材料的变形原因和它所能承受的程度，这两者同处于相互矛盾之中，即要提高材料的一种变形稳定性，不可避免地又会降低材料的另一种变形稳定性。与此相似的是，提高了沥青黏度，便能增大塑性变形的稳定性，但却降低了脆性变形的稳定性；提高了空隙率可以取得抗裂强度，却又降低了腐蚀稳定性等。

路面结构特征都是以相类似状况显示出来的。一般来说，下面层和中面层采用多孔隙或大孔隙混合料，以此来提高塑性变形的强度，结果反而使腐蚀稳定性和抗裂强度下降了。

遇到这种情况，需要采用特殊方法，研究出能够使可靠性和耐久性都有保证的措施，这就要将材料的结构与性能一并考虑在内。

总之，还是要从两条途径来考虑提高路面层材料的可靠性和耐久性，即：

（1）结构方法；

（2）材料方法。

从结构措施入手就要改变路面的设计和计算原则，并与选择铺装结构层材料的具体实施方法相关联。

材料学方法是以选用最佳级配、胶结料及合适的施工工艺，以改善传统材料的结构和性能作为基础。材料学方法应能预先掌握提高可靠性和耐久性所用的新材料和新工艺，以此来保证设计要求。

6.2 提高路面材料可靠性和耐久性的结构措施

6.2.1 路面层与路面整体结构设计的新原则

路面的传统设计方法是要建立一种强度和刚度并沿深度平稳下降的分层系统。也就是说，表面层具有最大的强度和刚度，而中、下面层的性能指标相比要低 40%～45%，整体性能往下渐次降低。这种方法是以交通荷载产生的应力是沿着深度不断下降的经济构思和理论为前提的。然而，随着路面大修和改建的工作量越来越大，这种方法并非总能符合设计要求，随着复合材料强度新理论的出现，有必要对此类方法重新进行审定。

世界上许多国家（英国、美国、德国、中国等）为了适应重型交通工具的超强度运行，对公路采用了所谓的“长寿命路面”(Perpetual Pavements)，其寿命可超过 20 年。根据大量资料[53,60]，我们也要对这一构思作出更详细的研究。

“长寿命路面”是为保证其寿命不少于 20 年而设计的。总的来说，这种结构可以使用 50 年以上而不用大修（着实令人叹为观止），仅需定期（约经 20 年）更换一下表面层（磨耗层）即可。

可以划分出两种类型的沥青混凝土路面：

(1) 沥青混凝土层直接建在改良或不改良的基层上；

(2) 沥青混凝土层在颗粒材料（如碎石）的基础上。

第一种路面的主要优点是，与建在颗粒材料层上的路面相比，其层间总厚度较小。此时，整个结构强度仍然可以满足设计要求。

第二种路面的主要优点是，此类路面结构的面层以下部分（直接铺筑在基层上）具有较高的抗疲劳裂缝稳定性。

这就是长寿命路面的两项基本特点。

对这类结构来说，破坏仅出现在直接承受交通和天气气候因素作用的上面层。当上面层破坏程度达到某种极限状态时，可以将此部分除掉（经济合算），而被打碎的材料可再次用于加铺上面层（例如热再生）。

设计长期使用的此种结构包括（图 6-1）：

（1）抗磨损和抗塑性变形的上面层；

（2）高模量抗塑性变形的中面层；

（3）抗疲劳破坏的下面层。

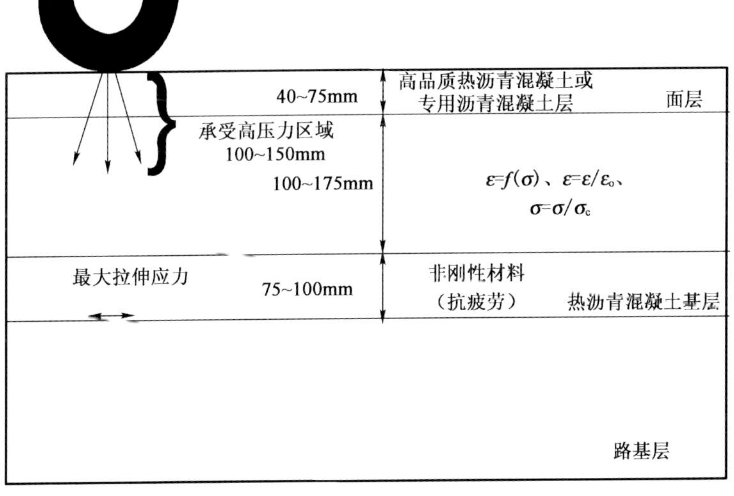

图 6-1　长寿命道路结构的标准示意图

这种设计方法可以在设计过程中，降低恢复和改建中所需的费用，且可在维修施工有时间限制又必需长时间封闭交通的路面上采用。

使用这种结构应有技术和经济上的支持才能与长寿命捆绑在一起，并从上面层的修复次数及整个路面最初的已有修建造价来考虑。

考虑到用目前的经验及设计方法来表达长寿命路面的构想，从采用一定厚度的沥青混凝土（热拌沥青混凝土）的办法来保证耐久性提高的观点看，并未使大家达成共识。这种情况的发生是由于耐久性路面的设计方法是以力学理论为根据的，关键之处是要设计出坚固的基层。不论是否能保证长期热稳定性，路面基层总是一个工作平台，无非是在上面铺上一层沥青混凝土并尽量地压实而已。

热拌沥青混凝土面层由于自身固有的特点，在形成的结构中应把握其性能来指导施工摊铺，并且该性能还取决于它在结构中的布局，即施加于路面极不均衡的温度和荷载。

因此，路面设计不仅要根据力学理念，还要根据铺装各结构层时所选用的材料来定。

力学构想基本理念的假定是要铺装在坚固的基层上，厚度足够的沥青混凝土面层是不允许其以下部分出现破坏的，否则修复以下各层的破坏必定要耗用大量的改建费用。面层应具有相应的厚度和刚度，以便能够抵抗基层或软土路基材料的变形。同时，沥青混凝土面层要有足够的厚度，应具备必要的性能效果，以便有能力抗拒面层以下范围逐渐形成的疲劳积累。

从保证“长寿命路面”要求的耐久性观点来看，及时采取维护措施（加固，及时恢复到原始状态）就显得格外重要。目前，美国的加利福尼亚、伊利诺伊、密歇根、得克萨斯、威斯康星、肯塔基、俄亥俄、弗吉尼亚等州及英国本土都在使用长寿命路面。

下面以加利福尼亚和伊利诺伊这两个州为例，让我们来对该路面的使用特点进行分析：

（1）加利福尼亚州长寿命路面分析

加利福尼亚州 710 干线公路上的洛杉矶路段所铺装的就是长寿命路面。著名的美国长滩干线公路，其设计寿命为 40 年，单轴通过当量值竟然能达到 1～2 亿轴次。

现有混凝土路面层总厚度为 200mm，下边承接着 100mm 的贫混凝土，再往下是 100mm 厚的粒状材料层，最下边为 200mm 厚的垫层。也曾提出过将大部分混凝土毁掉，经压实后再覆盖上一层总厚度为 200mm 的热摊铺沥青混凝土，并且在某些路段完成了下述工作：将全部混凝土及贫混凝土铲运走，然后加铺总厚度为 300mm 的沥青混凝土面层。OGFC（开级配结构沥青混凝土）黏结层按维修路段全长铺装。

如图 6-2 所示，当重新加铺面层时，新加铺的面层结构应包括沥青混凝土各层，其总厚度为 300mm。下面层应能抗疲劳破坏（厚 75mm），其中的胶结料含量应比最佳含量高出 0.5%～5.2%。这种增加胶结料用量的办法可保证沥青混凝土所必需的疲劳耐久性水平。

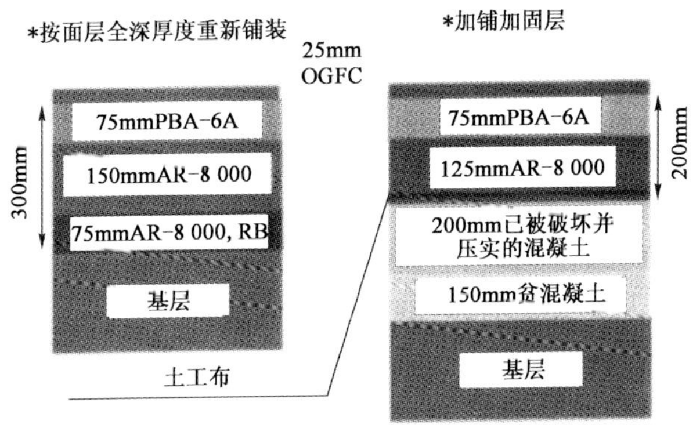

图 6-2　710 干线公路试验路段一标段

铺装中面层用的材料与下面层相同，但所用胶结料含量要达到4.7%的最佳状态。采用刚性胶结料（AR-8000）可以保证所要求的抗剪切强度。

厚度为75mm的上面层是以改性沥青胶结料混拌的沥青混凝土PBA-6A型材料铺装，上边再加铺厚25mm的磨耗层。使用重型运输模拟设备对这种铺装材料进行过模拟试验，确定出了（图6-3）它所形成的辙槽较其他沥青混凝土混合料的浅2/3（图6-4）。

图6-3 重型运输模拟设备（加利福尼亚）

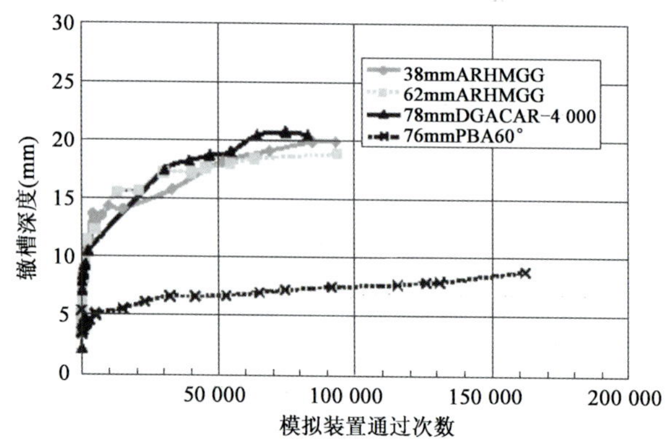

图6-4 不同类型沥青混凝土辙槽形成试验结果

对第二标段，曾要求铺装总厚度为200mm的沥青混凝土面层。此时，它并未出现沥青混凝土层间疲劳强度稳定性的下降。用已被破坏并经压实的破碎混凝土所修基层要保证有足够的强度，并在25mm厚的原混凝土层面上再加铺土工布，以防止重新出现下面层原有的缺陷。在这种结构中，要对用上面层材料来保证疲劳耐久性予以特别的关注（这里考虑到了以下各种因素，如温度变化、施加荷载的大小、可靠性水平的高低等）。

在进行结构设计时，将沥青混凝土层中80kN荷载作用下的弯拉变形量限定在70$\mu\varepsilon$（单轴）。表面层剪切变形也作了一定的限制，使其不超过固定变形的5%，仅相当于一年中最热时期的1/7。

这种面层始建于2001年，并于2002年得以完善。

(2) 伊利诺伊州长寿命路面分析

提高抗变形结构用的“长寿命路面”这一名称正是出现在伊利诺伊州。就是在那里制定了材料设计的基本原则、设计方法以及施工工艺。他们于2000年12月设计编制完成了这种路面的建议草稿，于2002年将最终版本出版发行。

标准结构应保证下述参数：沥青混凝土面层以下部分中的弯拉变形不应超过60$\mu\varepsilon$，这就是与加利福尼亚州设计方法的不同之处。在此情况下，沥青混凝土所包含的空隙率不应超过2.5%。

中面层沥青混凝土设计为密实沥青混凝土混合料。设计寿命为20年。

上面层用沥青玛蹄脂碎石混凝土（SMA）铺装。SMA的层厚应根据保证抗剪切和抗裂条件经分析表面剪切应力的基础上确定。出现这种变形的区域为100mm。SMA的厚度取决于交通工具的运行条件：轻型车辆50mm，中型车辆100mm，重型及超重型车辆150mm。重型车辆运行水平约为2 500万次单轴当量。

此处厚 150mm 的面层应全部用改性胶结料沥青混凝土，从而保证要求的抗剪切和抗裂强度。所用胶结料的品种应根据环境气候及面层厚度来选择。

如果用石材对基层进行加固，则加固厚度应为 300mm。如果使用颗粒状材料则可免除加固这道工序。

据了解，中国现在已广泛采用下述路面结构（图 6-5、图 6-6）：

（1）强基层（贫混凝土）厚度为 20cm；

（2）面层为三层结构，其中的两层（上二层）用改性胶结料铺装，沥青混凝土的面层总厚度可达 20cm 以上。

图 6-5　中国铺装的强抗变形路面

（译者注：图 6-5、图 6-6 为作者于 2005 年对叶集至信阳段高速公路进行考察时所摄）

为了防止重复出现混凝土裂缝，要在沥青混凝土面层上加铺特殊夹层：预先喷洒稀释沥青，撒布级配碎石，喷洒改性胶结料。

图 6-6 即将完工和已铺成并在使用中的强抗变形路面外貌

以上所述可见，当今交通高速发展的年代里，在单轴承重量不断增长的情况下，强抗变形路面的设计方案也在进一步得到发展（寿命超过 20 年）。白俄罗斯应用这种结构就显得有些滞后，首先是缺乏设计实施方案，对此种结构的基本条件尚不完备。

6.2.2 推荐适于白俄罗斯条件路面的有效结构和材料

一般情况下，国外大多数地区是从在整个寿命期内的交通和天气气候因素的实际作用基础上来选择各层材料。

较为方便的是，下面层中既可用多空隙沥青混凝土，也可用密实沥青混凝土。对于重型运输设备通过量较大的道路，沥青混凝土层的下面层最好使用密实沥青混凝土。

总之，选择与道路结构特征和使用条件相关联的材料成分，就能使所要求的可靠性得以保证，从而也保证了设计寿命（图 6-7）。

整体来说，选用材料基本上应保证：

（1）能够承受得住从基层传递过来的负荷；

（2）能够承受住面层施工时运料车的荷载；

（3）具有一定的抗冻能力；

（4）保证水分能及时被排除掉。

下面层既可使用密实混合料，也可使用多孔隙混合料（依据

图 6-7 厚度相同、所用材料性质不同的路面面层取样

a)、d) 最佳；b)、c) 欠佳

荷载状况)，还可用贫混凝土或水泥加固材料，从而预先设定好对可能出现的缺陷（裂缝）采取相应的解决办法。下面层对于整个路面来说是举足轻重的一层。这一层是保证整个路面强度的重要层之一。该层在承受周期弯拉应力和保证道路结构所要求的温度变化率应该是强度最大的。

面层应包括有两层，上面层和下面层均为承重层，它们直接承受交通荷载和天气气候因素产生的影响作用。面层所用材料应保证：

（1）保持必要的变形量；

（2）保护下层不致受到天气气候因素的影响；

（3）抗荷载、天气气候因素和疲劳作用的可靠性；

（4）与车轮具有一定的附着力（面层表面）；

（5）保证能提高整个路面结构应有的强度。

正如对文献及其他来源的资料数据所作分析所表明的那样，从保证抗剪切、抗温度裂缝和疲劳耐久性条件来看，必须选用是黏度最高的胶结料。沥青混凝土混合料的这些指标还将根据各层在路面结构中的位置（由于荷载和温度参数的变化）而改变。

根据上述分析，可以为白俄罗斯的条件推荐下述能保证高可靠性和高耐久性的路面层结构（图 6-8）：

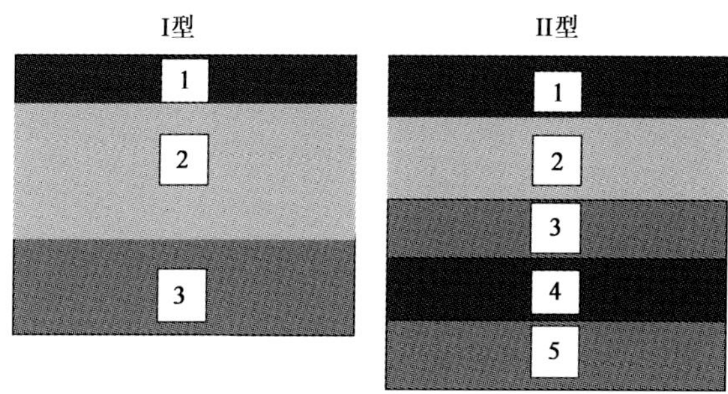

图 6-8 依据白俄罗斯条件所推荐的路面层结构

(1) 上面层用浇注、半浇注式和沥青玛蹄脂碎石混凝土(SMA)铺成，厚度为 3～5cm。

(2) 下面层(承重层)，用有机水硬性胶结料或者表面为刚性的沥青混凝土铺成；

(3) 抗疲劳变形强度高、密度大的沥青混凝土，可用作此类材料的有：砂质沥青混凝土、B 型和 C 型高密度沥青混凝土等；

(4) 土工布夹层；

(5) 砂质或细粒式沥青混凝土薄平整层。

依据白俄罗斯条件所引荐的结构材料也是未曾使用过的，所以在第 6.2.2 节中将作详细分析。此处要指出的是土工布夹层的特殊作用。先前在第 4 节中曾指出过，单从阻断裂缝来看其效果仍显不足。但是，若将它铺在两层之间就可使材料抗疲劳变形强度得以提高。此处用胶结料处理过的地格网具有一定优势。

在进行设计和计算时，正确选定第 3 和第 5 层厚度及性能的比例很重要。在任何情况下，第 5 层要大大低于第 3 层的厚度。

可以在传统材料的基础上进一步提高面层以及整个路面的可靠性。不过，无论是对耐久性高的路面还是对传统路面来说，都必须对现有结构材料的选择及路面设计方法重新审定。

在白俄罗斯，采用新的结构和设计方法，仍然会受到现行定额标准的制约。

例如，如果按照弯沉值进行路面设计的方法去做的话，那是不允许过度改变面层强度而进行路面计算的（图 6-9）。引用的例子表明，按此法获得的数据与上边介绍的试验性建筑数据相互矛盾。

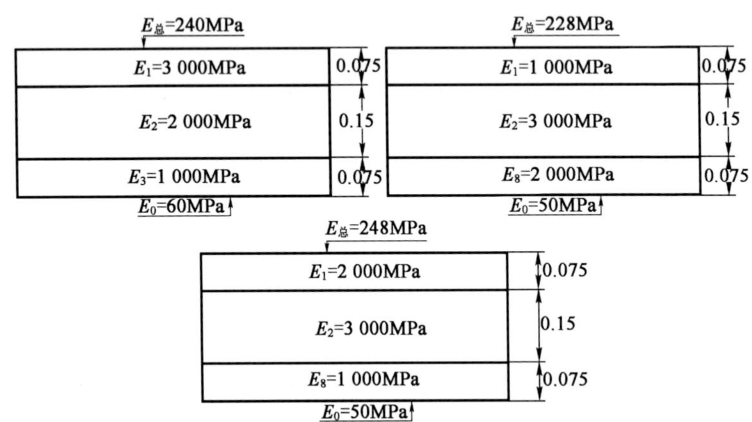

图 6-9 建立在面层材料性能与过度改变结构计算值基础上的对比设计方案

特别从厚度上的强度极限值的结构分布，拟定了下述两层系统（基层）对单层系统的换算关系（图 6-10）。

国外绝大多数国家早就放弃了诸如极限位移和变形（或者两者结合）的这种标准，极限位移和变形可与取决于所采用的极限状态标准的允许位移和变形量作对比。

可取路面最大弯沉值、水平正向应力或面层弯曲时的相对变形、土壤和颗粒状互不关联层的剪切或压应力，均可作为路面极限状态的标准。

对于抗弯拉层来说，专家们的意见几乎是一致的：应对这些面层进行的拉力计算，取最大水平正向应力或相对变形为极限的状态值。

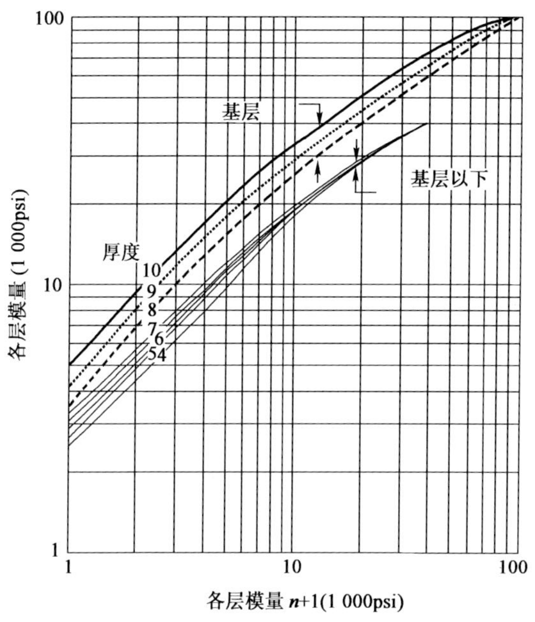

图 6-10 双层结构对单层结构的换算关系

遗憾的是，白俄罗斯采用路面极限状态的标准（按弹性弯沉，剪切和弯拉强度）暂时还不能预测路面的寿命。这在很大程度上可理解为对此种路面还缺乏清晰的概念不清。

挑选出三种类型的路面设计原则被认为是合理的：

——材料按深度合理地分布；

——材料按车辆通行部分的宽度（考虑到车道在宽度上的分布）进行合理地分配；

——根据路面的工作状况（在年循环上和寿命期间）从时间上的变化进行合理设计。

考虑到以上所述，必须对路面设计和计算进行一定的修正。可以取下述条件作为新方法的基本原则：

根据路面结构要求的可靠性水平按表 6-1 确定面层材料的结构和类别。此时，必须把面层结构看作是双层的（上面层和承重层）。

路面层可靠性水平值　　表 6-1

A_1 上面层（保护层）材料	A_2 面层承重层材料	路面结构总可靠性水平（P）
1.1.4	2.2、2.3、2.5、2.6	0.95～0.98
2.1.5	2.2、2.3、2.5、2.6	0.84～0.98
3.1.6	2.1～2.6	0.65～0.87
4.1.7	2.1～2.9	0.65～0.92
5. ** 1.8	2.1、2.4、2.7～2.9	0.65～0.87
6. ** 1.9	2.1、2.4、2.7～2.9	0.65～0.92
7. ** 1.10	2.1、2.4、2.7～2.9	0.65～0.87
8. * 1.6（1.1、1.3）	2.1～2.6	0.84～0.96
9. * 1.11（1.1、1.2、1.3）	2.1、2.3～2.5、2.7～2.9	0.84～0.96
10. * 1.12（1.1、1.3）	2.1、2.3～2.5、2.7～2.9	0.80～0.95
11. * 1.13（1.2、1.3）	2.1、2.2、2.5～2.9	0.92～0.96

注：* 施工期间必须加铺保护层，并于 3～5 年后考虑重新加铺的合理条件；
　　* * 现有面层平整度较差，需加铺保护层。

从表 6-1 中找出材料属于下列何种标准：

A.1　加铺保护层和上面层用的材料应执行下列标准：

（1）表面处治，符合道路维护标准 0219.1.09—99《阳离子乳化沥青路面施工工艺》；

（2）双层表面处治，符合道路维护标准 0219.1.09—99《阳离子乳化沥青路面施工工艺》；

（3）稀浆封层，符合道路维护标准 0219.1.09—99《阳离子乳化沥青路面施工工艺》；

（4）ЛБС-МЖ 标号沥青矿料热浇注式混合料，符合白俄罗斯标准 1257，根据表 6-2 掺加矿料的级配方案；

表 6-2

矿料级配										
小于以下粒径（mm）矿料质量百分比（%）										
40	20	15	10	5	2.5	1.25	0.63	0.315	0.14	0.071
—	97～100	93～97	87～93	55～68	47～70	32～43	21～29	20～25	19～23	21～24

面层摊铺好后立即撒上 2～4mm 或 4～6mm 的碎石，再用中型压路机碾压并扫除未粘结于路表面的颗粒碎料；

（5）C 型热沥青混凝土碎石玛蹄脂混合料：符合白俄罗斯标准 1033；

（6）I 型密实细粒式热沥青混凝土混合料：符合白俄罗斯标准 1033；

（7）II 型密实细粒式热沥青混凝土混合料：符合白俄罗斯标准 1033；

（8）III 型密实细粒式热沥青混凝土混合料：符合白俄罗斯标准 1033；

（9）IV 型密实细粒式热沥青混凝土混合料：符合白俄罗斯标准 1033；

（10）V 型密实细粒式热沥青混凝土混合料：符合白俄罗斯标准 1033；

（11）I 型密实粗粒式热沥青混凝土混合料：符合白俄罗斯标准 1033；

（12）II 型密实粗粒式热沥青混凝土混合料：符合白俄罗斯标准 1033；

（13）I 型多孔隙细粒式热沥青混凝土混合料：符合白俄罗斯标准 1033。

A.2 铺装面层承重层用的材料应执行下列标准：

(1) 多孔隙粗粒式热沥青混凝土混合料：符合白俄罗斯标准 1033

(2) I 型密实粗粒式热沥青混凝土混合料：符合白俄罗斯标准 1033；

(3) I 型多孔隙细粒式热沥青混凝土混合料：符合白俄罗斯标准 1033；

(4) 多孔隙细粒式热沥青混凝土混合料：符合白俄罗斯标准 1033；

(5) I 型多孔隙粗粒式热沥青混凝土混合料：符合白俄罗斯标准 1033；

(6) II 型密实粗粒式热沥青混凝土混合料：符合白俄罗斯标准 1033；

(7) 一类有机水硬性胶结混凝土：符合白俄罗斯标准 1415；

(8) 二类有机水硬性胶结混凝土：符合白俄罗斯标准 1415；

(9) 三类有机水硬性胶结混凝土：符合白俄罗斯标准 1415；

对设计应作如下修正：

(1) 按照图 6-11，根据设计寿命确定可靠性水平。

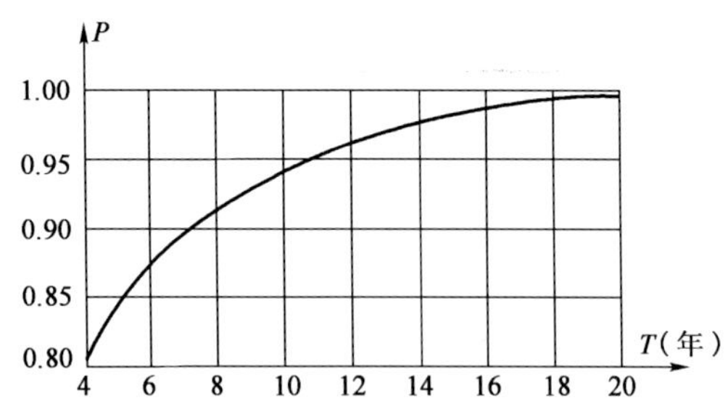

图 6-11　面层材料寿命与可靠性水平间的关系

(2) 按第 3.3 节中的方法来选择计算荷载。

(3) 对路面包括面层在内的各结构层材料，应按第 3.4.1 节中的方法进行抗剪切计算。

(4) 对包括下面层的整体路面各层，由于交通荷载和天气气候因素影响作用出现的疲劳变形，应按第4.3.1和4.4.1的方法进行计算。

6.3 提高路面材料可靠性和耐久性的材料学措施

6.3.1 提高路面材料质量的基本方法

整体来说，提高路面材料的质量和可靠性可用下述方法：

(1) 改进选择各组合成分的方法；

(2) 改善原始材料的质量并改进混合料的拌和工艺；

(3) 改变路面结构和施工原则；

(4) 采用新的更为有效的材料及施工工艺。

本节中我们已研究了第一类适用于传统路面层材料中的三种不同方法。新材料和新工艺的应用我们将在下一节中继续研究。

传统的路面材料，对其可靠性和耐久性潜力远未挖掘完。改进优化材料和材料制备工艺的方法，提高原始材料的质量可以显著提高可靠性和耐久性。

改进选择组合成分的方法：

路面材料的组成是由多种成分复合而成的，包括：碎石、砂子（天然的和人工的）、矿粉、胶结料和各种添加剂。在这些原始组合成分的基础上，可以挑选出数千种组合，以满足现行标准的要求。不过其中的每种组合都会显示出自己的优缺点。

如果按外部作用（抗剪切、抗裂缝、抗冻融、抗疲劳标准），路面层材料的结构如果具有最大的可靠性，则可认为此结构是最佳结构。也就是说，选好了材料的组合成分我们就应按第1.3节中的方法对单项和总的可靠性水平进行评估。然后，计算出总的可靠性水平。总可靠性水平最高的组合成分将是最好的。此时，各个单项可靠性水平不应低于设计中所要求的可靠性水平。

类似方法以下述形式实现：

——规定原始复合成分的临界值：碎石含量、沥青黏度、天然矿砂和人工制砂的比例关系、沥青的用量、添加剂的掺入量等等；

——提供设计试验模型；

——为每种模型按排制备样件，并对它们的不同性能进行检测；

——计算出每种具有代表性试件的各个单项及总的可靠性水平。

按每一标准（抗剪切、抗裂缝、抗冻融、抗疲劳）求出储备系数（K_i）：

$$K_i = \frac{P_i^{\phi}}{P_i^{\mathrm{mp}}} \tag{6-1}$$

式中：P_i^{ϕ} ——承受出现各种变形材料的实际性能；

P_i^{mp}——当其存在时，满足头一年不会出现变形所要求的性能。

为了评估塑性变形稳定性条件的储备系数，先要确定内摩擦角、单位内聚力系数并评估计算出车流量所产生的应力。结果，抗剪切条件储备系数（K_i）以下述方式确定：

$$K_1 = \frac{c}{(\sigma_{\mathrm{p}} - k \times \sigma_{\mathrm{c}} \times \tan\varphi)} \times n \tag{6-2}$$

式中：c 和 φ——单位内聚力（MPa）和内摩擦角（°）；

σ_{p} 和 σ_{c}——分别为车轮与面层表面接触点上的拉应力和压应力，分别等于 0.5MPa 和 1.0MPa；

n——可考虑到实际的和长时间松弛模量的参数，等于 0.8；

k——可考虑到的拉应力和压应力相互作用角不相吻合的系数，等于 0.43。

温度抗裂条件下的储备系数由下式求出：

$$K_2 = \frac{0.5 \times R_c}{R_0} \tag{6-3}$$

式中：R_c——在较宽温度和加载时间范围内，材料出现的最大强度（MPa）；

R_0——0℃时的强度极限（MPa）。

R_c值按公式确定：

$$R_c = \frac{\overline{R}}{1 + 1.92\lg\left(\frac{R_1}{R_2}\right)} \tag{6-4}$$

式中：R_1和R_2———15°（或0℃）温度变形速度相应为3mm/分和10mm/分时的抗拉强度：

$$\overline{R} = \frac{R_1 + R_2}{2} \tag{6-5}$$

疲劳耐久性条件的储备系数（K_3）求法如下：

$$K_3 = \frac{R_c}{R_c^{mp}} \tag{6-6}$$

式中：R_c^{mp}——由道路等级所要求的最大强度值：I级公路为5.5MPa；II级公路为5.0MPa；III级公路为4.0MPa；IV级公路为3.5MPa。

抗腐蚀强度储备系数（K_4）按下式确定：

$$K_4 = \frac{K_\phi}{K_{mp}} \tag{6-7}$$

式中：K_ϕ和K_{mp}——侵蚀性环境中的实际抗冻系数和要求的抗冻系数。对于白俄罗斯条件，上面层材料要求的系数K值为0.8，下面层材料要求的系数K值为0.5。

根据所得储备系数按图6-12求出各单项可靠性水平（P_1、P_2、P_3、P_4）。根据式（6-8）求出总可靠性水平$P_{总}$：

$$P_{总}=\sqrt[4]{P_1\times P_2\times P_3\times P_4} \tag{6-8}$$

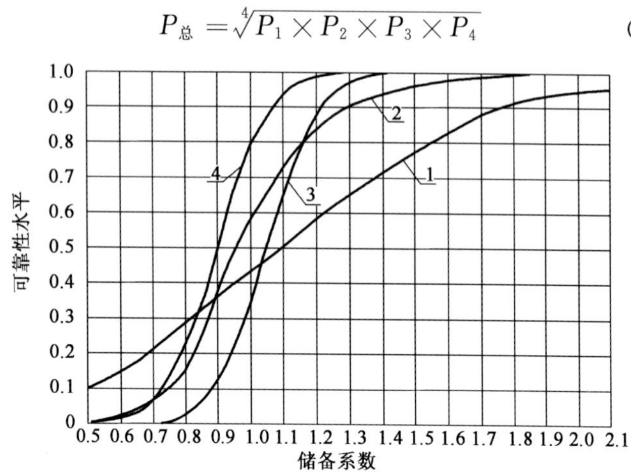

图 6-12 可靠性水平与储备系数间的关系曲线

1-取自塑性变形稳定性条件;2-温度裂缝;3-疲劳裂缝;4-腐蚀改善原材料的质量及混合料的制备工艺

所推荐的方法在许多定额文献中均得以应用，其中也包括文献［39］。

利用相应的数学处理方法，选出可靠性水平最高的成分组合。

路面层材料的质量在很大程度上是由材料经级配后决定的。可以归入原始集料的有：大粒径填充料（碎石）、细粒径填充料（砂）、结构添加物（矿粉）及胶结料。

结构组成以及沥青混凝土的制备工艺对其质量和可靠性的影响作用，在第 5.3.3 节和第 5.4 节中已作过介绍，所以对这个问题将不再作详细阐述。

沥青混凝土结构中能够起到特殊作用的当属沥青。它的性能和质量在很大程度上决定着面层变形稳定性和破坏稳定性。

白俄罗斯道路中心公路研究所进行的沥青性能检测表明，它们的塑性时间间隔范围不够。软化点温度平均为 43～45℃，而脆性温度为－12～－16℃。虽然这些指标是稳定的，但对白俄罗斯条件来说，根据白俄罗斯标准 1062—97，它们应在 47℃和－15～－17℃范围内。这也表明沥青的抗老化强度欠佳。

可见，白俄罗斯用到的沥青参数常与面层所处温度参数总是不太相符。

因而，生产高质量沥青或复合型沥青就成了提高路面层可靠性的最重要环节。

在白俄罗斯，基本上用的都是新波洛茨克和莫济尔斯克炼油厂采用西西伯利亚石油炼制的氧化石油沥青。这种沥青的抗老化强度尚显不足，黏附力也欠佳。

全世界唯有从委内瑞拉石油中经提炼所得氧化沥青中的活性胶质物含量最高。

为了弄明白此类沥青在白俄罗斯条件下的使用现状，我们还完成了一些必要的调研工作。

沥青试验结果列于表 6-3 和表 6-4。对所得资料数据分析表明：

表 6-3

指标名称	所得结果			按俄罗斯 1062—97 标准的生产品号	
	标号 B120	标号 B85	标号 B55	标号 90/130	标号 60/90
1. 针入度（0.1mm）25℃时	144	77	63	90/130	61/90
2. 环球软化点（℃）	42	45	50	不低于 43	不低于 47
3. 拉伸（cm） 25℃时 0℃时	 >100 8.2	 >100 3.7	 95 3.3	 不少于 65 4	 不少于 55 3.5
4. 脆点温度（℃） 加热前 加热后	 －18 －17	 －12 －12	 －8 －8	 不高于－17	 不高于－15

续上表

指标名称	所得结果			按俄罗斯1062—97标准的生产品号	
	标号 B120	标号 B85	标号 B55	标号 90/130	标号 60/90
5. 闪点温度（℃）	>250	>250	>250	>235	>240
6. 石蜡含量（%）	0.9	1.0	1.1	<3	<3
7. 沥青与花岗岩碎石20℃时的黏合系数	1.0	1.0	0.9	不少于0.7	不少于0.7
8. 加热后理化性能指标（+163℃/300分） （1）重量损失（%） （2）25℃时针入度变化（%） （3）环球软化温度变化（℃）	 0.1 27 3.0	 0.17 23 2.0	 0.11 20 3.0	 0.5 40 5	 0.5 40 5
9. 沥青含量	18	19	21	19～21	19～21

新波洛茨克炼油厂的沥青试验结果 表6-4

指标名称	所得结果			产品型号按白俄罗斯1062—97标准	
	标号 90/130	标号 60/90	标号 60/90	标号 90/130	标号 60/90
1. 针入度（0.1mm）25℃时	117	76	60	90/130	61/90
2. 环球软化点温度（℃）	45	49	53	不低于43	不低于47
3. 拉伸（cm） 25℃时 0℃时	 100 6.7	 86 6.0	 67 5.5	 不少于65 4	 不少于55 3.5

续上表

指标名称	所得结果			产品型号按白俄罗斯 1062—97 标准	
	标号 90/130	标号 60/90	标号 60/90	标号 90/130	标号 60/90
4. 脆性温度（℃） 加热前 加热后	 −22 −18	 −19 −17	 −16 −13	 不高于−17	 不高于−15
5. 闪点温度（℃）	250	>250	>250	>235	>240
6. 石蜡含量（%）	1.7	2.3	2.9	<3	<3
7. 沥青与花岗岩碎石 20℃时的黏合系数	1.0	0.8	0.6	不少于 0.7	不少于 0.7
8. 加热后理化指标（+163℃/300 分钟） （1）重量损失（%） （2）25℃时针入度的变化量（%） （3）环和球软化温度变化量（℃）	 0.7 41 6	 0.6 35 6	 0.5 30 5	 0.5 40 5	 0.5 40 5
9. 沥青含量	21	24	26	19～21	19～21

（1）Nynas 联合公司的沥青在软化温度指标和脆性温度指标上不如新波洛茨克生产的沥青，与白俄罗斯现行标准 1062—97 中的指标不符。

（2）Nynas 联合公司生产的沥青在抗老化指标和与石料的黏合度超过了新波洛茨克沥青。在这点上，新波洛茨克沥青老化指标不符合标准。Nynas 联合公司的环氧树脂加入瑞典产沥青进行试验，结果来自生产厂分公司塔林市的爱沙尼亚“NYBIT”公司形成了最终产品，性能如表 6-3。

结果，造成了一种相互矛盾的现象：一种情况下，新波洛茨克炼油厂的沥青指标好些；另一种情况下，又是“Nynas”联合公司的沥青指标好些。

因此，决定把新波洛茨克的氧化沥青和“Nynas”联合公司的氧化沥青进行混合调配使用。

表 6-5 中列举了用不同类别沥青的沥青混凝土可靠性水平评估数据。分析表明，用混合调配沥青能得到耐久性程度较高的沥青混凝土。

沥青对比试验研究结果 表 6-5

沥青类型	下述条件的储备系数				下述条件的可靠性水平				总可靠性水平
	抗剪切强度	温度抗裂强度	疲劳耐久性	抗腐蚀强度	抗剪切强度	温度抗裂强度	疲劳耐久性	抗腐蚀强度	
路用石油沥青 90/130	1.67	1.35	1.27	1.20	0.88	0.9	0.90	0.84	0.87
B85（瑞典产）	1.63	0.87	1.28	1.25	0.87	0.52	0.91	0.88	0.79
路用石油沥青 90/130 70%+B85（瑞典产）—30%	2.47	1.40	1.57	1.36	0.98	0.94	0.97	0.93	0.95

所以，为获得优质沥青，建议在新波洛茨克石油加工厂的沥青中加入 30%～50%的“Nynas”联合公司标号为 B85 的沥青。

面层结构设计及施工方案的变更原则

上边已指出过，路面总是处在复杂条件下，由于受到交通荷载和天气气候因素的同时，还要在多种因素的影响作用中进行工作。因此，从沥青混凝土结构的指标参数对沥青混凝土的可靠性和耐久性影响作用看，各项指标参数始终处在相互矛盾之中。例如，若提高沥青混凝土抵抗交通荷载作用的强度，则会降低抵抗天气气候因素的能力。图 6-13 中列举的是沥青混凝土总可靠性水平与碎石含量和沥青黏度间的关系。从数据表中可以看出，若沥青混凝土中的碎石含量高，那么它的可靠性水平就会降低（在50%范围内）。此时，沥青的最佳黏度约为90°P。这种沥青混凝土的抗交通荷载的能力不够，强度也显弱。这是因为在沥青混凝土受到天气气候因素影响作用时，当碎石含量加大后反而会促使可靠性水平下降。从附图6-14的数据中可以看出，随着复合料中的碎石和筛余物含量的上升、结构骨架的形成，沥青混凝土的抗腐蚀强度也会相应地下降。与此同时，多碎石沥青混凝土却能起到抗塑性变形和抗温度裂缝的作用。由此产生了一个结构性问题，即如何保持沥青混凝土对天气气候因素影响作用的强度。如果能以某种方式保证足够高的抗腐蚀可靠性水平，则总的可靠性水平与骨架结构形成复合成分的关系就会呈现出另外一种情形（图6-15）。利用高黏度沥青加上50%～60%的碎石含量，沥青混凝土形成的优势便可获得高强度高抗变形的沥青混凝土，并且具有高弹性模量计算指标和抗弯拉强度。

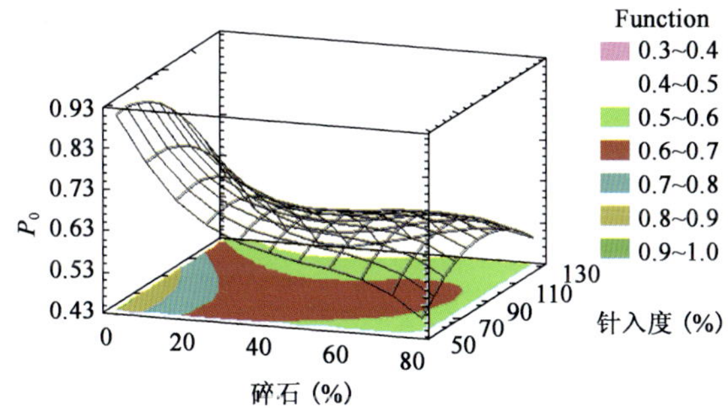

图6-13　沥青混凝土总可靠性水平与碎石用量及沥青黏度的关系

用结构措施来达到防腐蚀目的，就要在面层铺装工作完成后，一个月内再加铺一层优质磨耗保护层。建议使用下述结构铺装磨耗层：

（1）将被加热的碎石压嵌入浇注式沥青混凝土中且撒布均匀、整平；

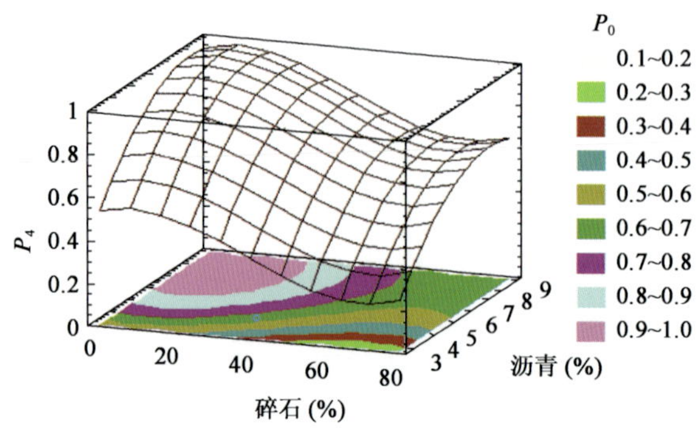

图 6-14　沥青混凝土抗腐蚀可靠性水平与碎石及沥青用量关系

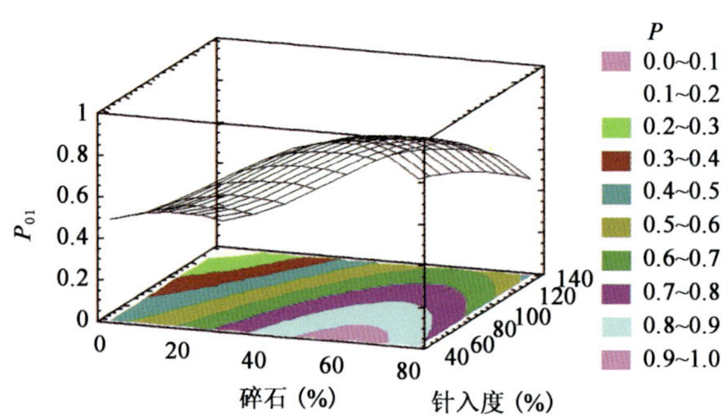

图 6-15　总可靠性水平与碎石用量及沥青黏度的关系（未考虑抗腐蚀性）

(2) 热混合料薄层摊铺面层；

(3) 双层表面处治；

(4) 改性沥青单层表面处治；

(5) 乳化沥青矿料拌和浇注摊铺（稀浆封层）。

类似沥青混混凝土混合料已经列入白俄罗斯技术规程100649721.001/2000《提高沥青混凝土混合料和城市街道路面层用沥青混凝土的变形稳定性标准》，选用型号为A1。建议用A3型混合料作为保护层。混合料级配方案见表6-6。

高变形稳定性混合料级配方案 表 6-6

混合料名称和型号	小于以下粒径（mm）矿料质量百分比（%）										沥青含量为矿料部分重量的（%）
	20	15	10	5	2.5	1.25	0.63	0.315	0.14	0.017	
	连续级配										
A3	—	—	90～100	30～50	20～37	14～25	9～18	6～14	4～10	4～6	5.2～7.0
A2	95～100	78～100	60～100	35～50	24～38	17～28	12～20	9～15	6～11	4～10	4.5～6.5
A1	97～100	65～59	47～42	23～30	20～30	20～30	19～27	17～23	16～20	4～14	4.5～6.5

在选择类似混合料级配方案时，必须尽量减少沥青用量并充分加大混合料的碎石含量及其压实密度。

制备混合料时，使用的沥青黏度为 60～80P（泊）。该混合料用于明斯克市内一些道路上并且通过了鉴定，效果显示不错。

修建高耐久性路面层时的“致密沥青压实”可能显示出是一种有效的工艺。

该工艺的实质在于铺装高强度沥青混凝土时，也一并铺筑磨耗层，从而保证了各层的黏合质量，不用洒布黏层油，压实效果好，并且费用还可减少一半。级配和性能各异的材料层同时铺装，用专门的沥青摊铺机实施铺装作业（图 6-16），保证上下两层同时摊铺，从而提高了各层层间的黏合力，完全能保证原试验级配方案（不用洒布黏层油），并在整体上可获得更大的材料疲劳变形稳定性。“致密沥青压实”工艺的优越性暂时还受阻于联合摊铺机的造价过高（80 万欧元左右）。

图 6-16 “致密沥青压实”工艺联合摊铺机全貌

6.3.2 新型高性能材料的使用与施工工艺

1）面层施工用新型高性能材料及其施工工艺

在第 6.1 节中曾指出，铺装上层应使用浇注、沥青玛蹄脂碎石混凝土（SMA）和半浇注式混合料。

（1）浇注式沥青混凝土

西欧各国越来越多地采用浇注式沥青混凝土作为铺装上面层用材料，因为该类筑路材料本身具有一系列优良性能，并且比一般所用热沥青混凝土优越。用浇注式混凝土铺装的面层能在冷却时达到最大强度且不会形成气孔（残留空隙率几乎为零）。由于浇注式沥青混凝土具备有较好的和易性，就不必再对所铺层进行压实（仅在某些情况下给以轻压）。此外，用浇注式沥青混凝土摊铺出来的面层具有高抗磨性、腐蚀稳定性和很高的耐久性（浇注式沥青混凝土面层寿命可达 20 年），能长期抵抗水害和防冻剂的影响作用。

浇注式沥青混凝土混合料属于与热拌沥青混凝土不同类型的混合料。浇注式沥青混凝土混合料与传统热拌沥青混凝土混合料在于所含矿粉和沥青含量不同（分别达25%和14%）。

胶结料的高含量和高温度使沥青混凝土混合料具有了高流动性，免除了对所铺混合料压实的必要性，混合料冷却后能获得必要的密实度。浇注式沥青混凝土混合料由于本身温度较高，当气温降至零下时，铺装过程中它的热量能将路表面加热，可保证与路表面的完美黏合，而且保证混合料与干燥路表面和潮湿路表面的黏合实际上都是一样的，从而大大超过了传统沥青混凝土混合料的黏结力。还应该指出，在铺装时，不需要用有机胶结料（沥青或乳化沥青）对路表面进行预处理。采用浇注沥青混凝土混合料还可大大延长施工季节，当气温降至－15℃时，仍不会影响摊铺施工的正常进行。

浇注式混合料若与其他类型的热拌沥青混凝土混合料相比，具有防渗透能力强（因沥青混凝土的残留空隙度实际上等于零）、腐蚀稳定性能高、抗磨耗力强、抗水侵害以及具有防止抗冻剂的长期腐蚀影响作用的特点。

浇注式沥青混凝土混合料在西欧国家被广泛推广使用，例如在德国，混合料级配方案为：碎石（2～8mm或2～12mm）占总量的40%～45%、砂25%～30%、矿粉20%～25%、沥青6.5%～9%。德国GFB公司用浇注式混合料铺装面层已使用多年，此类面层的寿命能达20年。

为了增强塑性变形的稳定性，制备浇注式混合料可用高黏度沥青。通过试验，确定了浇注式沥青混凝土与所用沥青黏度的关系，此时分析了一系列级配方案和胶结料用量不同的浇注式沥青混凝土混合料。现提供两种分析结果：第一种（级配粒径5～10mm的结构）5～10mm碎石60%、2.5～5mm碎石15%、筛余物10%、矿粉15%、沥青9.5%；第二种（级配粒径2.5～5mm的结构）2.5～5mm碎石20%、筛余物55%、矿粉25%、沥青12.5%。以此获取的可靠性水平作为混合料工作能力的基本参数。

浇注式沥青混凝土面层在德国应用较为多见。近年来，德国制造出了高生产能力的浇注式沥青混合料生产、运输和摊铺设备。浇注式沥青混合料面层的使用年限已达到24年，而所有其他各类沥青混凝土的寿命一般不超过15年。

由于所用沥青的黏度较高，为了保证摊铺时的和易性，制备浇注式沥青混合料时的温度应保持在180～220℃。浇注式沥青混合料可用普通搅拌机生产，此时的搅拌方式包括矿料组分的“干”拌，以便各组分与沥青充分拌和。浇注式混合料的制备时间稍高于（25%～50%）传统热拌沥青混凝土的制备时间。西欧各国在使用普通搅拌机的同时，也使用了高效率的专用设备。例如“Wibau”公司生产出一种制造浇注式沥青混合料的专用搅拌机，其不同之处在于搅拌容器的结构，该搅拌容器的搅拌轴处于竖立状态。

热拌沥青混凝土混合料生产时温度需在200℃左右，沥青含量较高，从而使混合料的黏稠度降低。因此，为防止混合料的温度离析，运输时必须不断地对混合料进行搅拌并同时加热。一般往工地运送混合料使用的是容量达20m^3并装有搅拌器和加热设备的专用运输车（图6-17）。

为防止材料四处流散，在工作前沿所铺车道边缘放上阻挡方木，当所铺层温度降至60℃以下时，将阻挡方木移走；或者在摊铺面层前，预先在行车部分边缘加铺30～40cm宽的施工通道(图6-18)。

运到施工处的浇注式沥青混合料由专用的摊铺机（图6-19）摊铺在路表面。德国Vogele公司生产的样机便可归于此类设备。摊铺浇注式沥青混合料时，紧接着再撒布一层小粒径碎石，以保证路表面的粗糙度（6-20）并可防止新铺面黏结杂物，经中型压路机碾压，使碎石嵌入面层以获得优质微糙结构。

图 6-17 供应浇注式混合料的专用运输车

图 6-18 摊铺浇注式混合料前先行铺装的施工通道

图 6-19 浇注式沥青混合料正在摊铺施工中

图 6-20　配有撒布小粒径碎石装置的浇注式沥青混合料铺路机

由于浇注式沥青混凝土混合料面层不需要压实，所以在确定所铺沥青混凝土时，并未考虑到进一步碾压。浇注式沥青混凝土混合料可以靠提高其密度来降低结构的厚度，此时面层厚度最终仅达 3cm 厚即可。

浇注式沥青混凝土的特点是胶结物质含量高，这可能在夏季高温时易导致出现塑性变形。正如 Л. Б. 格津茨沃伊指出的那样[文献2]，浇注式沥青混凝土中的沥青胶结物（沥青＋矿粉）的相对用量大大高于其他类型的沥青混凝土，其抗剪切强度在很大程度上是由结构性能决定的，特别是由这一系统中的黏度性能决定，这样的黏度又取决于沥青的黏度和矿粉促使结构形成的程度。在浇注式沥青混凝土中使用黏度较高的沥青和大量矿粉的原因就在于此。

确定沥青的最佳黏度，以便在白俄罗斯条件下对浇注式沥青混凝土混合料的使用进行检测分析。对一系列胶结料中的级配及用量不同的混合料进行了研究。对其中两种具有显著性能的混合料作更详细的阐述：第一种（级配粒径 5～10mm 的结构形成）5～10mm 的碎石为 60%、2.5～5mm 碎石 15%、筛余物 10%、矿粉 15%、沥青 9.5%；第二种（级配粒径 2.5～5mm 的结构形成）2.5～5mm 碎石 20%、筛余物 55%、矿粉 25%、沥青 12.5%。以可靠性水平作为面层工作能力的基本参数。

为选定胶结料的最佳黏度，确定了浇注式沥青混凝土抗剪切和抗温裂的总可靠性水平，这些对白俄罗斯来说尤为重要。曾按下式确定了总可靠性水平：

$$P_0 = \sqrt[2]{P_1 \times P_2} \tag{6-9}$$

按计算结果得出了总可靠性水平与浇注式沥青混凝土中所用沥青黏度间的关系（图 6-21）。

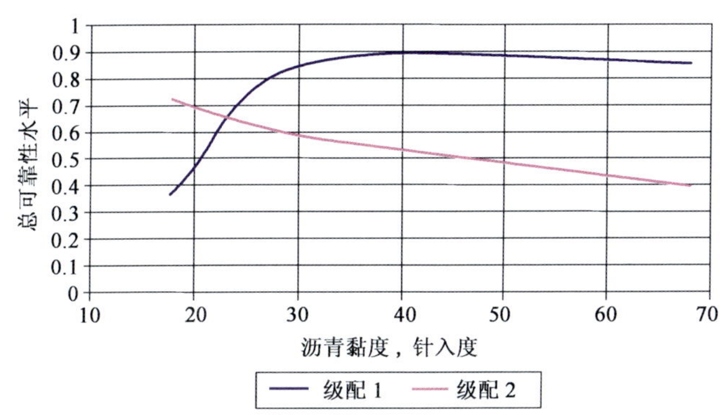

图 6-21 总可靠性水平与沥青黏度的关系

经数据分析表明（图 6-21），级配 1 不能用作上面层，因为总可靠性水平较允许值 0.9 低。使用级配 2 时，沥青的最佳黏度在针入度 35～45 0.1mm 不太大的限度内，建议在制备浇注式沥青混凝土混合料时使用，但应特别注意要正确地选择级配方案。

沥青是浇注式沥青混凝土混合料中的基本组分，其性能在很大程度上决定着面层的可靠性和耐久性。如上所说，加大沥青混凝土中的胶结料含量会使发生塑性变形的可能性提高。使用高黏度沥青可以降低这种可能性，但提高黏度又会导致易出现裂缝（因为体胀系数较高）。提高沥青热稳定性前景的最好办法之一就是加入聚合物添加剂，后者能改善材料的结构力学性能（可塑性间隔较宽、脆性温度较低、有弹性等）。目前，在路用沥青改性上主要使用苯乙烯—丁二烯—苯乙烯（SBS）嵌段共聚物。此种网格结构可以提高沥青的质量、弹性和黏度。综合来看，总体效果得到了进一步的改善。然而，在道路建筑中使用 SBS 型聚合物却又会表现出一些相当矛盾的事，那就是 SBS 的每吨造价竟高达 4 500 美元，这使每吨改性沥青的造价无形中又提高了2～3倍。降低改性沥青中的 SBS 用量以及用当地（白俄罗斯）的原材料代替 SBS 的措施应是进一步研究的现实问题。

最近，白俄罗斯市场上已出现许多共聚物添加剂。特别吸引人的是聚合物 Duroflex，其实质特点在于不是直接加入到胶结料中，而是在对矿料进行热拌和时加入。对浇注式沥青混凝土的质量评估是以不确定综合指标一反映出的是浇注式沥青混凝土抗辙槽形成强度（P_1）、温度抗裂强度（P_2）的总可靠性水平（P_0）的办法进行的。当时是以下述由聚合物含量不同的浇注式沥青混凝土进行此种评估：5～10mm 碎石—60％、2.5～5mm 碎石—15％、筛余物—10％、矿粉—15％、沥青—8.0％。根据所得数据绘出材料可靠性水平与所掺配添加剂用量的关系图（见图6-22）。

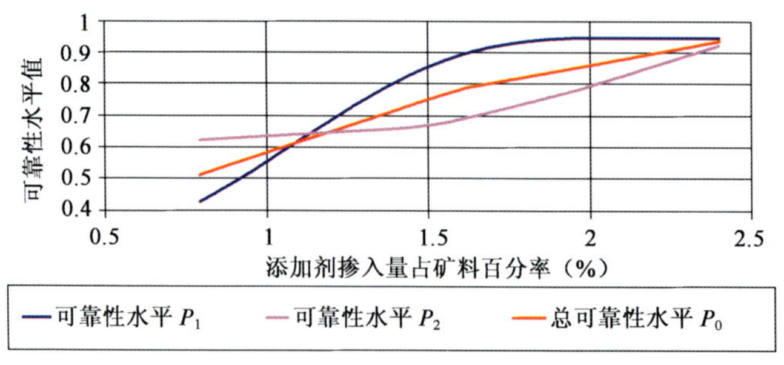

图 6-22　可靠性水平与聚合物用量的关系

对所述关系分析证明，将浇注式沥青混合料中的聚合物含量加大后，也能提高浇注式沥青混凝土高温时的抗裂强度。不过，从强度耐久性来看，加入2.3%的聚合物较为有效。

浇注式沥青混凝土按其指标和特征是独有的一种专用材料。但是，它广泛用于白俄罗斯还须进一步深入地进行科学分析。必须对级配方案、胶结料黏度参数、聚合物添加剂的选择及用量予以特别关注；聚合物添加剂是在矿料、沥青胶结料中能保证最好热稳定性的材料。

这里要表明一些阻碍白俄罗斯应用浇注式沥青混凝土的主要原因是：工艺过于复杂，需专用混合料运输设备和摊铺浇注式沥青混凝土混合料的配套设施，还需具备高水平的施工技术手段。不过，面层高耐久性和各铺层材料的用量下降（降低层间厚度）也弥补了些许不足。

（2）沥青玛蹄脂碎石混凝土混合料（SMA）

世界上不少国家延长路面上面层寿命的方法之一就是采用SMA，它的特点是集料级配粒径不是连续的，即断级配，最大粒径和沥青胶结料含量较高，并含有稳定性添加剂。此类面层材料与最常用的密实混合料相比具有更高的耐久性。

SMA是20世纪60年代后半期由德国首创，称其为plitt-mastixasphalt（SMA）[61]，1984年按集料性能和应用效果被纳入德国国家标准（62）。

用SMAC铺装面层始于2000年，那还是在俄罗斯的时候。大约从那时起，白俄罗斯及其他独联体国家均以这种材料和方式铺装面层。

2001年白俄罗斯公路科学研究所国家单一制企业出版了使用纸浆纤维的SMA和沥青混凝土技术规范，2004年这种混合料被纳入白俄罗斯标准1033—2004。

近些年，欧洲将SMA作为筑路材料应用于大交通流量的公路上，也普及到了航空港和海运码头，并且开始在全世界推广。例如，澳大利亚重载运行路段，尤其是交汇处均特别推荐使用沥青玛蹄脂碎石混凝土取代传统使用的开级配沥青混凝土，例如耐久耐天气气候耐大交通流量的沥青混凝土[63]。

按照文献［64］中所提建议，推荐在中等流量路段，每昼夜通过 5 000 辆和 5 000 辆以上的城市道路使用最大碎石粒径为 16～22mm 的碎石玛蹄脂混合料，而在每昼夜通过 2 500～10 000 辆的城市道路可用最大碎石粒径 6～11mm 的玛蹄脂碎石混合料。还推荐将该混合料用于铺装上面层和城市公交车通道表面的磨耗层。

美国大多数沥青玛蹄脂碎石混合料面层铺装在旧有沥青混凝土面层上，路表面也同样出现了一些病害，包括纵向和横向裂缝。然而，经过长时间运营后，这些路段上仅有反射性横向裂缝，其他形式的裂缝着实未见。所发现的所有裂缝都是窄的且无分叉[65]。

如果分析西欧应用 SMA 混合料的动向，便可发现他们都逐渐在向铺装薄面层作为保护层方面转化。这与设计长寿命面层并定期更换磨耗层的现代倾向相一致。据悉，铺装保护层应采用最大粒径 5～8 毫米的碎石玛蹄脂混合料。

欧洲国家在城市和农村地区公路上处治沥青混凝土面层材料时，使用的混合料是 SMA 0/3（最大矿料粒径在 3mm 以下）。

世界上许多国家早就在航空港路面上面层中使用了 SMA。

SMA 在全球得以普及是因为它的使用性能高，用它铺装出来的面层可靠性好。SMA 和用 SMA 所铺面层的优点是：

——表面纹理结构粗糙，从而能保证车轮与路表面有足够的附着力。当时速为 80、60、40 km时，附着力极限系数值分别为 0.32、0.39、0.46[63,64,65]；

——夏季高温（25℃以上）抗剪切强度高。例如，沥青玛蹄脂碎石混凝土面层上的辙槽深度与用密实沥青混凝土面层上的辙槽深度在同一量级，单轴通过时要小1～1.5倍[63,64,65]；

——路表面抗磨耗强度高。斯堪的纳维亚国家为降低因钉状花纹轮胎造成的路表面磨耗而采用最大粒径32mm的沥青玛蹄脂碎石混凝土[63,64,65]；

——对温度变化和交通荷载作用具有良好的抗裂应变性能[文献9、12]；

——能降低噪声水平[63,64,65]；

——靠提高胶结料含量来提高抗老化性能；

——可降低湿滑的可能性；

——防水渗漏、密封性能好。

沥青玛蹄脂碎石混凝土特性规定，一定要有“剩余量”沥青和少量用作胶结料以散在加固稳定的添加剂（一般多为纤维）作为改进矿料外形（立方体状）并且坚固的碎石集料结构。对沥青的“剩余量”，通常理解为沥青混凝土混合料中不受作用于各相分界线上表面张力，对结构形成不产生过大影响的那部分胶结料。稳定添加剂的基本作用就是在生产运输和铺装时，于高温下仍能保持矿料表面存有一定厚度的沥青膜。

在结构关系上，沥青玛蹄脂碎石混凝土混合料与其他沥青混凝土混合料有很大不同，因而将它归入公路建筑材料的单独一类。原则差别就显示在沥青混凝土矿物骨料形成时的宏观组织水平上。表6-7中提供了沥青混凝土混合料矿料部分的级配方案：

（1）A型细粒密实型热沥青混凝土[66]；

（2）沥青玛蹄脂碎石混凝土SMA—20[66]。从表6-7可以看出，基本差别在于级配碎石含量高（按常规重量占70%～80%），用以造成被压实面层中最大的稳定骨架，而且15～20mm的大粒径骨料含量较高（达50%）。

沥青混凝土混合料矿料部分粒径级配　　表 6-7

混合料型号	小于以下粒径（mm）矿料质量百分比（%）									
	20	15	10	5	2.5	1.25	0.63	0.315	0.14	0.071
1. ЩМАг	100～90	100～75	100～62	50～40	38～28	28～20	20～14	16～10	12～6	10～4
2. ЩМСц－20	100～85	70～50	42～25	30～20	25～15	24～13	21～11	19～9	15～8	13～8

无论胶结料如何，即便是交通流量高峰时段，面层的矿料骨架结构都应具有足够高的抗剪切强度。沥青混凝土骨架的特点在于其中含有大量的游离态沥青，这就是沥青混凝土抗温度变形能力的良好因素。

当最大粒径骨料的接触量充足时，为得到骨料间形成最稳定空间骨架，密实沥青混凝土矿料部分应保证最大限度地被沥青裹覆。此时，沥青在骨料结构间呈薄膜状，把骨料黏结成块状的同时，自身也成了骨料空间的填充料。经压实形成空间骨架后游离态沥青还能起到润滑作用。

沥青玛蹄脂碎石混凝土的特点是，任何热拌密实沥青混凝土中发生剪切时都可达到流动极限。面层上的单位压力越大，碎石骨架在沥青混凝土中承受的压力就越大。当其在 50℃被剪切时，受挤压使黏合能力达到强度极限，玛蹄脂碎石便会表现出它的弱势。这与混合料中胶结料的含量过高、结构形成刚性程度低有关[67]。

必须指出，复合料骨架（可把碎石玛蹄脂沥青混凝土也归入骨架复合料）的强度取决于结构形成的多种因素：结合料包括填充料在容积上的质量比、骨料填充的散在状况、结合料的填补程度。因此，对原始材料的计量就应提出更高的要求。

就这样，沥青玛蹄脂碎石混凝土形成的结构，是以最佳方式在三轴压缩和剪切条件下，把最大刚度材料受拉时产生的最大承压与变形能力结合在了一起。根据运营中路面层的应力变形状态，沥青混凝土中的这两种互相对立的品质要求就显得格外重要。

沥青玛蹄脂碎石混凝土的总体质量在很大程度上取决于每种复合成分的各自质量的优势所在。

玛蹄脂碎石的主要结构单元为碎石。通常使用质密耐磨的矿岩（例如花岗岩、玄武岩等）碎石制备混合料，该碎石与所用沥青胶结料的黏合性能良好。按骨粒形状，碎石应是立方体状。扁平和针状颗粒的含量按文献［64］不应超过15％；按文献［66］不应超过25％。

考虑到主要荷载是由碎石骨料所承受，按破碎机滚筒中的破碎能力，碎石标号不应低于1 200[66]。

制备的沥青玛蹄脂碎石混凝土混合料中，既有天然砂，也有0.5％经粉碎过筛后的剩余砂以及标准矿粉。

在储备与转运沥青玛蹄脂碎石混凝土混合料的过程中，能保持矿料颗粒表面具有被加热而呈低黏度状态的沥青，还在集料混合搅拌时就掺加了一定量的特殊稳定添加剂。

最初（20世纪80年代前），在玛蹄脂碎石中主要使用石棉和橡胶颗粒作为稳定添加剂。后来由于人们对技术、科研和环保意识的增强，便扩大了稳定添加剂的范围。混合料中开始使用纸浆纤维、合成纤维、矿物纤维添加剂、热塑类聚合物、衍生硅酸盐和天然沥青。

到目前为止，以纸浆纤维为原料生产的稳定剂应用较为广泛。专门为公路施工生产的纸浆纤维添加剂商品一般有VIATOP、TOPCEL、TECHNOCEL、ITERFIBRA、ARBOCEL、ANTROCEL等。建议在沥青混凝土混合料中使用丙烯纤维中的DOLANIT。可在沥青混凝土集料中掺加能增强结构性能的分散性纤维（例如合成纤维和玻璃纤维）[68]。

经对纤维或矿粉的表面活化进行改善，添加剂促使加大了稳定的使用范围。因而，可以方便地使用白俄罗斯生产厂家的产品。在某种程度上（因为纸浆纤维并不能改善沥青混凝土的强度特性，而只是起到一定的稳定作用），可能使材料的抗变形强度提高，尤其是抗剪切强度和抗裂强度。为此目的，可以使用文献［28］中描述的活化工艺。

往往建议在碎石玛蹄脂中使用性能相近的纸浆纤维作为稳定添加剂，其成分中长度0.5～1.9mm的纤维应不低于50％。

对稳定添加剂的使用效果进行评价，应从对胶结料的流动性能产生的影响而定[64,66]。

结果，国内目前都在使用进口纸浆纤维和粒状原料（纤维和沥青）从而大大提高了玛蹄脂碎石的造价。在此情况下，这种稳定添加剂虽然提高了玛蹄脂碎石的工艺稳定性，但并未涉及提高沥青混凝土的强度性能。必须进行研究分析，稳定添加剂和结构形成添加剂对混合料性能影响的机理，诸如聚合物和矿粉间的关系。以便从最终效果上来判定SMA造价的高低或者面层材料耐久性是否提高。

另外一个问题还是涉及半浇注式沥青混凝土混合料。在第6.1节中已表明，浇注式沥青混凝土的最低可靠性水平在0.95范围内，玛蹄脂碎石在0.84范围内。所以，在这两种类型沥青混凝土间存在一个0.84～0.95范围内的“间隔”。这个间隔可以处在“半浇注”沥青混凝土的位置上，成为沥青混凝土与碎石玛蹄脂混凝土之间的中间型。

半浇注式沥青混凝土不同于浇注式之处在于沥青和矿粉含量低并含有稳定添加剂。这可以在往工地转运沥青混凝土时，不用配备原有的保温搅拌机，而这种搅拌机正是浇注式沥青混凝土的一大麻烦之处。与碎石玛蹄脂沥青混凝土相比，它具有很高的和易性，从而降低了碾压费用，而且自成形密实度好。

“半浇注”沥青混凝土要求用耐磨材料撒布覆盖于路表面以提高粗糙度。

在修筑明斯克环城公路桥面时，用“半浇注”沥青混凝土完成了试验路段施工（图 6-23）。两年的施工经验表明，这种材料的质量良好，抗动荷载作用能力较强。

图 6-23 “半浇注式”沥青混凝土桥面概貌

可以把获取“振动浇注式”沥青混凝土混合料算作是“半浇注式”沥青混凝土这一范畴。公路研究所目前正在为这类混合料编制技术规范方面的定额文件。

在 M.C. 梅利克—巴格达萨罗夫的研究基础上，制定出了混合料最佳级配设计方案，该方案考虑了原始材料的具体特征（性能）、施工和使用条件、混合料制备、转运和铺装施工工艺。混合料成品如下：

填充料最大粒径（mm） ………………………………… 20

重量比（%）：

5mm 以上粒径 ………………………………………… 50～55

沥青胶结物质（$B+M$） …………………………… 20～25

沥青胶结物质的相位组合（$B+M$） ……………… 0.4～0.55

沥青胶结物质（$B+M$）为沥青混合料中的沥青（B）和小于 0.071mm 的细粒式分散矿料（M）。

沥青胶结物质（B/M）的相位组合为沥青用量与小于

0.071mm 矿料的重量比。

按稠度来说，“振动浇注式”混合料是一种黏塑状体，实际上可以用任何间歇运转沥青搅拌设备生产，用自卸车车厢盛装转运，不必担心离析，用普通沥青摊铺机进行摊铺并压实。

混合料中饱含颗粒填充料，填充料上包裹着相对较厚的一层沥青胶结物质。在沥青摊铺机振动杆（振动打夯方梁）的作用下，颗粒很快占据浓缩沥青液流动介质中的相应位置。颗粒相互接触分子重力场重新分布至平衡状态，结构过渡到动平衡状态。此时，面层变得非常密实，不需要进一步压实。因此，对“振动浇注式”混合料铺装面层，再用压路机进行辅助碾压已无必要。随着混合料从 200℃降到大气温度，面层开始变硬并获得一定的整体抗剪切和弹性性能，即可开放交通。

实践证明，能保证“振动浇注式”混合料最好转运条件的载重量，连同车厢在内应不小于 10t，此载重车：后开厢板、排气加热、带封闭罩、可缓慢升降并具有可变换将车厢固定在任一角度位置以及能振动车厢、抖落粘在车厢内壁上混合料的装置。

“振动浇注式”混合料根据考虑到具体生产特性的工艺规程进行制备。

当空气温度在 10℃以上时，混合料温度应保持在 190～200℃范围内；当气温为 10℃～＋5℃时，混合料的温度不应低于 220℃。混合料用普通集料仓存放时，必须加热保温，因为一但温度下降，混合料就会失去流动性。

“振动浇注式”混合料应在气温为＋10℃时，才可从拌和站运往工地，一般车程约为 40～60min，用带篷自卸车转运。当空气温度为＋10～＋5℃而沥青混凝土拌和站到施工地点又相当远时，混合料一定要用可保温并带有搅拌机的运输车辆来完成。

沥青应具下述性能：

＋25℃时的针入度（0.1mm） ························ 40～90

按环球法测出软化点（℃），不低于…………………… 51

闪点温度（℃），不低于 ……………………………… 240

铺装面层应使用沥青摊铺机。施工过程中，通过摊铺并压入黑色碎石来完成。碎石用量每平方米 5～6kg。碎石一遍撒够，路表面温度冷却到 50℃时，用轻型压路机将碎石压埋嵌入。未被碾压粘在表面的碎石应及时从路表面扫除。

2）铺装承重层用材料

在铺装作为承重层的下面层时，提高了刚性的沥青混凝土和有机水硬性胶结沥青混凝土都具有优势。

提高了刚性的沥青混凝土是一种用提高了黏度的沥青或硬质沥青拌制而成的。

整个路面的耐久性在很大程度上取决于结构层的材料性能，而沥青混凝土的性能又在很大程度上取决于所用胶结料的性能。白俄罗斯现在不少地方都在使用 90/30 路用石油沥青，但其质量还不能保证沥青混凝土的可靠性能。而国外铺装高抗变形强度路面结构层时都会采用硬质沥青、改性沥青，或将基质沥青的硬度进一步提高。

硬质沥青在法国应用较为广泛[69,70,71]。在此情况下，根据荷载作用温度和时间，要在确定沥青混凝土流变特性的基础上选用此类胶结料。试验研究过程中，还要考虑到沥青的老化程度。

在这种沥青的基础上，可获取具有高抗剪、高模量的沥青混凝土，它可对中面层进行摊铺时使用。采用这种沥青混凝土由于成本低而具有很大的吸引力。

法国 1990 年使用了 39 000t 这种沥青；1995 年用了 77 000t；2000 年超过 100 000t。

目前，整个法国分为三个气候区：

（1）基本是海洋性气候（$T_{高} \leqslant 27℃$；$T_{低} \geqslant 0℃$）；

（2）基本是南方气候（$T_{高} \geqslant 27℃$；$T_{低} \geqslant 0℃$）；

（3）基本是大陆性或山地气候（$T_{低}<0℃$）。

以最低和最高面层温度按国家整个面积可以划分成下述区域（图 6-24）。

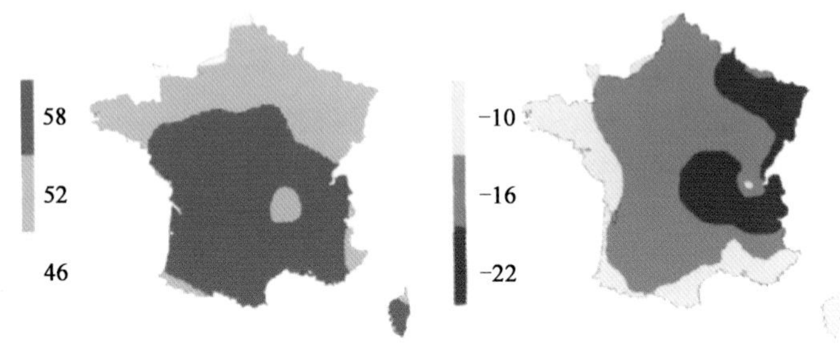

图 6-24 法国按面层温度区域的划分

表 6-8 中列出了根据设计路段海拔位置采用沥青的建议。

采用的还有三种硬质沥青，其指标列于表 6-9。

表 6-8

气 候 类 型	1	2	3
海拔高度＜500m	35/50	35/50	35/50
海拔高度＞1 000m	50/70	50/70	50/70
海拔高度 500～1 000m		50/70	70/100

表 6-9

标　　号	15/20	10/20	5/10
软化温度	66	62～72	87
针入度指标	+0.2	+0.5	+0.1
动荷载黏度（Pa·s）	420	700	980
7.8Hz、E^* 时的综合模量（MPa）			
0℃时的综合模量	425	700	980
10℃时的综合模量	180	300	570
20℃时的综合模量	70	110	300
60℃时的综合模量	0.4	0.7	7

图 6-25、图 6-26 中所列举的为确定剪切综合模量 G^* 和相剪切角 δ 的试验关系。根据这些关系可以确定残余变形，等于 $G^*/\sin\delta$。

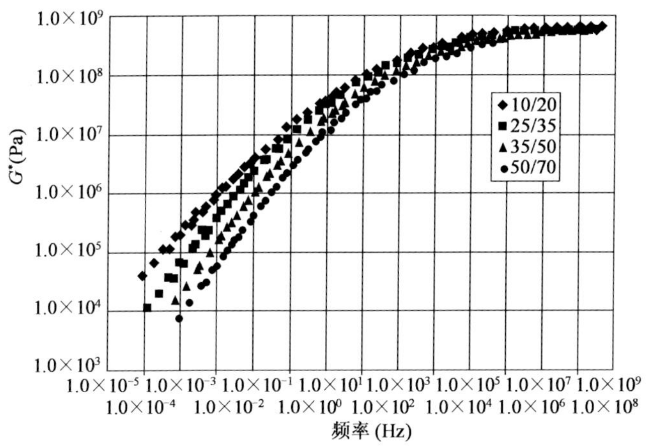

图 6-25 确定剪切综合模量的关系图

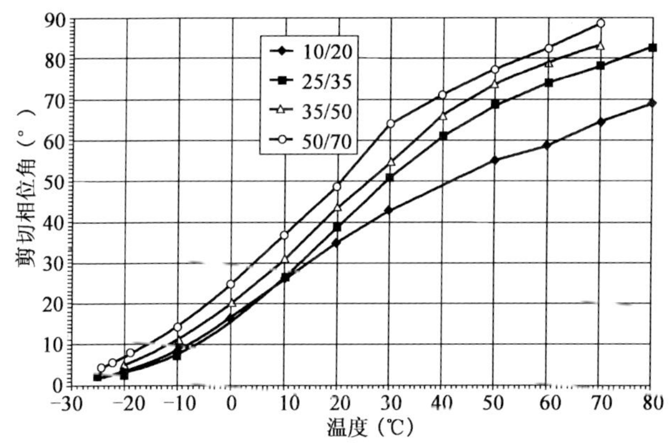

图 6-26 确定剪切相位角与温度的关系图

从关系图中可以看出，硬质沥青完全可以保证大载重量车辆超载运行在公路上所必需的抗剪切强度。

对于含有硬质沥青的沥青混凝土，沥青饱和度系数 K 值应不小于 3.4。

$$K=\frac{TL}{\alpha\sqrt[5]{\sum}}$$

式中：TL——胶结料含量；

α——$2.65/G_{se}$（G_{se}—矿料的实际密度）。

$$100\sum=0.25G+2.3S+12s+135f$$

式中：G——粒径大于 0.63mm 矿料含量（%）；

S——粒径在 0.63～0.315mm 之间矿料含量（%）；

s——粒径在 0.315～0.08mm 之间矿料含量（%）；

f——粒径小于 0.08mm 矿料含量（%）。

最大粒径 14mm（图 6-27）与胶结料最低含量平均为 5.7% 的混合料。

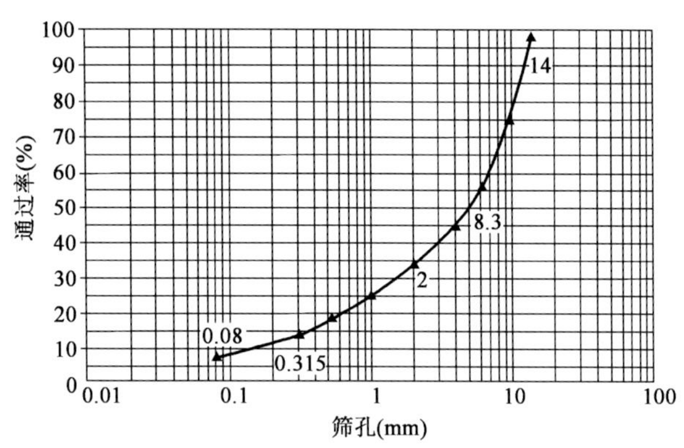

图 6-27 用硬质沥青拌制的沥青混凝土混合料级配（粒径 14mm）

高温时，按其硬度，这些沥青混凝土可与改性胶结料沥青混凝土相媲美（图 6-28）。

这种沥青混凝土在环形试验场（LCPC）（图 6-29）上进行试验时，具有足够高的抗剪切变形强度。

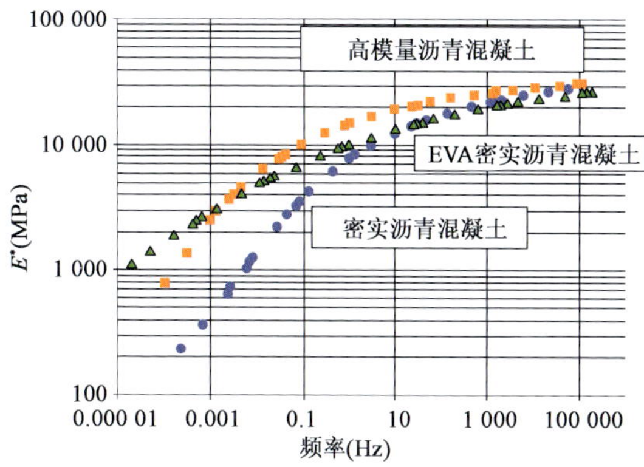

图 6-28 沥青混凝土的刚性模量

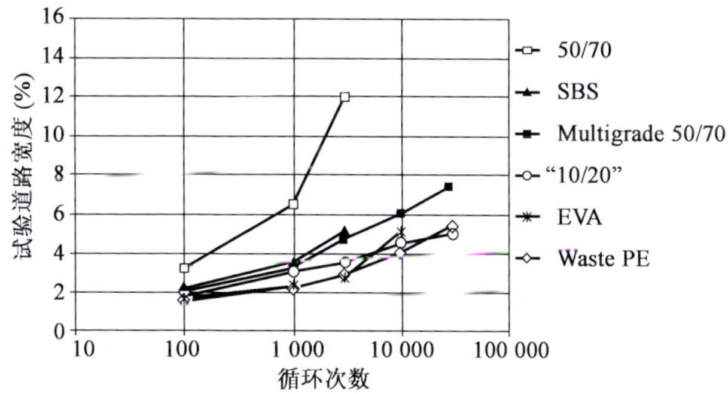

图 6-29 试验场试验结果

该种沥青混凝土的疲劳耐久性不次于密实沥青混凝土。此时，密实沥青混凝土所要求的最小变形量为 80×10^{-6}，而最佳级配的高模量沥青混凝土的变形量为 130×10^{-6}。

设计路面结构时，沥青混凝土（使用高模量的）总厚度比传统的低 25%，这从经济上产生的效果来看有其优势。

还有一点要说到的是温度抗裂性，然而考虑到这些混合料是作为下面层材料来用的，它们一直被用到－13℃（层中温度）。因此，根据温度变化和温度沿路面深度上的分布数据来选择结构是非常重要的。

以白俄罗斯条件可以推荐下述级配方案，见表 6-2 中的多碎石沥青混凝土，该沥青混凝土以针入度为 30～70（0.1mm）的沥青拌制。

对于重要建筑工程项目一定要用改性沥青才恰当。

既要提高路面层的质量和耐久性，又要降低道路建设造价和材料用量，如果不采用新型结构材料那是难以符合高标准要求的。此类材料之一就是沥青与水泥复合的有机水硬性胶结混凝土。

有机水硬性胶结料是一种人工造就的建筑材料，它以热力学方法将不相兼容的有机物（沥青/焦油）和水硬性材料（水泥、石膏、炉渣等）以胶结性能结合在本身的结构中。道路建设中出现有机水硬性胶结混凝土有其一系列原因：

（1）传统沥青混凝土对现代交通荷载作用的可靠性和耐久性不足；

（2）采用新能源的节约型施工工艺，该工艺要求处于含水材料的结构之中（乳化沥青、泡沫沥青、含水有机矿料等）。

（3）路面层养护施工及大修工程新工艺的出现（再生法、微表处法等）。

有机水硬性胶结混凝土的基本结构形成也属于不同类型的层

状结构。既然水硬性和有机胶结料会热力不相兼容，并不能形成稳定的同相体系，那么划分相的边界就被忽略掉了，接触点是通过相间过渡层来形成的。影响层间相的形成既有物理过程（结晶、吸附、沥青缔合因子破坏、离子迁移、双电子层形成），也有化学过程（Me+ _ OOCR 型关系的形成、氢的－H－O 型关系的形成等）。

有机水硬性混凝土的结构形成过程是，当有不同厚度的有机胶结料薄膜存在时，水硬性胶结料的水硬化组合成分间各类关系就会出现。一般情况下，可能出现由水化物相互作用引起的水泥水硬化组合成分间的相互接触点。这些接触点在沥青膜断裂口并透过不太厚的沥青膜上形成。存在碳氢介质膜时，接触点出现的原因为内部晶体压力，由于分散产生的离子迁移，经冷缩会使得碳氢介质膜断裂口的组合部分产生相互溶合。

白俄罗斯出版了《有机水硬性胶结混凝土》的国家 1415－2003 标准。根据该标准，有机水硬性胶结混凝土混合料分为三类：

（1）由碎石（砾石、卵石）砂（天然砂和人工砂）、水硬性胶结料、有机胶结料与水拌和成的混合料。这种混合料还可含有一定量的矿粉（可达水泥总量的 50％）。

（2）由碎石（砾石、卵石）、砂（天然的、人工的）、硅酸盐水泥（页岩灰、矿渣硅酸盐水泥）和乳化沥青拌和成的混合料。

（3）由破碎的旧沥青混凝土（下称沥青混凝土块料）、乳化沥青、硅酸盐水泥拌和成的混合料。第三组混合料还可含有一定量的筛余物，即砂状废弃物。

根据大修前对寿命确定的总可靠性水平，有机水硬性胶结混凝土可分为三个标号：

①总可靠性水平≥0.9（寿命为 15～18 年）；

②总可靠性水平在 0.75～0.9（寿命为 10～12 年）；

③总可靠性水平在0.6～0.75（寿命为8～10年）；

按白俄罗斯条件，使用第三组混凝土最为合理。所以，此处只从用乳化沥青和水泥对铣刨过的沥青混凝土进行处治，获取对有机水硬性胶结沥青混凝土的工艺，以便从某些角度作进一步探讨。有机水硬性胶结混凝土要用固定或移动设备、配有特殊搅拌装置的摊铺机制备，并在冷状态下摊铺在路面结构层上。基本操作工艺有两种：

（1）混合料可用固定或移动式搅拌机制备，然后运往工地铺装并压实（场拌处治）。

（2）混合料就地以专用铣刨搅拌机制备，然后摊铺在面层并压实（就地处治）。

第一种情况，厂拌制备冷沥青混凝土混合料是直接铣刨现有面层，然后筛出粒径40mm以上的粒料，用锤击破碎机或离心锤式破碎机进行破碎、筛分，并在固定或移动场地对沥青混凝土块料进行加工。

第二种情况是就地冷拌，将沥青混凝土最大粒径控制在20mm以内。

用冷铣刀直接铣刨面层，建议使用装有铣刀的转筒对铣刨面层作“上下”旋转。使用这种类型的铣刀，沥青混凝土粒料大小较均匀，细料较少，并且不会有粒径在40mm以上的块粒，可直接生产有机水硬性胶结混凝土而不用过筛。冷再生沥青混凝土面层和基层应于气温不低于＋5℃时摊铺。小雨天气也不影响摊铺。秋季，当温度稳定在零度以上时的2～3周前，应结束冷拌再生混合料的摊铺施工。

2000年，白俄罗斯用这种材料在新德沃尔—舍尔舒内—斯列德涅耶公路上已完成面层铺装，所用混合料级配如下：

阳离子乳化沥青3％、400号硅酸盐水泥5％、水2％、原沥青混凝土粒料90％。

该成分是仍然能保证最佳抗裂强度的要求而选定的方案。

混合料按冷拌工艺用固定混凝土搅拌机制备，自行式沥青混凝土摊铺机铺装，光面辊轮胎压路机压实。

2000 年，明斯克州公路建设管理局在科技界同行的协作下，经过几个试验路段的施工，用这种混合料总共铺装了大约 4.7km 的面层。结果经核算，节约燃油 72t、沥青 266t、碎石 1 826m^3、电能 9292 度。产生经济效益为 61 000 美元。

明斯克州道路建设管理局现在每年加工 15 000t 铣刨出来的沥青混凝土。

目前明斯克市为获取有机水硬性胶结料沥青混凝土，已装备现代化的 KMA－2000 型联合施工设备（见第 3.4.2 节）。

使用第二种施工方案时须完成下述工序：

（1）在路面上用专用设备撒铺占材料总量 3%～8%的水泥；

（2）用湿法（胶结料通过铣刀）铣刨路面，加 5%～7%的乳化沥青或泡沫沥青经混合后撒布在路表面；

（3）用自动摊铺机将混合料按全路宽铺在路表面并压实。

水泥以悬浮液形式直接送入联合施工机组中的搅拌机内。

全部工序用“维特根”公司的专用联合机组完成（见第 3.4.2 节）。

一般联合施工机组允许用乳化液异型体，即泡沫沥青来代替乳化沥青。此时，和发泡装置连在一起的摊铺机和铣刀同步运行，发泡装置中的热沥青与水接触后胀喷。当然，工程造价也会大大降低。

该设备高效并且能得到保质保量的混合料。

目前国立俄罗斯技术大学编制了符合标准要求的有机水硬性胶结混凝土的制备方法、设计要求和操作规程，也考虑到了集料级配的特点，并要求达到最低成本的财务支出。

根据级配选择结果，生产厂家应具备并能反映出符合白俄罗斯国家标准 1415—2003 的下述指标：

（1）抗塑性变形指数；

（2）温度抗裂指标；

（3）极限结构强度指标；

（4）抗冻系数指标；

（5）弹性模量、抗剪强度指标；

（6）可靠性水平及混凝土等级指标。

在此情况下，级配应满足下列要求：

水泥与乳化沥青应在 1.6～1.7 范围内，胶结料（水泥＋乳液）用量占总量的 7%～10%。

在确定面层结构，采用有机水硬性胶结混凝土时，可能有三种基本方案：

（1）用有机水硬性胶结混凝土，以厚 6～15cm 的单层处治，形成路面面层结构。如果混凝土抗冻系数高于 0.8、温度抗裂指数高于 0.6，则可以采用此类结构。

（2）用有机水硬性胶结混凝土，以厚 6～15cm 的双层处治，形成路面面层结构。如果混凝土抗冻系数为 0.6～0.8、抗冻指数 0.5～0.6，在能保持塑性变形稳定性的情况下，该结构可以采用。

（3）厚 6～15cm 复合胶结料沥青颗粒混凝土路面面层加铺厚 3～5cm 厚的沥青混凝土表面层。如果混凝土抗冻系数低于 0.6、温度抗裂指数为 0.4～0.5，那么该类结构可以采用。

当然，有机水硬性胶结混凝土的应用在得到经济合理的同时，采用以它作为承重层仍能达到刚性上所要求的性能。

下面层铺装用材料：

下面层材料应保证具有高疲劳耐久性和抗弯拉强度。

这些指标随着材料密度和胶结料质量的提高而上升。而沥青的黏度应有保证。

浇注、半浇注式及多碎石改性沥青混凝土均能满足这些要求。但考虑到其造价过高，用于下面层不太合算。

在我们看来，最好使用密实砂质沥青混凝土混合料。

正如 4.3 节中表明的（见图 4-36），砂质沥青混凝土具有较高的疲劳耐久性。黏度最好在 50～70P 之间，而沥青含量应在 7%～9%之间。

水泥混凝土及其异型（贫混凝土）可用于下面层或承重层。此类材料具有应力高分布性能和良好的抗疲劳破坏性能。不过，下面层采用水泥混凝土时，必须设有预防反射性裂缝的措施。通常由裂缝阻断层来担负起这一功能。结果面层结构表现为如图 6-30所示类型。

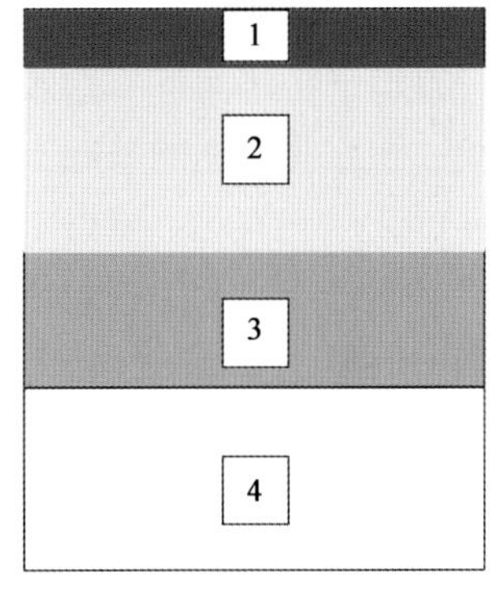

图 6-30　面层以下为水泥混凝土的路面面层结构

1-面层；2-面层承重层；3-裂缝阻断夹层；4-水泥混凝土及其异型（基层）

采用这种结构时，不必在水泥混凝土中开割伸缩缝。为了广泛采用此类结构，仍需对强度和抗变形能力的计算方法作出进一步改进。

结　论

根据所做研究得出结果，获得了路面面层材料中的破损积累理论和试验数据，从而得以根据对结构产生影响的各种因素：交通荷载、温度和冻融交替等，制定出确定破损水平的方法。

得出了将路面可靠性水平、寿命与交通流量联系起来的关系曲线。在这些数据的基础上，可对结构和铺装面层所涉及到的材料进行选择。为此，取得了列有各种材料基本类别和应用不同类型材料的关系曲线图表。还提出了以材料学和结构学方法为基础而确定的预（计算）寿命和可靠性水平。

白俄罗斯公路上运行的有载重量标称不同结构的轮胎和轴压各异的车辆。大载重量轮胎内压在 0.45～0.9MPa 之间。从 2000 年起，大多数货运汽车的后轴荷载达 11.5t。随着车辆载重量的不断加大，各种轮胎的结构也在发生变化。轮胎单位压力及压力分布特性均有不同程度的提高。重要点在于轮迹压痕增大，压痕形状由圆形变成了直角形（矩形）。

现在仍然执行的公路运营指标还面临着不太适应目前的路面强度、层间厚度、平整度标准、弹性模量值等各项指标的实际状况。因此，该问题还必须下大力气来解决。如果夏天高温下，由于交通荷载的影响作用，造成的结果是黏性关系承受能力（万一杰一瓦阿利索夫）最小时，冷凝结晶骨架（沥青结构关系形成、骨料间的相互嵌挤）不会发生破坏，那么塑性变形稳定性就能得到保证。

对可能出现的塑性变形量进行评估，建议使用可靠性理论。现已获得确定储备系数和结构层材料可靠性水平的关系曲线。总的来说，面层及整个路面所用材料的稳定性可由下列因素来决定：

- 荷载种类与面层材料相互间作用（接触）的条件；
- 路面面层结构的特点（各层材料性能间的相互关系）；
- 面层材料的结构与性能。

作为大型车辆运行产生的影响，出现可塑性变形的基本因素（按固定计算方式）有车轮上的单位压力和荷载量（轮胎痕迹直径）。其余因素的相互关联可以通过相应的替换和代入方式来表达。面层受压状况是随着轮胎内压的提高和车轮荷载上升而增高的。此时，车轮荷载（其他条件相等）升高导致承重压力的提高比对轮胎压力提高受到的影响要小。例如，车轮荷载提高一倍，而内压不变时，轮迹面积上的压力会提高 5%～10%。此时，车轮荷载相等而轮胎内压增加一倍，轮迹面积上的压力就会增加 40%～50%。这与轮胎内压变小使轮迹面增大及外形改变有关。

轴载由 10t 增至 13t 时（胎压为 0.5MPa）致使材料抗剪切储备系数下降 2%～5%。此时，塑性变形量并未改变。如果荷载为 10t，单位压力从 0.5MPa 提高到 0.75MPa，那么材料的抗剪切储备系数会下降 10%～15%；若从 0.5 提高到 1.0，则此系数会下降 30%～40%。在压力不变的情况下，要使系数降到这一水平，就必须把轴载从 10t 增加到 22t。也就是说，增大胎压比提高轴载更危险。

路面各层的布置方式和各层材料的性能在计算高温下，会对应力和变形量产生影响，从而对塑性变形积累的动力学产生影响。路面的结构特点与作用于同一平面上的切应力与正应力的最大值落脚点不吻合有关。而它们之间的差异，根据各结构层材料性能的关系可以在路面结构的各个部分见到。

任何情况下，加大基层刚性对面层材料抵抗辙槽的形成均有良好作用。当上面层材料的刚性高于下面层的刚性时，就现有路面设计观点来说就显得很特别，上面层抗剪切强度习惯上应比下面层高出 30%～35%。由于面层温度较高，所以并非总能达到这一点。当上面层与下面层的刚性之比小于 1.5 时，形势就会逆转。这就便于设计新的抗剪切路面面层。

温度裂缝是在冷态时，由于材料受到与非自由压缩相关的热应力而引起的。如果所受压力在涉及松弛能力不超过长时间强度时，温度抗裂强度就有保证。材料抗裂强度标准就是计算低温下的强度与极限结构强度的比例关系。对白俄罗斯条件来说，该比例应不超过 0.3。该标准就是材料学标准，并可反映出路面材料抵抗出现温度裂缝的能力。但该标准仍未将交通荷载的影响考虑在内。

评估交通荷载对裂缝形成过程影响作用的困难在于，交通荷载和温度变化形成的应力与温时体系不同步而显得复杂化。据此，制定了交通荷载影响作用下的抗温裂标准条文。

对超过百万平方米面层的调查结果表明，受到裂缝损伤的路表面取决于集料级配而与车流量大小的关系不大。关键在于沥青混凝土的流变特性，交通荷载对温度应力的“投入”不超过 10%～30%。单轴承载从 10t 提高到 13t 才使温度应力总共提高 5%。所以，当面层无裂缝时，交通荷载对温度裂缝的发展可以忽略不计。

一旦公路运营中面层出现裂缝，这在白俄罗斯的大多数公路上都司空见惯，那么情况就有变了。此时，单轴承载从 10t 增加到 13t，温度应力便会提高 15%。在可靠性理论基础上进行的计算表明，此时的可靠性水平从 90%降到 65%。这就证明路面寿命缩短了或者面层分布的裂缝面积增加了 25%。

这种规律在路面结构设计计算及检测时均应予以考虑。特别是对面层产生裂缝面积的预测，轴载为 11.5t 时增长 13%；轴载为 13t 时增长 25%。

疲劳变形是因交通荷载的反复作用，材料结构中的破损逐渐积累形成破坏造成的。该类变形是最为危险中的一类，实际上难以修复，导致路面很快进入难以使用的境地。

为了找出交通荷载影响作用促使疲劳裂缝形成过程的依据，研究出了交通荷载作用下，材料结构中破损积累的动力学理论基础。从而获得了相应的数学关系曲线，并制定出了破损计算的数学计算方法。

所做计算表明，疲劳变形不仅取决于车流运行强度，也与轴载水平相关。轴载由 10t 增至 13t 就会大大降低面层寿命。

对设计计算路面进行检测时，应使用所得到的各结构层中的应力关系曲线。该诺模图是为 11.5t 荷载水平设计的。当变为 10t 荷载时，应力值减少 13%，13t 时，反而会增加 13%。

对疲劳裂缝形成标准进行路面强度计算时，荷载 11.5t 和 13t 时的可靠性水平应比 10 吨荷载时的相应提高。例如，10t 荷载的可靠性水平为 0.92，11.5t 的为 0.82，13t 的应为 0.69。经检测，裂缝网的预期面积应照此值提升。

路面面层材料在交通荷载和气候因素的共同作用下，因破损积累而发生破坏。材料所含能量受交通荷载与受天气气候因素的影响不是一种线性求和的关系，这与加入变形过程的弹性关系量不同有关。从破损发展的观点来看，交通荷载产生的能量平均相当于天气气候因素产生能量的 30%。

为计算交通荷载和天气气候因素共同作用产生的破损，设计制作了可以将不同作用因素、使用相同标准的物理力学和数学模型。首先使能量通过工作能力水平变换为等值量，然后将材料作为具有按串联和并联交替的弹性、黏性和塑性关系的综合体系。

所进行的计算表明，交通荷载影响沥青在天气气候因素作用下会形成解体。例如，如果材料在 400 个冻融循环作用下就被破坏了，那么在 10 万轴次交通荷载作用下，经 250 个冻融循环后材料就会发生毁坏。也就是说，其他条件相同，受腐蚀的路表面积会增加40%以上。

加大轴载也会导致腐蚀性破坏加大。例如，轴载变为11.5t时腐蚀性变形面积可能加大12%，轴载13t时与10t相比，在路面面层设计寿命期内（交通流量为每昼夜500辆）则增加40%。

所确定的规律必须在计算中及进行检测判断时使用。特别是判断过程中，要查清的腐蚀性破坏必须按车流强度和轴载加以区分。

交通荷载对腐蚀性变形的影响既取决于沥青混凝土的级配，也涉及到沥青混凝土的结构。空隙率越大，交通荷载的影响就越大。受交通荷载和冻融条件下的作用，材料的破坏能量和松弛模量的差别越大，交通荷载的影响就越小。在此情况下，车速越低，对腐蚀性破坏影响的程度就越高。

找出消除变形破坏的方法，建议在设计和运营阶段时应用。拟定出新的设计和计算路面及面层的新方法。最终列举出获取新型耐久性路面面层材料级配及工艺规程。

参 考 文 献

[1] Советский энциклопедичесий словарь. 2 изд. М. , 1983.

[2] Дорожный асфальтобетон 2 изд. М. , 1985.

[3] Шульман З. П. , Ковалев ЯН. , Зальцгендлер Э. А. Реофизика конгломератных материалов. Мн. , 1998.

[4] Богуславский А. М. , Богуславский Л. А. Основы реологии асфаль- тобетона. М. , 1972.

[5] Прочность и долговечность асфальтобетона . Мн. , 1972.

[6] Грушко И. М. , Ильин А. Г. , Рашевский С. Т. Прочность бетонов на растяжение. Харьков, 1973.

[7] Золотарев В. А. Долговечность дорожных асфальтобетонов. Хар-ьков, 1978.

[8] Работнов Ю. Н. Элементы наследственной механики твердых тел. М. , 1977.

[9] Ильюшин А. А. , Победря Б. Е. Основы математической теории термовязкоупругости. М. , 1970.

[10] Иванов Н. Н. , Телегин М. Я. К обоснованию показателей механических свойств асфальтовых систем // Исследование органических вяжущих материалов и физико-механических свойств асфальтовых систем. М. , 1949.

[11] Руденский А. В. Обеспечение эксплуатационной надежности дорожных асфальтобетонных покрытий. М. , 1975.

[12] Золотарев В. А. , Мищенко Г. М. , Космин А. В. Исследование пр-оцессов деформирования и разрушения асфальтобетона // Материалы V Всесоюзного научно-технического совещания по основным проблемам

технического прогресса в дорожном строительстве. М., 1971. Сб. 4 (1).

[13] Вильямс М., Ландел Р., Ферри Дж. Температурная зависимость релаксационных процессов в аморфных полимерах и других стеклующ- ихся жидкостях // Проблемы современной физики. Физика полимеров. 1956. т. 8. №12.

[14] Яцевич И. К., Малиновский В. В. Взаимосвязь вязкости и прочн- ости песчаного асфальтобетона // Автомобильный транспорт и дороги. Мн., 1978. вып. 5.

[15] Нарисава И. Прочность полимерных материалов. М., 1987.

[16] Кауш Г. Разрушение полимеров. М., 1981.

[17] Разрушение. М., 1976. Т. 7. Ч. 2.

[18] Strain and temperature accelerated relaxation in polycarbonate // J. Polymer Sci. 1988. Vol. 26, 12.

[19] Аскадский А. А. Новые возможные типы ядер релаксации // Механика композитных материалов. 1987. №3.

[20] Интегралы от функций влияния, учитывающих изменения энтропии в процессе релаксации напряжений и анализ с их помощью экспериментальных данных // Высокомолекулярные соединения. Сер. А. 1988. т. 30, №4.

[21] Веренько В. А. Дорожные композитные материалы. Структура и механические свойства. Мн., 1993.

[22] Качанов Л. М. Основы механики разрушения. М., 1974.

[23] Радовский Б. С. Вероятностно-геометрический подход к струк- туре и оценке физико-механических свойств материалов дорожной конструкции //Актуальные вопросы

механики дорожных одежд. М. , 1992 .

[24] Малинский Ю. М. , Прокопенко В. В. , Каргин В. А. Влияние среды и толщины слоя на самозалечивание трещин в поливинилацетате // Механика полимеров. 1970. № 6 .

[25] Исследование самозалечивания трещин в полимерах // Механика полимеров. 1970. № 2.

[26] Инструкция по проектированию дорожных одежд нежесткого типа. ВСН 46-83. М. , 1985.

[27] Новик Ф. С. , Арсов А. Б. Оптимизация процессов технологии металлов методами планирования экспериментов. М. , 1980.

[28] Ковалев Я. Н. Активационно-технологическая механика дорожн-ого асфальтобетона. Мн. , 1990.

[29] Асфальтобетон. Сдвигоустойчивость и технология модифицирования полимером . М. , 1994 .

[30] Мозговой В. В. , Радовский Б. С. Определение напряжений в пок-рытии как вязкоупругом слое при колебаниях температуры // Исследов-ания по механике дорожных одежд: Тр. СоюздорНИИ. М. , 1985.

[31] Кнороз В. И. , Кленников Е. В. Шины и колеса. М. , 1975.

[32] Крстов В. А. , Казарновский В. Д. , Красноперов А. Р. Метод коли-чественной оценки температурной трещиностойкости асфальтобетонных покрытий, устраиваемых на основаниях со швами и трещинами // Тр. 《ГП РосдорНИИ》. М. , 2000. Вып . 10.

[33] Надежность дорожных одежд: Пособие. Мн. , 2002.

[34] Кирюхин Г. Н. Определение характеристик сдвигоусто-

йчивости асфальтобетона // Автомобильные дороги. 1992, № 9-10.

[35] Новый метод определения параметров сдвиглустойчивости// Строительство и эксплуатация дорог и мостов: сб. науч тр. Мн. , 2003 Вып. 15.

[36] СТБ 1415-2003. Бетоны на органогидравлических вяжущих. ТУ. Мн. , 2003 .

[37] American Association of State Highway and Transportation Officials (2000) Standard Specifications for Transportation Materials and Methods of Sampling and Testing, Part II - Tests, 20th Ed. , Washington, DC.

[38] Зенкевич О. Метод конечных элементов в технике. М. , 1975.

[39] ТКП 45-3. 03-3-2004 (02250) . Проектирование дорожных одежд улиц и дорог населенных пунктов. МН. , 2005.

[40] Пособие 3. 03. 01-96 к СНиП 2. 05. 02-85. Проектирование дорожных одежд нежесткого типа. Мн. , 1997.

[41] Дудаков А. И. Определение давления колеса на дорожное покрытие // Тр. ГипроДорНИИ. М. , 1983. Вып. 4.

[42] Апестин В. К. , Шак А. М. , Яковлев Ю. М. Испытание и оценка прочности дорожных одежд М. , 1977 .

[43] S. H. Carpenter and T. VanDam. Mix Designs: Initial Mix Designs on Modified and Unmodified Asphalt Cements. Shell Development Company, Houston, Tex. , June 1985.

[44] S. F. Brown and K. E. Cooper. A Fundamental Study of the Stress-Strain Characteristics of a Bituminous Material. Proc. , Association of Asphalt Paving Technologies,

Vol. 49. 1980.

[45] J. H. Collins and W. J. Mikols. Block Copolymer Modification of Asphalt for Surface Dressing Applications. Presented at 60th Meeting of the Association of Asphalt Pavement Technologists, Feb. 1985.

[46] B. J. Dempsey, J. Ingersoll, T. C. Johnson, and M. Y. Shahin. Asphalt Concrete for Cold Regions: A Comparative Study and Analysis of Mixtures Containing Soft and Hard Grades of Asphalt Cement. CRREL Report 80-5. U. S. Army Corps of Engineers, Cold Regions Research and Engineering Laboratory, Hanover, N. H. , Jan. 1980.

[47] Ребиндер П. А. Поверхностные явления в дисперсных системах. Физико-химическая механика. М. , 1979.

[48] Косогляд Е. С. , Пашковский В. Г. , Михайлов Н. В. О влиянии неоднородностей структуры на трещиностойкость асфальтобе-тонов//Тр. Союздорнии. 1970. Вып. 46.

[49] Суриков В. В. Механика разрушения мерзлых грунтов. Л. , 1979.

[50] Гегелия Д. И. Активированные минеральные порошки как сред-ство направленного регулирования структуры порового пространства асфальтобетона //Строительство асфальтобетонных покрытий с применением активированных минеральных материалов: Тр Союздорнии. М. , 1978. Вып. 107.

[51] Горелышев Н. В. Оптимальная структура минерального остова асфальтобетона //Материалы работ симпозиума по структуре и структурообразованию в асфальтобетоне: Труды Союздорнии. - Балашиха, 1968. вып. 31.

[52] Королев И. В. Пути экономии битума в дорожном

строительстве. М. , 1985.

[53] American Association of State Highway and Transportation Officials (1997) Segregation: Causes and Cures for Hot Mix Asphalt, Washington, DC. 3. American Association of State Highway and Transportation Officials (2001) AASHTO Provisional Standards, Interim Edition, Washington, DC.

[54] Asphalt Institute (1996a) Performance Graded Asphalt, SP-1, Lexington, Kentucky.

[55] Asphalt Institute (1996b) Superpave Mix Design, SP-2, Lexington, Kentucky.

[56] Asphalt Institute (1981) Thickness Design - Asphalt Pavements for Highways and Streets, MS-1, Lexington, Kentucky.

[57] Asphalt Paving Environmental Council (APEC) (2000) Best Manag ement Practices to Minimize Emissions During HMA Construction, Report No. EC-101, National Asphalt Pavement Association, Lanham, Maryland.

[58] Baker, M. J. and J. P. Mahoney (2000) Identification and Assessment of Washington State Pavements with Superior and Inferior Performance, Report No. WA-RD.

[59] 437. 1, Washington State Department of Transportation, Olympia.

[60] Brown, E. R. (1993) Experience with Stone Mastic Asphalt in the United States, Report No. 93-4, National Center for Asphalt Technology, Auburn University, Alabama.

[61] Splittmastixasphalt/Dr. Ing. K. H. Kolb, die Herren H. Erhard, F. Hoggenmuller, O. Kast und andere. - LEIT-

FADEN. Deutscher Asphaltverband (DAV), 1996.

[62] ZTV Asphalt-StB 01: Zustzliche Technische Vertragbedinungungen und Richtlinen für den Bau von Fahrbahndecken aus Asphalt (2001) .

[63] Строительство дорожных и аэродромных покрытий из щебено-чномастичных асфальтобетонных смесей: Обзорн. информ. Автом. дороги и мосты, Вып. 2. М. , 2003.

[64] Финские нормы на асфальт 2000: Совещательная комиссия по покрытиям PANK ry. Хельсинки, 2000.

[65] Brawn E. R. , Haddock J. E. , Mallick R. B. Performance of Stone Matrix Asphalt (SMA) mixtures in the United States / National Center for Asphalt Technology. 1997.

[66] СТБ 1033-2004. Смеси асфальтобетонные дорожные, аэродромные и асфальтобетон. Технические условия. МН. , 2004.

[67] Кирюхин Г. Н. , Плотникова И. А. , Сокальская М. Б. Научно- техническая направленность лаборатории асфальтобетона и черных материалов // Наука и техника в дорожной отрасли. 2001. №3.

[68] Emploi des liants bitumineux modifies, des bitumes speciaux et des bitumes avec additifs en techniques routieres// Rapport provisoire Seminaire international《Bitumes modifies, Rome》. 1998.

[69] Laboratoire Central de Ponts et Chasses and Service D' Etudes Techniques des Route et Antoroutes (1992) Realisation des Remblais et des Couches de Forme, Ministere de l' Equipment du Logement des Transports, Paris, France.

[70] Lecsh, D. and M. E. Nunn (1997) "Deterioration Mechanisms in Flexible Pavements," Proceedings, 2nd European Conference on the Durability and Performance of Bituminous Materials, University of Leeds, Leeds, UK.

[71] Transportation Research. Circular. Perpetual Bitumen Pavements, № 503, December 2001 // Development and Uses of Hard-Grade Asphalt and of High-Modulus Asphalt Mixes in France, Jean-Franois Corté, Laboratoire Central des Ponts et Chaussées (France) .

学术出版物

夫拉季米尔·阿多利福维奇·韦连科

路面变形破坏机理与消除方法

编　　辑：Л. В. 基里连科

美　　工：А. А. 科斯秋琴科

美术编辑：И. А. 格林

校　　对：В. Н. 丘达科瓦

计算机排版：А. Л. 舍尔卡诺夫采夫

2008.7.25 议定签字。开本 60×84 1/16. 胶版印纸，统计出版印张 18.57。发行量 300。订购 527。

国家单一制企业

白俄罗斯国家信息部文学研究所 2007.05.25 登记号 02330/0131958 邮编 220073、明斯克一区 3＃。

夫拉季米尔·阿多利福维奇·韦连科——博士生导师、教授、国立白俄罗斯技术大学道路建筑与防水材料研究中心实验室主任。

主要科研项目：道路建筑材料的强度及可靠性、复合建筑材料性能及结构、道路施工工艺及材料再生效果。

作者已有超过 200 项科研报告、5 本专著、3 本教学参考书及 22 项发明专利。

曾获得苏联发明家称号、苏联国民经济成就展览会颁发的奖章。被授予白俄罗斯国家筑路专家光荣称号。

Я, Веренько Владимир Адольфович доверяю гражданину КНР Ван Фу Джо перевод и издание моей книги „Деформации и разрушения дорожных покрытий. Причины и пути устранения".
Паспорт 410711194902161017

Вер

17.04.09

我同意并相信中国公民汪福卓（公民身份号码：410711194902161017）翻译出版我的这本书《路面变形破坏机理与消除方法》。

B. A. 韦连科
2009.4.17